리프레임

발 상 의 전 환 을 위 한 2 8 가 지 생 각 도 구

리프레임

The Upside
of
Uncertainty

네이선 퍼 · 수재너 하몬 퍼 지음 | 한정훈 옮김

포레스트북스

불확실성을 극복하는 여정에서
우리에게 영감을 준 모든 분들께.
그리고 지금 이 글을 읽고 있는 여러분들께.

불확실성의 재발견

불확실성의 긍정적인 측면에 대해 관심을 가진 여러분에게 감사드린다. 미지의 세계를 잘 헤쳐 나가기 위한 첫 번째 단계는 호기심을 갖는 것이고, 이제 여러분은 첫걸음을 내디뎠다. 도파민이 호기심을 유발하는 신경전달물질이라는 사실을 알고 있는가? 인간의 뇌는 호기심을 유지하면 계속 배우고 성장할 수 있도록 진화해 왔다.

이 책은 30년 전 우리 두 사람이 대학 신입생으로 만났을 때 불확실성과 가능성에 대해 강렬한 호기심을 공유하면서 시작되었다. 우리 두 사람은 각각 다른 분야(네이선은 기술, 전략, 소설 분야, 수재너는 미술사, 패션, 마음 챙김 분야)에서 연구자, 작가, 기업가로 활동하고 있지만 인간의 변혁 가능성에 대한 매력과 믿음으로 함께 삶을 추구해왔다. 라틴어 어원에서 유래한 '초월transilience'이라는 단어는 한 상태에서 다른 상태로 갑자기 도약한다는 뜻이며, 우리는 그 단어의 의미를 되새길 가치가 있다. 뛰어난 통찰력, 선택, 행동, 혁신은 모두 불확실성의 단계를 거쳐야만 이루어진다. 그리고 불확실성으로 인한 실수와 좌절, 낙담과 절망은 모두 그 안에 가능성을 내포하고 있다.

열아홉 살 학생이었던 우리의 첫 번째 공동 연구 및 집필 프로젝트는 좀비(뇌사 상태로 피에 굶주려 떠도는 생명체)에 관한 것이었다. 이번 프로젝트는 정반대의 이야기, 즉 완전히 깨어 있고 의식 있는 개인이 자신의 삶에 대해 책임지는 것에 관한 이야기다. 관리자든 창작자든, 팀원이든 팀장이든, 부모든 연인이든, 회사를 이끌어가는 사람이든 학업이나 경력을 막 시작한 사람이든, 불확실성은 인간이 살아가는 데 있어 피할 수 없는 부분이다. 하지만 불확실성은 부정적인 측면이 매우 강렬할 수 있기 때문에 가능성에 대하여 우리의 시야를 가리거나 일시적으로 방해하기도 한다. 이 책은 불확실성의 긍정적인 측면, 즉 모든 미지의 영역에서 기회를 믿고 발견하며 살아가는 것에 관한 이야기다.

인간은 서로 다른 관점과 환경에서 성장한다. 어떤 사람은 대담한 선택을 할 수 있는 자원이나 환경을 가지고 있지만 그렇지 못한 사람도 있을 수 있다. 너무 많은 사람들이 일상에서 매우 현실적인 불공평과 불공정으로 고통을 받고 있다. 우리는 열린 마음을 가진 리더들과 용기 있는 개인들이 힘을 합쳐 불공정과 불평등을 해소하고 새로운 가능성의 흐름을 만들 수 있기를 희망한다. 어떤 상황과 환경에서도 불확실성의 긍정적인 측면을 믿으면 그런 가능성을 발견할 확률이 높아진다. 불확실성의 긍정적인 측면은 한계와 제약 속에서도 어려움을 뛰어넘을 수 있는 희망적인 틀을 제시한다. 이 책의 목적은 인터뷰, 연구, 개인적 경험을 바탕으로 한 실천적 도구와 생생한 적용 사례를 통해 지금 바로 여러분이 그런 변화를 시작할 수 있도록 돕는 것이다. 호기심으로 가득 찬 여러분을 새로운 도전으로 초대한다.

삶의 불확실성을 수용하여
무한한 가능성을 찾는 법

"2년 전에도 그랬듯, 2년 후에도 우리는 항상 불확실한 상황에서 살아가야 한다.
그러므로 우리의 과제 중 하나는 불확실성을 우리의 집으로 만드는 것이다.
집은 우리의 안식처다. 그 안에서 기뻐하고, 가구를 배치하고,
문단속을 하고, 책을 읽자. 그리고 최대한 튼튼하고 아름답게 만들자.
내일 무슨 일이 일어날지 누가 알겠는가?
화재, 지진 혹은 너무나 아름다운 사랑이 찾아와 문을 두드릴지."

— 피코 아이어

새로운 프로젝트, 경력, 지역, 인간관계 등 인생에서 경험한 큰 변화를 잠시 떠올려 보라. 무엇이 여러분을 힘들게 만들었을까? 무엇이 여러분의 발목을 잡았을까? 변화를 시도하지 않으려는 유혹은 무엇이었을까? 정답은 불확실성이다. 이제 여러분이 인생에서 진정으로 중요하게 여기는 모든 것이 불확실성의 시기를 거친 후에야 이루어졌음을 생각해보라. 지금도 여러분이 직면하고 있는 모든 불확실성과 원치 않는 암담한 상황 뒤에는 통찰력, 성장, 가능성이 기다리고 있다. 인간은 불확실성의 부정적인 측면을 두려워하는 본능을 갖고 있다. 하지만 변화와 창조, 도약과 혁신은 어느 정도의 불확실성 없이는 이루어지지 않는다는 사실

을 잊고 있다. 이 책을 통해 우리는 위험한 미지의 영역을 헤쳐나가는 것이 여러분이 꿈꾸는 가능성에 도달하는 유일한 방법임을 설명할 것이다.

제빵사가 되기 위해 이직하는 패션업계 임원, 회사의 가장 어려운 문제를 해결하기 위해 헌신하는 젊은 연수생, 연말 보너스를 포기하고 임대 차고에서 스타트업을 창업하는 은행원, 사업 실패와 아내의 암 투병 속에서도 새벽 4시에 출근하는 금세공인, 전액 손실이 예상되는 프로젝트에 투자하는 벤처 투자자, 전능한 애플Apple로부터 새 프로젝트에 대한 중단 통보를 받은 소프트웨어 엔지니어, 인터넷 접속 없이 교도소 수감자들에게 코딩하는 방법을 가르치는 부부. 이런 실제 사례들에 담긴 엄청난 불확실성을 생각해보라.

이 모든 사람들은 나중에 성공하기까지 엄청난 불확실성에 직면해야 했다. 인드라 누이Indra Nooyi나 제프 베조스Jeff Bezos처럼 익숙한 이름도 있지만, 대부분은 어려운 상황에 직면할 당시에는 유명하지 않았다. 그들의 공통점은 자의든 타의든 미지의 상황 속에서 장벽을 뛰어넘어 불확실성의 긍정적인 측면을 발견했다는 점이다. 이 책에서 우리가 이야기하는 불확실성이란 알 수 없는 모든 것, 즉 어떤 방식으로 전개될지 알 수 없을 뿐만 아니라 무엇에 주의를 기울여야 할지도 알 수 없는 모호한 상태를 말한다. 사람들은 흔히 위험과 불확실성을 같은 의미로 사용하지만 불확실성은 위험보다 더 광범위하다. 위험은 일반적으로 예측이 가능한 결과에 대해 작은 변수를 감수하는 것이다. 사람들은 불확실성에 직면했을 때 "위험을 감수해야 한다"고 하지만, 이는 실제로는 미지의 영역으로 발을 내딛는다는 의미이다.

그렇다고 불확실성의 단점을 최소화하자는 뜻은 아니다. 인간은 불확실성의 부정적인 측면을 가장 먼저 집중적으로 느낀다. 너무 많은 불확실성은 바람직하지 못하다. 이런 부정적인 측면에 대해서는 이 글을 읽는 모든 사람이 이미 잘 알고 있을 것이다. 불안, 스트레스, 피로, 혼란은 집중력을 갖고 일을 하는 데 방해가 된다. 또한 우리는 불확실성이 일으키는 좌절과 슬픔을 억지로 줄이고 싶지는 않으며, 특히 예상치 못한 일이 닥쳤을 때는 더욱 그렇다. 우리는 불확실성이 가져오는 상실과 비극을 회피할 수 있다고 주장하는 것이 아니며, 자신이나 타인에게 해를 끼칠 수 있는 상황에 무작정 뛰어들라고 권유하는 것도 아니다. 그러나 우리는 절망적인 상황에서도 미지의 세계를 탐색하는 방법을 배울 때 새로운 가능성이 나타나고 오래된 희망을 되찾을 수 있다고 믿는다.

무엇보다 중요한 것은 앞서 소개한 사람들이 한계에 부딪혔을 때도 불확실성을 잘 견뎌냄으로써 새로운 가능성을 발견했다는 사실이다. 복권 당첨처럼 순전히 운이 좋아서 생기는 기회나 식기세척기를 산 뒤 효율적으로 시간을 사용하면서 생기는 가능성과는 달리, 우리가 상상하고, 글을 쓰고, 밤늦게까지 이야기하고, 감동하는 가장 흥미로운 기회는 불확실성을 직면한 후에야 발견할 수 있는 것들이다. 여러분의 가장 자랑스러운 성취, 여러분이 옳다고 느꼈던 헌신, 어둠 속에서 인생의 방향을 바꾼 도약을 떠올려 보라. 모두 불확실성과 관련이 있다.

증가하는 불확실성

오늘날 우리는 불확실성에 더 자주 직면해야 하는 상황에 처해 있다. 스탠퍼드 대학교와 국제통화기금^{IMF}의 학자들이 경제 정책의 불확실성을 나타내기 위해 만든 세계 불확실성 지수^{World} $^{Uncertainty Index, WUI}$에 따르면 최근 수십 년 동안 불확실성이 점점 증가해 왔다. 벤앤제리스$^{Ben and Jerry's}$의 CEO였던 조스타인 솔하임$^{Jostein Solheim}$은 이렇게 말한다. "모든 곳에는 모호함과 역설이 존재합니다. 곧장 앞으로 나아가는 직선적인 길을 선호하는 사람들에게는 어떤 분야에서든 삶이 점점 더 어려워지고 있습니다!"

삶이 점점 더 어려워지는 이유는 현재 초등학생의 65퍼센트가 아직 존재하지도 않는 직업에서 일하게 될 세상에서 곧장 앞으로 나아갈 수 있는 직선적인 경로가 없기 때문이다. 기술은 불확실성을 확대하고 많은 산업에 대한 참여 장벽을 낮추며 변화의 속

세계 불확실성 지수
140개국 이상의 GDP 가중 평균

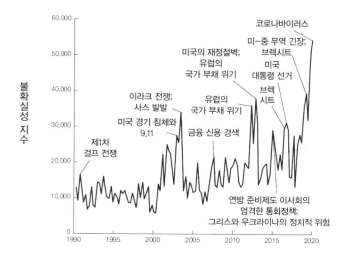

참고 : 이 분석은 경제 및 정치적 불확실성만을 다룬다. 세계 불확실성 지수World Uncertainty Index, WUI는 140여 개국의 불확실성에 대한 GDP 가중 평균을 계산한 것이다. 구체적으로 WUI는 이코노미스트 인텔리전스 유닛Economist Intelligence Unit, EIU 국가 보고서에 나오는 '불확실'이라는 단어(또는 그 변형)의 비율을 계산한 다음 1,000,000을 곱한 것이다. 숫자가 높을수록 불확실성이 크다는 걸 의미하며 낮을수록 그 반대이다. 예를 들어, 불확실성 지수 200은 불확실성이라는 단어가 전체 단어의 0.02%를 차지하는 것이며, EIU 보고서의 평균 길이가 약 10,000단어임을 감안하면 보고서 당 대략 2개의 단어를 의미한다.

출처 : 하이츠 아히르, 니콜라스 블룸, 다비드 푸르세리, 〈세계 불확실성 지수〉, 2018년 10월 29일, https://ssrn.com/abstract=3275033.

도를 높이고 있다. 우리는 학교에서 수학, 생물학 그리고 경제학에 이르기까지 많은 것을 배우지만 불확실성에 대비하고 대처하는 방법은 배우지 않는다. 올바른 도구가 없으면 위험 경직성, 비생산적인 자책, 섣부른 확신, 잘못된 발상과 같은 부적응의 함정에 빠지게 된다. 이러한 함정이 현실이라고 믿기지 않는다면 코로나19 전염병에 대응하기 위해 캘리포니아 주민 11만 명이 총기를 사들였던 사실을 생각해보라. 회사에서 월급이 오르고 직급이 높아진다고 해서 인생이 투명해지는 것도 아니다. 지난 10년 동안 CEO 이직률은 두 배로 증가했고, 고위 경영진은 그 어느 때보다 불확실성을 강하게 느끼고 있다. 나와 가까운 한 CTO는 최근에 이렇게 어려움을 토로했다. "경력이 쌓이면 상황이 좀 더 확실해질 줄 알았는데 오히려 불확실성만 커지네요."

불확실성은 앞으로도 계속될 것이다. 미지의 세계에 잘 대처하는 방법을 배우는 것은 생존과 번영을 위한 우리의 능력에 매우 중요하다. 여러 학문 분야에 걸친 수많은 연구에 따르면 불확실성에 익숙한 사람은 더 창의적이고, 더 만족스러운 삶을 살았다.

연쇄 창업가이자 CEO인 샘 야건Sam Yagan은 "성공을 예측하는 가장 큰 요소는 모호함에 대처하는 방식"이라고 말한다. 또한 전략 컨설팅 회사 맥킨지McKinsey & Company는 "위기 상황에서 필요한 것은 미리 정해진 대응 계획이 아니라 어제의 상황에 과민하게 반응하지 않고 앞을 내다볼 수 있는 사고방식과 행동"이라고 강조한다. 그러나 이러한 연구나 보고서 중에서 불확실성에 대한 접근 방식을 명확하게 제시하는 것은 거의 없다.

이 책은 독자들에게 불확실성의 긍정적인 측면, 즉 불확실성의 파도 속에서 모습을 드러내는 모든 가능성을 발견하고 활용할 수 있도록 도와주는 가이드 역할을 한다. 그 가이드와 함께 불확실성을 견디면서 새로운 가능성을 추구할 수 있다면 우리는 불확실성을 대처하는 능력$^{uncertainty\ ability}$을 확장할 수 있다. 불확실성을 대처하는 능력은 직장을 그만두고 새로운 일을 시작할 때처럼 계획된 일은 물론이고, 당황스러운 해고 통보, 갑작스러운 건강 악화, 믿었던 사람의 배신 등 계획되지 않은 인생의 모든 나날에서 미지의 상황을 단단하게 헤쳐나가는 기술이다. 우리는 새롭고 창조적인 일을 하는 사람들과 역경에 침착하게 대응하는 사람들을 존경한다. 그들이 우리의 존경을 받는 이유는 불확실성과의 건전한 관계 속에서 가능성 지수$^{possibility\ quotient}$, 즉 새로운 기회를 발견하고 포착하는 수준을 높였기 때문이다.

불확실성을 대응하는 네 가지 도구

새로운 것은 본질적으로 미지의 영역이다. 혁신과 기업가 정신은 미지의 영역, 즉 불확실성을 이해하고, 이를 헤쳐나가는 방법을 배울 수 있는 영역이다. 다양한 분야의 개척자들과 인터뷰를 진행하면서 우리는 이들 중 상당수가 우리와 마찬가지로 불확실성 속에서 불안을 느끼지만, 더 큰 용기, 회복력, 기술로 어려운 상황에 효과적으로 대처하고 있다는 사실을 발견했다. 불확실성에 대처하는 능력은 사람마다 다르지만 상당 부분은 후천적으로 학습되는 것으로 보인다. 신경과학에서는 모든 기술이 유전자, 환경, 학습으로 형성된다고 말한다. 그리고 인내심, 불확실성 회피, 회복탄력성 영역에 대한 과학적 연구 결과는 누구나 노력하면 불확실성에 대처하는 방법을 배울 수 있다는 것을 증명한다.

인터뷰 외에도 우리는 심리학, 신경과학, 정치학 분야, 전략, 조직 행동 등 다양한 분야의 학술 문헌과 역사적 사례 연구를 검토했다. 그 과정에서 예술가, 창작자, 구급대원, 혁신가, 역발상가 등 불확실성 대처 능력이 뛰어난 다양한 사람들의 사례도 포함할 필요가 있다는 사실을 깨달았다. 이 책에서 제시하는 실천적 도구는 최대한 검증된 경험적 연구를 활용했으며, 연구 결과가 지금의 현실을 반영하지 못한다고 여겨질 때는 인터뷰와 때로는 우리 자신의 경험을 떠올리며 많은 간격을 메우려 했다. 불확실성의 긍정적인 측면에 매료되었지만, 부정적인 측면에는 굴복하지 않으려 했던 개인으로서 우리 두 사람의 경험이 이 책의 여러 부분에서 소개될 것이다. 여기에는 해외에서 살기로 한 결정, 오래된 해로운 습관을 버리고 배우자와 자녀와의 더 진정성 있는 관계를 추구하는 부모로서의 삶이 포함된다.

불확실성을 대처하는 능력을 높이는 도구에는 네 가지 그룹이 있다. 이 네 가지 그룹은 불확실성 구급 십자가를 중심으로 구성되어 미지의 상황에 직면했을 때 도움을 받을 수 있도록 해준다.

재구성Reframe 도구는 관점 전환을 가능하게 하고 강화하여 모든 가능성을 창의적으로 바라보고 아직 보이지 않는 긍정적인 측면을 믿도록 동기를 부여한다.

준비Prime 도구는 개별적인 불확실성 환경을 고려하여 중요한 프로젝트를 장려함으로써 행동할 때가 되었을 때 만족스러운 결과를 얻을 수 있도록 해준다.

실행Do 도구는 여러분이 직면한 불확실성 속에 숨어 있는 보람 있는 가능성을 신중하게 열어 원하는 미래를 촉진하는 방법을 설명한다.

지속성Sustain 도구는 위안을 주고 계속 나아가야 하는 이유와 방법, 계획대로 일이 진행되지 않을 때 방향을 전환하는 방법을 일깨워 준다.

우리는 각 도구의 주요 추진력을 상기시키도록 영감을 주는 상징을 선택했다.

나침반은 재구성 도구가 안개 속에서도 불확실성의 진북true north을 분명하게 가리키는 것을 강조한다.

배낭은 준비 도구가 불확실성 여정의 경로와 최종 목적지에 영향을 미친다는 점을 상기시킨다.

돛단배는 실행 도구가 바람이 불어올 때를 활용해 대담하고 영리하고 민첩하게 전진하는 모습과 필요할 때 항로를 변경하는 방법을 나타낸다.

그리고 파리의 상징인 물 위에 떠 있는 배는 "흔들리지만 가라앉지는 않는다"는 모토와 함께 지속성 도구가 여러분의 두려움을 진정시키고, 노력을 격려하며, 가능성을 실현할 수 있도록 돕는다는 것을 의미한다. 따라서 '생각하기' 세로축은 우리가 세계를 항해할 때 필요한 극점과 유사하며, '실행하기' 가로축은 시간대를 가로질러 여행하는 데에 필요한 행동을 떠올리게 한다.

이 책은 불확실성 구급 십자가의 네 가지 영역을 중심으로 구성하고 있다. 네 가지 영역에는 각각의 도구와 함께 여러분이 읽은 내용을 되돌아보고 실천하는 활동이 제공된다(명확성을 위해 각 장의 이름은 해당 도구의 이름을 따서 지었다). 불확실성 도구는 서로 영향을 주고받으며 겹치기도 한다. 필요한 순간에 가장 공감이 가는 도구를 사용하면 된다. 우리는 도구를 최대한 효과적으로 활용할 수 있도록 배치하려고 노력했으며, 그 결과 지속성 도구는 여러분이 어려움에 부닥쳤을 때 쉽게 기억할 수 있도록 정서적 위생, 현실 점검, 마법의 힘이라는 세 가지 중요한 주제에 따라 그룹화했다.

불확실성 구급 십자가 아이콘

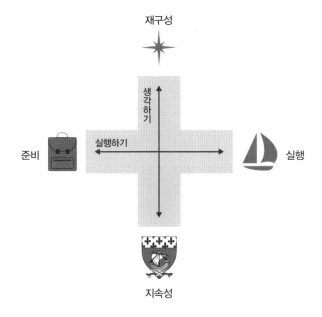

이 도구들은 조직의 리더부터 새로운 영역을 탐구하는 창작자, 아이를 키우는 부모, 자신감을 키우려는 성인에 이르기까지 모든 사람을 위한 것이다. 또한 이 도구들은 우리가 어떤 역할을 맡고 있든, 우리 모두를 위한 것이다. 왜냐하면 어느 순간 우리는 숨거나 후퇴하고 싶지만 추구하거나 참여해야 하는 불확실성에 직면할 수 있기 때문이다. 전설적인 기술자인 마틴 반 덴 브링크 Martin van den Brink가 주장했듯 "아무 일을 하지 않는 것도 선택"이므로, 불확실성이 삶의 일부라는 사실을 우리는 잊고 있다. 그러나

가만히 서 있는 것은 선택이 아니다.

　불확실성은 아무리 피하려고 노력해도 우리에게 일어날 일이다. 우리의 잠재력을 최대한 발휘하고 가장 고귀한 가치를 실현하려면 불확실성을 기꺼이 받아들여야 한다. 우리는 여러분이 이 책을 읽음으로써 불확실성의 긍정적인 측면을 더 쉽게 발견할 수 있기를 희망한다. 그렇게 할 때, 여러분은 미지의 어둠 속에서 회복탄력성을 얻고 변화와 성장, 무한한 가능성의 빛으로 도약하는 자신의 새로운 모습을 발견하게 될 것이다.

목차

1부 재구성 Reframe ✹

2부 준비 Prime ✹

1부

재구성
Reframe

불확실성의 장점을 발견하는 것은 관점의 근본적인 전환, 즉 미지의 세계를 두려워하고 피하는 대신 가능성의 원천으로 인식하고 포용하는 것에서 시작된다. 모든 사람, 프로세스, 제품은 현재의 '알려진' 상태에 도달하기까지 수많은 불확실성을 통과해 왔다. 근사한 직장, 오랫동안 기다려온 임신, 동네에 새로 생긴 멋진 레스토랑, 영감을 주는 정치인 후보, 개선된 인간관계 등 어떤 놀라운 일이 우리 삶에 그냥 찾아온 것처럼 보이더라도 우리는 그에 앞선 불확실성이나 그것이 새로운 불확실성을 가져오려 한다는 걸 보지 못한다. 그리고 때로는 두 가지가 모두 사실일 수도 있다. 또한 이러한 '확실한' 상황이 그대로 유지될지 아니면 새로운 가능성으로 다시 변화할지는 불확실하다.

불확실성을 바라보는 관점을 바꾸거나 불확실성을 재구성하는 것의 가치는 경험적 연구와 실천에 뿌리를 두고 있다. 덴마크에는 학생들에게 불확실성에 대처하는 방법을 가르치는 일에 집중하는 카오스파일럿 경영대학원이 있다. 혼돈을 뜻하는 chaos의 덴마크어로 명명된 이 교육과정에서 학생들은 사하라 사막의

물 공급을 재설계하는 것과 같은 도전적인 과제를 부여받지만 시간, 자원, 기술이 충분하지 않다. 학교장인 크리스터 윈델로프-리제우스[Christer Windelov-Lidzeius]는 학생들이 스스로를 카오스파일럿으로 인식하는 방법을 배우는 것이 핵심이라고 말한다. "우리는 모든 사람이 무한한 잠재력을 가지고 있다고 믿습니다. 하지만 그 무한한 잠재력을 활용하는 것은 새로운 관점으로부터 시작됩니다." 졸업생들은 티베트 최초의 축구팀, 실시간 동영상 방송 플랫폼 밤부저, 난민을 위한 글로벌 코딩 프로그램을 만들었다.

불확실성을 대처하는 응급 처치의 기본은 재구성이다. 왜냐하면 불확실성을 잘 탐색하는 우리의 능력이 근본적인 변화를 일으키기 때문이다. "불확실성은 본질적으로 나쁘다"라는 본능적 반응이 "가능성은 항상 불확실성을 수반한다"라는 적극적 반응으로 바뀐다. 처음부터 가능성에 초점을 맞추고 모든 가능성에 불확실성이 수반된다는 사실을 냉철하게 인식할 때, 우리는 불확실성의 긍정적인 측면과 조화를 이루게 된다. 물론 모든 위험이나 불확실성을 가치 있는 것으로 옹호하려는 건 아니다. 좋은 사람에게도 나쁜 일이 일어나고, 나쁜 일을 저지르기도 한다. 이 책은 그런 것들보다는 불확실성에 잘 대처하기 위한 도구, 즉 직면할 가치가 있는 불확실성과 직면하지 않기로 선택했지만 어쨌든 우리에게 일어날 수 있는 불확실성을 다루는 도구에 대해 이야기한다.

(현재의 준비된 상태 또는 부족한 상태를 포함하는) 불확실성을 가능

성의 그림자로 재구성하려면 다음 표에 간략하게 요약된 도구를 사용하는 것이 바람직하다. 각 장은 해당 도구를 성찰하고 실천하기 위한 연습으로 마무리된다.

재구성 도구는 본질적으로 인지적 도구이며, 세상을 이해하는 방법에 관한 것이다. 이 도구는 불확실성 응급 처치 십자가의 '생각하기' 세로축에 있는 또 다른 도구인 '지속성'과 상당 부분 겹친다. 가장 큰 차이점은 재구성 도구가 불확실성에 대처하는 데 도움이 되는 능동적이고 장기적인 전략이지만, 지속성 도구는 좌절, 실망, 실패, 불행에 대처하는 데 도움이 되는 단기적이고 사후적인 도구라는 점이다.

이러한 이유로 우리는 나침반 아이콘을 사용하여 재구성 도구가 불확실성의 긍정적인 측면을 지속적으로 상기시켜 주는 방법을 제시한다. 재구성과 지속성이라는 '생각하기' 도구의 장점은 두 가지이다. 이 도구들은 어두운 방에서 전등 스위치를 켜는 것처럼 우리의 관점을 즉시 바꿀 수 있는 힘을 가지고 있으며, 근육처럼 꾸준히 발달하기도 한다. 그러므로 재구성 도구와 지속성 도구를 꾸준히 연습하면 시간이 지남에 따라 불확실성 대처 능력을 더욱 강화할 수 있다.

도구	설명
발상의 전환 Framing	불확실성을 가능성의 프레임으로 바라보면 실패에 대한 두려움이 성공에 대한 기대감으로 전환되므로 불확실성을 헤쳐나가는 능력이 향상된다.
역보험 Reverse Insurance	불확실성에 대한 본능적인 두려움은 때때로 우리에게도 불확실성이 필요하다는 사실을 잊게 만들기도 한다. 인간은 놀라움, 자발성, 변화가 필요하며 이러한 것들은 본질적으로 불확실하다.
미개척지 Frontiers	미개척지는 두려운 곳이지만 우리가 최고의 성과를 낼 수 있는 곳이기도 하다. 우리의 삶을 변화시킬 수 있는 무수히 많은 미개척지가 우리를 기다리고 있다.
인접한 가능성 Adjacent Possible	인접한 가능성은 미래를 재창조할 수 있는 무한한 방법이며, 우리 인식의 가장자리에서 발견되기를 기다리고 있다.
무한 게임 Infinite Game	무한 플레이어는 경계, 규칙, 게임 자체에 의문을 제기하는 방법을 배우며 자신이 플레이하는 게임과 자기 자신을 재창조한다.
이야기 Stories	우리는 삶의 이야기 속에서 살아간다. 매일 어떤 이야기를 쓰고 있는지, 올해 말 또는 인생의 마지막에 어떤 이야기를 남기고 싶은지 생각해 볼 필요가 있다.
후회 최소화 Regret Minimization	결과를 알 수 없을 때 어떻게 결정을 내려야 할까? 혁신가들이 사용하는 간단한 프레임워크가 현명한 선택을 내리도록 여러분을 도와줄 것이다.
평정심 Aplomb (Doubting Self-Doubt)	미지의 세계에서는 자기 의심이 생겨난다. 영웅과 천재들을 포함하여 수많은 사람들이 이러한 의심을 품고 있지만, 우리는 자기 의심을 떨쳐내는 방법을 배워야 한다.
불확실성 선언문 Uncertainty Manifesto	개인적 포부와 신념을 담은 불확실성 선언문은 힘든 시기를 극복할 수 있는 회복력을 제공할 수 있다.

발상의 전환

> "내 인생의 주인공이 될지,
> 아니면 다른 누군가가 그 자리를 차지하게 될지,
> 이 페이지에서 내가 보여줘야 합니다."
>
> — 찰스 디킨스^{Charles Dickens}, 『데이비드 코퍼필드^{David Copperfield}』 중에서

좋든 나쁘든, 인간은 불확실성을 두려워하는 본능을 갖고 있다. 심리학자들은 미지의 것에 대한 두려움이 다른 모든 불안을 유발하는 근본적인 두려움일 수 있다고 주장하고, 신경과학자들은 인간이 불확실한 경우에 작동하는 여러 개의 신경 경보 시스템을 가지고 있다는 사실을 증명했다. 이것은 우리에게 도전을 의미한다. 왜냐하면 미지의 것을 두려워하는 본능에도 불구하고 우리가 새로운 가능성에 도달하기 위해서는 우선 불확실성에 직면해야 하기 때문이다. 만약 불확실성을 가능성의 출발점으로 새

롭게 설정하는 방법을 배울 수 있다면 우리의 뇌가 미지의 것에 대해 경고하는 본능을 활용할 수 있고, 따라서 불확실성에 대해 흥미를 느끼고 적극적으로 받아들일 수 있게 될 것이다. 실제로 어떤 사람들은 이런 발상에 매우 능숙해져서 불확실성을 긍정적인 것으로 바라보는 방법을 배웠고 그것이 새로운 가능성에 접근하는 데 도움이 된다는 사실을 깨달았기 때문에 일부러 더 많은 불확실성을 만들어내기도 한다.

　행동 연구자들은 이런 발상의 배후에 있는 사고방식을 프레이밍 효과framing effect라고 부른다. 프레이밍 효과는 우리가 상황을 손실로 인식하는지 이득으로 인식하는지에 영향을 미친다. 대니얼 카너먼과 아모스 트버스키는 상황이 어떻게 '프레이밍'되고 표현되는지에 따라 사람들이 다른 선택을 한다는 사실을 증명한 연구로 노벨상을 받았다. 예를 들어 5퍼센트의 실패 가능성이 있는 치료법과 95퍼센트의 성공 가능성이 있는 치료법 중 하나를 선택해야 할 경우, 사람들은 지속적으로 이득을 추구하고 손실을 회피한다. 성공 확률이 동일하더라도 우리는 손실로 프레이밍된 치료법(실패할 확률 5퍼센트)보다 이득으로 표현된 치료법(성공할 확률 95퍼센트)을 훨씬 더 선호한다.

　손실, 특히 불확실성에서 발생하는 손실은 매우 강력한 반응을 불러일으킨다. 경험적 연구에 따르면 이익의 잠재력보다 손실에 대한 두려움이 우리에게 (최소한 두 배의) 동기를 부여한다. 그

리고 인간 두뇌의 반응을 분석하는 기능적 자기공명 영상^{functional}

_{magnetic resonance imaging fMRI} 연구는 객관적으로 이해하기 쉬운 특정한 손실일지라도 우리의 뇌에서 이득보다 손실을 이해하는 데 훨씬 더 많은 정신적 에너지가 필요하다는 사실을 보여준다. 만약 우리가 시간적인 압박에 직면한다면 잠재적 손실을 다루는 어려움이 훨씬 더 커진다. 손실을 피하려는 인간의 욕망은 너무나 강렬하므로 자신이 가진 것을 유지하는 데 도움이 된다면 우리는 가치관을 위반하고 부정직해지는 것도 마다하지 않을 것이다. 다시 말해서 인간의 핵심적 경향을 뒷받침하는 수많은 경험적 연구 결과가 존재한다. 우리는 특히 이익이 확실하다고 느낄 때 이익을 향해 중력처럼 이끌리고 손실, 위험, 불확실성을 파악하려고 고군분투한다.

기회의 정점에 도달하는 사람

이러한 프레이밍 효과를 활용하여 불확실성을 손실이 아닌 잠재적 이득으로 새롭게 인식함으로써 우리는 불확실성에 대응하는 방법을 바꿀 수 있게 된다. 기회의 정점에 도달할 수 있는 충분한 용기를 가진 사람으로 스스로를 프레이밍하게 된다. 물론 이것은 말로만 쉬운 비현실적 이야기일지도 모른다. 하지만 발상의 전환이 기회에 대한 전원 스위치 역할을 한다는 사실은 코로나19가 휩쓴 2020년 여름 동안 해외에 거주했던 한 가족의 사례를 통해 분명히 확인할 수 있다. 그해 여름은 대부분의 가족들에게, 심지어 살아갈 집과 안정적인 직장을 가진 사람들에게도 긴장된 시간이었지만, 앞으로의 미래가 어떻게 될지 모르는 에이미와 마이클에게는 더욱 잔인한 시간이었다. 얼마 전 마이클은 회사에서 해고 통보를 받았다. 그런데 몇 곳의 새로운 직장을 알아보고 있을 때 갑자기 전염병이 발생했고 하나씩 모든 제안이 취소되었다. 마이클의 가족은 일자리도 없고 살아갈 집도 없는 상황에 내몰렸다. 귀국할 비행기 표가 있다는 것 외에는 앞날이 캄캄했다. 귀국할 비행기 표는 마이클의 해외 파견 업무에 대한 회사의 마지막 배려였다. 몇 주 동안 그들의 가정생활은 모두가 계란 위를 걷는 듯한 긴장의 연속이었다. 청소년 자녀들은 마이클 부부에게 불만을 터트렸다, "당신은 최악의 부모님이에요! 어떻게 우리의 앞날이 어떻게 되는지 전혀 모를 수가 있어요?" 선의의 친구들과 부모들은 불안에 떨며 몇가지 질문을 문자로 보냈다. "너희들은 아직 계획을 못 세웠니?" 유일하게 긍정적인 부분은 절반의 희망이었다. 일자리가 생겼지만 그들 중 누구도 원하지 않는 장소와 역할이었다.

점심 식사 자리에서 수재너가 에이미를 만난 것은 이슬비가 내리는 7월 1일이었다. 에이미는 그들 가족이 이틀 후에 출국할 수 있는 비행기 표와 며칠 동안 머물 수 있는 호텔은 예약되어 있지만 아직 새로운 직장이 없고 살아갈 곳도 없다고 털어놓았다. 바로 그 순간 마이클은 프랑스 회사와 면접을 하고 있었는데, 빠르게 취업에 성공한다 하더라도 그들 가족이 무사히 프랑스 행 비행기를 탈 수 있을지 의문스러웠다. 그들은 앞으로 상황이 어떻게 진행될지 모르는 스트레스와 걱정으로 지쳐 있었다.

암울한 현실을 토로한 후, 에이미가 수재너에게 물었다. "우리가 못난 부모일까요? 맨손으로 새를 잡으려 하고 있는 걸까요? 우리는 정말 패배자인 것 같아요!" 프레이밍 효과에 대해 연구하고 글을 쓴 지 얼마 안 된 수재너는 좋은 소식을 전하는 역할에 기뻐하며 대답했다, "전혀 아니에요! 여러분은 패배자가 아니에요. 여러분은 가능성을 모색하고 정말 원하는 것을 기다리는 용기가 있어요. 여러분은 가능성의 정점에 서 있는 영웅들이에요. 여러분은 불확실성에서 석사 학위와 같은 두 번째로 어려운 단계를 거치고 있을 뿐이에요!" 수재너가 불확실성에는 긍정적인 면이 있지만 그것에 수반하는 미지의 상황을 직면하지 않고서는 새로운 목표를 성취할 수 없다고 설명하자 에이미는 미소로 답하면서 펜을 꺼내 냅킨에 메모하기 시작했다. 이제 수재너는 에이미가 자신의 능력을 새롭게 인식하고 경계와 인접한 가능성을 더 대담하게 찾을 수 있도록 도우려고 노력했다(3장과 4장에서 이 개념을 더 깊게 논의할 예정이다). 식사 시간이 끝날 무렵, 그녀는 에이미에게 격려의 말을 전했다, "이것은 대학원 수준의 높은 불확실성이에요. 그러니 아이들에게 가서 진정으로 원하는 걸 믿고 기다릴 수 있을 만큼 대담하고 멋진 부모가 있다는 사실이 얼마나 행운인지 말해주세요." 자신감을 회복한 에이미뿐만 아니라, 즉각적으로 프레이밍 효과를 목격한 수재너에게도 보람 있는 순간이었다.

몇 달 후, 수재너는 에이미로부터 반가운 문자를 받았다. "안녕하세요! 상황이 점점 좋아지고 있어요. 저는 근처에 있는 주택담보 대출회사에서 일하고 있답니다. 마이클은 보스턴에서 좋은 직장을 구했고 지금은 원격 근무를 하고 있기 때문에 봄에 이사하려고 계획 중이에요. 재미있는 동네에서 작은 주택도 구입했어요. 저희 아이들은 친구들과 함께 스케이트보드와 자전거를 타고 강에서 수영과 다이빙도 즐기고 있어요. 크리스티나는 보모로 일 년간 일하기 위해 다음 주에 뉴욕으로 가요!" 그들은 진행 중인 불확실성을 개인적 약점의 지표가 아니라 전염병의 일반적이고 안개 낀 부산물로 프레이밍함으로써 절대 끝나지 않을 것 같은 시련을 견뎌낼 수 있었다. 그리고 결국 모두에게 만족스러운 상황을 찾아냈다.

불확실성은 가능성을 위한 기회로 새롭게 인식할 수 있다.

1. 여러분의 가장 뛰어난 성취, 가장 중요한 경험, 그리고 가장 의미 있는 관계에 대해 간략하게 검토하라. 아마도 여러분은 그곳으로 가는 길에서 불확실성을 경험했을 것이다. 그것이 어떤 느낌이었는지 기억하도록 노력하라. 긴장하거나 무섭거나 확신이 없거나 포기하고 싶었는가? 여러분이 지금은 당연하게 생각하고 있는 긍정적 결과를 성취할 수 있을 거라고 그 당시에 확신했을 가능성은 거의 없다. 과거에 불확실성이라는 험난한 파도에 어떻게 대응한 것이 성취와 행복을 가져다주었는지를 기억할 때 우리는 불확실성의 프레임을 긍정적인 측면으로 강화할 수 있다.

2. 다음으로, 현재 직면하고 있는 불확실성에 초점을 맞추고 그 불확실성을 어떻게 구성하고 있는지 생각해 보라. 실패, 막다른 골목, 파멸과 같은 예상되는 손실로 가득 찬 위협적인 불확실성인가, 아니면 잃을 수 있는 것보다는 얻을 수 있는 것에 초점을 맞추는 낙관적인 불확실성인가? 현재 가지고 있는 걱정과 불확실성의 반대편에서 여러분을 기다리고 있는 가능성을 모두 적어

보라. 현재의 불확실성에서 얻을 수 있는 이점을 찾기 위해 고군분투하고 있다면, 최소한의 어려움은 성장과 변화의 관문이라는 점을 기억하라. 지난번보다 더 쉽게 불확실성을 헤쳐나갔다는 것이 유일한 장점일지라도, 불확실성 극복 능력의 근육은 점점 더 강해지고 있다!

3. 불확실성에 대한 부정적인 고리에 갇혀 있는 자신을 발견했다면, 저자이자 연사인 바이런 케이티$^{Byron\ Katie}$가 개발한 연습을 시도해 보라. 케이티는 간단한 질문 과정을 통해 네 가지 질문을 던짐으로써 제한적인 믿음에 내재한 더 깊은 복잡성을 드러낸다. 당신의 부정적인 믿음은 사실인가? 그것이 사실이라는 걸 확실히 알 수 있는가? 그 생각을 믿게 되면 어떻게 반응하고 어떤 일이 일어나는가? 그 생각이 없다면 여러분은 어떤 사람이 될까? 원래의 생각과 반대되는 생각이 원래의 생각만큼이나, 또는 그보다 더 진실할 수 있는가? 이 질문은 실패처럼 느껴지는 모든 상황(실직, 관계의 파탄, 질병 진단 등)에 적용할 수 있다.

위의 예에서 에이미는 자신이 실패자처럼 느껴질 때 "우리가 끔찍한 부모이고 실패자라는 게 정말 사실일까?"라고 질문하는 것으로 시작할 수 있다. 물론 대답은 '아니다'이다. 다음으로, 에이미는 세상을 이런 식으로 끔찍하게 바라볼 때 자신이 어떻게 느끼는지 평가할 수 있다. 그런 다음 스스로에게 "그 반대가 사실이라면 어떨까? 우리가 미지의 세계에 맞서 엄청난 용기를 발휘하고 있다면 어떨까?"라고 질문할 수 있다. 그런 현실은 새롭게 느껴질 것이고 현재의 불확실성을 헤쳐나가기 위한 노력에 더 많은 에너지를 불어넣어 줄 것이다.

4. 현재 여러분이 직면하고 있는 반갑지 않은 불확실성에도 희망이 있다면 어떨까? 아버지가 채무로 감옥에 갇히게 되면서 사랑하던 학교를 그만두고 구두약을 만드는 공장에서 비참하게 일해야 했을 때 찰스 디킨스^{Charles Dickens}가 겪었던 상실감과 불확실성을 생각해 보라. 디킨스는 수년간 고된 노동을 하면서 가난의 삶에서 벗어나 다시 학교로 돌아갈 수 있을지에 대한 깊은 불확실성에 직면했다. 하지만 그 시절의 경험은 영국 최고의 소설 중 하나인 『데이비드 코퍼필드^{David Copperfield}』의 원천이 되었다.

역보험

"편안함은 종종 우리를 위험에 빠뜨린다."

– 윌리엄 셰익스피어^{William Shakespeare}

많은 사람들은 불확실성에 직면하면 불안을 느끼기 때문에 이를 피하려고 노력한다. 하지만 확실성이 너무 많은 세상은 지루하고 반복적인 사이클이 되어버린다. 우리는 실제로 불확실성이 필요하다는 사실을 잊어버리고, 불확실성이 충분하지 않으면 삶에 더 많은 불확실성을 도입하기 위해 돈을 지불하기도 한다. 한 대형 도박 조직의 리더는 다음과 같이 설명했다. "우리는 역보험_{reverse insurance}을 판매합니다. 우리의 이상적인 목표 고객은 싫어하는 직업과 싫어하는 관계 속에서 자신의 삶이 항상 똑같을 거라는 사실을 깨닫는 마흔다섯 살의 남성입니다. 그들은 새로운 일이 일어날 기회를 얻기 위해 도박을 합니다."

우리 대부분은 삶을 확실하게 만들기 위해 엄청난 에너지를 소비하지만, 그 과정에서 불확실성을 얼마나 갈망하고 있는지 잊고 지낸다. 경력 도중에 직업을 바꾼 1만 6천 명을 대상으로 한 최근 설문조사에 따르면, 그들 대부분은 더 많은 돈을 벌고 싶거나 상사가 나빠서 힘들게 이룬 성공을 포기한 게 아니라 지루해서 직업을 바꾼 것으로 나타났다! 지루함은 우리의 개인적인 삶에도 악영향을 끼친다. 관계 상담가인 에스더 페렐Esther Perel이 발견한 것처럼, 관계를 유지하는 데 있어서 가장 큰 어려움은 불꽃을 생생하게 유지하는 불확실성을 재도입하는 것이다.

불확실성이 너무 많으면 압도적으로 불안해지는 것은 분명하다. 그러나 그렇다고 이를 피하려고만 하다 보면, 우리의 삶에서 살아 있고, 행복하고, 도전적이라고 느끼기 위해 불확실성이 필요하다는 사실을 잊어버린다. 우리는 예측 가능하고 안정적인 인생 계획을 세워야 한다고 배워왔다. 하지만 확실성과 안정성을 확보할 때마다 다른 가능성이 배제되고 좌절감을 줄 수 있다는 사실은 종종 잊고 지낸다. 예를 들어, 막상 집을 사서 정착하게 되면 안정감을 느끼지만 동시에 다른 도시에서 살거나, 새로운 지역에서 새로운 친구를 사귈 가능성이 그만큼 줄어들고, 수리비, 관리비, 세금 등 또 다른 골칫거리가 추가된다는 사실을 잊어버린다.

모든 면에서 확실성을 집요하게 추구하다 보면 모든 가능성을 차단하지 않는 데서 오는 불확실성의 '역보험'과 같은 활력을 불어넣을 여지가 사라질 수 있다. 신중하고 예측 가능한 선택은 종종 더 안전하거나 도덕적으로 옳은 것처럼 느껴지기도 하지만, 이러한 선택이 계속 쌓이면 역설적으로 만족스럽지 못한 결과를 초래할 수도 있다.

개인만이 아니라 조직도 마찬가지다. 최근 하버드대 교수들의 연구에서 회사가 프로세스의 확실성을 높이기 위해 ISO 9000과 같은 품질 관리 시스템을 도입하면, 실수, 변화, 불확실성에서 비롯되는 혁신이 사라진다는 사실을 발견했다. 오래된 신발 회사 그렌슨을 재탄생시킨 기업가 팀 리틀^{Tim Little}은 이렇게 설명했다. "위험을 감수할 수 있어야만 브랜드의 재창조가 가능합니다. 그렇지 않았다면 우리는 평범함으로 가는 길고 느린 길에 놓여 있었을 겁니다."

불확실성은 새로운 일이 일어나기 위한 필수 요소다. 어느 세계 최고 레스토랑은 실제로 알려지지 않은 식재료를 사용하거나, 새로운 요리 기술을 시도하거나, 주방을 새로 설치하거나, 셰프에게 정의되지 않은 역할을 부여하는 등 불확실성을 프로세스에 도입하도록 장려한다. 우주 정거장의 고성능 시스템과 대규모 공장을 위한 전기 시스템을 구축하는 기업인 탈레스의 혁신 책임자 해밀턴 만^{Hamilton Mann}은 "혁신을 위해서는 위험을 감수하고 불확실성을 추구해야 합니다. 비즈니스의 다른 부분처럼 이를 피하려고만 한다면 혁신은 이루어지지 않을 것입니다."라고 말한다.

불확실성을 지루한 생활에 대비하기 위한 역보험으로 재구성하기 시작하면 불확실성의 가장 흥미롭고 가치 있고 교훈적인 '가능성'을 활용해 더 큰 위험을 감수할 수 있다. 제이미 로젠^{Jamie Rosen}은 특이한 여정을 통해 불확실성이 만족스러운 삶에 얼마나 중요한지 깨달은 기업가이다. 하버드에서 학사 학위를 마친 후, 그는 막연하게 의학이나 비즈니스와 같은 자신의 전공에서 벗어나 다른 일을 하고 싶다는 생각이 들었다. 하지만 그는 '다른 일'이 무엇인지 그리고 무엇이라고 부를지 몰랐다. 그는 학생 시절 『렛츠고^{Let's Go}』라고 불리는 여행 가이드북 시리즈를 집필한 적이 있었는데, 동아시아에 대한 가이드를 만들어보자는 한 동료의 제안을 받고 몽골에 대해 쓰기로 결정했다. 안타깝게도 이 프로젝트는 출시 직전에 무산되었고, 로젠은 부족하다고 느낀 '그 뭔가'를 찾던 중 606개의 특허를 보유한 발명가 제리 르멜슨^{Jerry Lemelson}이 후원하는 발명 및 창의성에 관한 새로운 프로그램을 발견하게 된다.

로젠은 제리 르멜슨의 혁신 프로그램에 참여한 후 그와 함께 궁전이나 선박을 만드는 데 사용할 수 있는 거대한 레고 블록과 같은 창의적인 장난감을 발명했다. 발명 경험을 쌓은 후, 로젠은 행동 과학을 활용하여 사람들이 더 건강한 라이프스타일을 추구하도록 장려하는 웨이베터를 비롯한 여러 벤처기업을 창업했다. 작은 카페에서 우리와 만난 로젠은 커피잔을 손에 들고 이렇게 말했다 "예전에는 인생이 목표에 바로 도달하려고 노력하는 것으로 생각했어요. 제 주변은 온통 불확실했고, 제 목표의 방해 요소였죠. 하지만 제 인생에서 가장 훌륭하고 중요한 일들은 항상 주변에서 일어났습니다. 아내를 만나고, 르멜슨을 만나고, 사업을 시작하는 등 저에게 일어난 바람직하고 긍정적인 일들은 모두 주변에서 일어났습니다." 스스로에게 고개를 끄덕이며 로젠은 결론을 내렸다, "저는 여전히 목표를 향해 나아가고 있지만, 이제는 주변에서 그런 놀라움을 찾고 있습니다. 그게 좋은 점입니다. 모든 것은 불확실성에서 비롯됩니다. 그게 바로 여정의 핵심입니다."

불확실성은 우리 삶에 놀라움과 변화와 열정을 불어넣기 위해 필요할 뿐만 아니라, 많은 사람들이 꿈꾸는 가능성에 이르는 유일한 통로일 수도 있다. 불확실성의 가능성은 더 많은 불확실성과 미지의 세계를 수반하기 때문에 쉽게 잊힌다. 하지만 내포된 가능성으로 인해 삶을 더 만족스럽게 변화시킬 수 있다. 미지의 세계와 마주하여 물러서지 않고 가능성을 향해 나아갈 때 비로소 그 가능성이 현실로 다가온다.

역보험은 불확실성 없이는 성공할 수 없다는 사실을 일깨워준다. 불확실성에 직면했을 때 개인의 불확실성 대처 능력은 현재 직면하고 있는 불확실성의 온도를 측정하는 것과 비슷하다. 불확실성의 온도를 측정하려면 '인간관계', '경력', '건강', '자기계발', '시간·금전적 자원'이라는 다섯 가지 영역에서 경험하는 계획된 불확실성과 계획되지 않은 불확실성을 모두 고려해야 한다. 계획된 불확실성에는 새로운 벤처 창업, 경력 변경, 새로운 지역으로의 이사, 결혼 등 흥미롭지만 잠재적으로 스트레스가 될 수 있는 인생의 변화가 포함될 수 있다. 계획되지 않은 불확실성은 실직, 관계 단절, 심각한 질병, 자연재해, 우울증, 충격 등 예기치 않은 위협이나 장애를 초래하는 상황을 말한다.

불확실성의 온도를 측정하는 것은 주관적이며 약간의 상상력과 직관이 필요하므로 정확한 측정치가 될 수 없다. 현재 직면하고 있는 불확실성의 열기가 톰 세닝거[Tom Senninger]가 심리학자 레프 비고츠키[Lev Vygotsky]의 독창적인 모델을 기반으로 설명한 세 가지 발달 단계인 공포, 학습, 안전 영역 중 하나에 해당할 가능성이 높다고 생각해보라. 불확실성의 열기가 너무 강하면 여러분은 공포 영역에 있을 가능성이 높으며, 이 경우 위험할 정도로 열이 높을 때처럼 온도를 낮추는 데 집중해야 한다. 직면한 불확실성을 가능성의 영역으로 옮길 수 있는 방법을 찾아 재구성하는 것만으로도 온도를 조금 낮출 수 있으며, 성장이 시작되는 학습 영역으로 내려갈 수 있다. 반면에 불확실성의 열기가 너무 낮으면 여러분은 안전 영역에 머물러 있어서 학습, 성장, 발전이 이루어지지 않을 가능성이 높다. 가장 이상적인 것은 약간의 새로움과 불확실성을 도입하여 성장하고 발전하는 학습 영역에 도달할 수 있도록 하는 것이다(3장에서 이를 효과적으로 수행하는 방법에 대해 논의할 것이다). 하지만 우리 대부분에게 진짜 문제는 안전 영역에 너무 익숙해져 있기 때문에 약간의 불확실성만 있어도 깃털이 휘날릴 정도로 불안해한다는 것이다. 그래서 불확실성이 어떻게 우리를 학습 영역으로 이끌고 있는지 살펴보기보다는 안전 영역으로 돌아가기 위해 불확실성에서 벗어나려고 애쓰는 방식으로 반응한다. 여러분이 직면한 불확실성을 바라볼 때, 여러분이 공포 영역에 있다는 것이 정말 사실일까? 아니면 학습 영역의 일반적인 불편함을 느끼고 있는 것일까? 스스로 물어보라. 내가 이것으로부터 무엇을 배울 수 있을까? 이것이 나를 어떻게 더 회복력 있고, 유능하고, 현명하게 만드는가? 아마도 자신이 실제로 학습 영역에 있으며 불확실성 능력을 키우고 미래를 위한 중요한 교훈을 개발하고 있다는 사실을 깨닫게 될 것이다.

1. 우리는 긍정적인 변화와 혁신을 가능하게 할 확률 가능성을 설명하기 위해 '가능성 지수$^{possibility\ quotient}$'라는 용어를 만들었다. 모든 재구성 도구와

마찬가지로 역보험은 불확실성의 단점을 없애고 불확실성에 대한 인간의 욕구를 드러내는 방식으로 가능성 지수를 높여준다. '가능성 지수'를 검색한 결과, 하버드 교수인 스리니 필레이[Srini Pillay]가 체온을 측정하는 것만큼이나 유익한 이 아이디어를 약간 다른 방식으로 사용하는 것을 발견했을 때 우리는 깜짝 놀랐다. 그는 "불가능으로 가장하여" 자신의 가능성 지수를 고갈시킬 수 있는 요소를 측정하기 위해 다음과 같은 체크리스트를 만들었다.

- 여러분은 얼마나 지쳤는가?
- 여러분은 어느 정도 길을 잃었다고 느끼는가?
- 여러분은 꿈을 얼마나 포기했는가?
- 여러분은 변하는 것이 얼마나 어려운가?
- 여러분은 얼마나 우울하고 불안한가?
- 여러분은 얼마나 비관주의자인가?
- 여러분은 원하는 것을 명확하게 상상하는 것이 얼마나 어려운가?

어떤 대가를 치르더라도 위험과 불확실성을 피하고 있다면 여러분의 가능성 지수는 매우 낮을 것이다. 지치고 우울하고 꿈을 포기했다면, 새로운 삶의 방식을 상상하고 현실로 만드는 유일한 방법인 불확실성을 삶에 충분히 허용하지 않았기 때문일 수 있다.

우리는 안전하다고 느끼기 위해 상황을 통제하려고 노력하지만, 2장의 도구는 모든 것의 확실성이 과대평가되어 삶을 지루하고 우울하게 만든다는 사실을 상기시킨다. 우리가 삶의 모든 영역에서 안전지대에 머무르면 더 높은 온도에서 편안해지기 위한 조치를 취하지 않기 때문에 불확실성 온도가 낮아지고 불확실성 온도 상한선도 똑같이 낮게 유지될 것이다.

2. 불확실성을 헤쳐나가는 데 능숙한 혁신가들은 종종 높은 가능성 지수에 지쳐서 '은퇴'하고 안전 영역과 학습 영역에서 더 차분한 시간을 보내려고 한다. 불확실성에서 벗어나 휴식을 취하는 것도 좋은 생각일 수 있지만, 역보험은 이러한 상황에 오래 머물지 않도록 상기시켜주는 역할을 한다. 가장 매력적이고 영감을 주는 사람들은 인생의 마지막까지 계속해서 배우고 성장하며, 성취감이 없는 삶보다 학습 영역을 선호한다.

미개척지

우리는 흔히 미개척지를 익숙한 세계의 끝에 있는 위험으로 가득한 야생의 땅 혹은 영화 속 배경으로 생각하기 때문에 실제 삶에서는 미개척지를 피하는 경향이 있다. 하지만 그곳은 우리가 배우고 발견하고 성장하는 장소이기도 하며, 머나먼 지역뿐만 아니라 어디서든 찾을 수 있는 장소라는 사실을 잊고 있다. 미개척지는 우리가 편안하다고 느끼는 곳과 그렇지 않은 곳 사이의 모든 경계이다. 삶의 모든 측면에는 우리가 편안하게 느끼는 안전지대가 있고, 그 안전지대가 우리의 가능성을 제한하기 때문에 우리 각자에게는 수많은 미개척지가 존재한다.

불우한 가정에서 태어난 데니스 오브라이언^{Denis O'Brien}은 대학을 졸업하고 지역 은행에 취직했을 때 이미 가족의 기준으로는 많은 것을 성취한 상태였다. 하지만 현실에 안주하지 않았던 오브라이언은 기네스 피트 항공^{Guinness Peat Aviation}과 라이언에어^{Ryan air}의 창업자인 토니 라이언^{Tony Ryan}에게 직접 전화를 걸어 그의 개인 비서로 취직했다. 이후 휴대폰이 발전하기 시작하자 라이언을 떠나 자신의 모바일 회사인 ESAT 텔레콤을 창업했고, 이 회사는 나중에 브리티시 텔레콤^{British Telecom}에 매각되었다. 또 다른 미개척지를 찾고 있던 오브라이언은 디지셀을 창업하여 30개가 넘는 카리브해와 태평양 섬에서 모바일 네트워크 개발을 주도했다.

수많은 미개척지에서 불확실성을 헤쳐나가는 비결을 묻자, 오브라이언은 아이티에서 모바일 네트워크를 구축한 경험을 들려주었다. "아무도 아이티에 투자하려고 하지 않았습니다. 저조한 투자와 부패로 인해 세계에서 가장 가난한 나라였거든요. 하지만 저는 그곳으로 날아갔고, 포르토프랭스에서 2시간 동안 운전을 하면서 우리가 성공할 수 있다는 사실을 확인했습니다. 다른 나라처럼 여기 사람들도 음식, 자동차 부품 등을 사고팔고 있었죠. 그곳 사람들의 삶을 변화시킬 수 있는 사업에 투자한다면 승산이 있어 보였어요."

오브라이언은 낙관적이었지만 다른 투자자를 한 명만 설득할 수 있었고, 그 투자자도 결국 손을 떼자 디지셀은 네트워크 구축에 필요한 1억 6천만 달러 전액을 직접 조달해야 했다. 이후 디지셀 아이티는 지진, 연료비 폭동, 인플레이션 등 여러 불확실성을 극복하고 모두가 불가능하다고 생각했던 아이티에서 최초의 모바일 사업자가 되었다. "모든 사람이 위험하다고 했지만 저는 가능성이 보였습니다." 오브라이언이 미소를 지으며 대답했다. 그는 이 개척을 통해 세계에서 가장 부유한 기업가 중 한 명이 되었으며, 아이티에 200개가 넘는 학교를 세웠고, 2010년에는 지진으로 무너진 아이티의 철강 시장을 재건했다.

미개척지는 오브라이언처럼 머나먼 타국이 아니라 훨씬 더 가까운, 자신의 주변에서도 찾을 수 있다. 클레어 히어트[Clare Hieatt]와 데이비드 히어트[David Hieatt]는 광고 에이전시에서 일하면서 의류 브랜드 호위즈를 공동으로 창업했다. 호위즈가 성장하기 시작하자 그들은 런던의 고소득 직장을 그만두고 친환경 브랜드에 전념하기 시작했고, 호위즈가 더 많은 지원을 받아 더 큰 영향력을 발휘하는 브랜드가 되기를 바라며 팀버랜드에 매각했다. 팀버랜드가 호위즈를 미국 본사로 이전하는 결정을 내렸을 때, 히어트 부부는 충격을 받았다. 회사를 매각해서 경제적인 성공을 거뒀지만, 기업가적 도전 기회를 날렸다고 생각했다.

어느 주말, 그들은 친구들에게 고민을 토로했다. "어떻게 하면 호위즈를 운영할 때처럼 계속 배우고 성장할 수 있을까?" 기업가로서 가장 힘들었을 때가 고민을 나눌 수 없어 외로웠을 때라는 사실을 기억한 그들은, 자신들처럼 새로운 일을 시도하는 다른 사람들을 도울 수 있는 '격려 네트워크'를 개발하는 일에 대해 생각하기 시작했다. 어떤 면에서는 히어트 부부가 격려 네트워크를 주도하는 것이 당연한 일은 아니었다. 그들은 영국 서쪽 끝에 있는 인구 4천 명의 작은 마을인 웨일스 카디건으로 이사했고, 낡은 닭장과 넓은 밭이 있는 농장을 매입했다. 그런 작은 곳에서 과연 무엇을 할 수 있을까? 최고의 연사를 초청하고, 사람들에게 맛있는 커피를 제공하고, 참석자들이 들판에서 야영을 하고, 그 상황을 전 세계에 방송할 수 있다면 어떨까?

두 사람의 아이디어는 세계적으로 유명한 창의성 축제인 SXSW의 두 렉처스^{Do Lectures}로 성장했다. 두 렉처스는 팀 버너스 리 경, 마리온 도이처스, 팀 페리스, 매기 도인 등의 강연을 통해 전 세계에 큰 영향을 미쳤으며, 현재 미국, 호주, 코스타리카에서도 두 렉처스가 열리고 있다. 이 경험을 통해 히어트 부부는 활동 영역을 확장했을 뿐만 아니라 새로운 회사인 히어트 데님^{Hiut Denim}을 창업하게 되었다. 그 여정을 되돌아보며 데이비드 히어트는 이렇게 말했다. "미개척지는 두렵고 위험해 보일 수 있지만 그곳에 있을 때만 최고의 성과를 낼 수 있습니다. 새로운 일을 하고 싶다면 새로운 땅을 찾아야 합니다."

개인적인 내면의 미개척지도 혁신적인 보상을 제공하는 장소가 될 수 있다. 작가이자 영화 제작자, 구급대원인 벤저민 길모어 ^{Benjamin Gilmour}는 전 세계에서 일하고 글을 쓰고 영화를 촬영한다. 그의 영화 <지르가>는 탈레반과 싸우던 호주 군인이 어떤 마을을 수색하던 중에 무고한 가족의 아버지를 죽이는 이야기를 다룬다. 죄책감에 시달리던 군인은 3년 후 속죄하기 위해 아프가니스탄으로 돌아와 마을 원로들의 재판을 받게 된다. 이 영화의 클라이맥스는 놀랍고 감동적이다. 큰아들은 아버지를 죽인 군인의 목에 칼을 겨누지만, 복수 대신 용서를 선택한다. 많은 서양인이 두려워하는 아프가니스탄 부족의 마을 원로들은 "용서는 복수보다 더 강하고 명예롭다"라는 이 영화의 소중한 교훈을 들려준다.

길모어에게 왜 서양의 고정관념을 뒤집고 싶었는지 묻자, 그는 이렇게 대답했다. "저는 우리와는 너무 다른 사람들, 심지어 나쁘다고 여겨지는 사람들에 대해 느낄 수 있는 공감의 한계를 넓히고 싶었습니다."

모든 미개척지가 감정적으로 충만하거나 기업가 정신을 발휘하거나 대담한 모험을 요구하는 건 아니다. 새로운 운동 코스에 등록하고, 새로운 헤어스타일을 시도하고, 마음에 들지 않을 거라고 생각했던 레스토랑을 방문하는 것도 모두 새로운 영역을 개척하는 일이다.

작가 브래드 모들린^{Brad Modlin}이 파리를 방문했을 때 우리는 그를 만나는 데 여러 번 어려움을 겪었다. 우리가 몰랐던 것은 이

전국적으로 유명한 작가이자 시인이 길을 잃고 약속시간에 몇 분 늦었다는 사실이다. 왜 그랬을까? 일부러 스마트폰을 가지고 다니지 않아서 지도가 없었기 때문이다. 그는 길을 잃으면 새로운 장소를 발견하고 새로운 것을 볼 수 있다는 사실을 알기 때문에 길을 잃는 걸 오히려 즐겼다. 프랑스와 스페인의 중심부를 가로지르는 고대 순례자들의 산티아고 순례길을 걸으며 그는 이런 사실을 배웠다. 갑작스러운 폭풍우와 물집, 장비 결함 속에서 길을 잃거나 좌절을 겪을 때 그는 가장 흥미로운 경험을 할 수 있었다. 모딘은 이렇게 말한다. "저는 길을 잃는 것을 좋아하게 되었고, 이제는 무엇을 만날 수 있을지 궁금해서 일부러 길을 잃어버립니다. 그건 정말 매혹적이죠!"

아침 의식, 운동, 업무 관행 등 작은 것부터 대학 진학, 첫 직장, 결혼, 출산, 은 퇴 등 오랫동안 기다려온 큰 사건에 이르기까지 우리 주변 곳곳에 미개척지 가 존재한다. 미개척지는 간단히 말하자면 알려진 것과 알려지지 않은 것 사 이의 경계이다. 우리 중 누구도 모든 미개척지를 탐험할 수는 없지만, 미개척 지의 존재를 깨닫는 것은 변화를 이끌어내는 강력한 도구가 될 수 있다. 가장 중요한 미개척지는 개인의 성장이나 만족을 위해 가장 큰 가능성을 지닌 곳 이다. 인생의 미개척지를 무시하거나 제대로 탐구하지 않는다면 새로운 기회 를 포착할 가능성이 낮아진다.

1. 여러분의 삶에서 미개척지를 나열하는 것부터 시작하라. 특히 커리어와 인 간관계와 같은 영역에서. 더 이상 개척할 영역이 없다고 생각되면 다시 한번 살펴보라. 성장한 자녀를 독립시킨 사람들이 의과대학에 재입학하고 우리가 아는 어떤 할머니는 아흔이 넘은 나이에도 매년 댄스 공연에 참가하고 있다. CEO나 고위 임원이 되기 위해 직업적 경력에만 집착하는 사람들은 미개척 지를 너무 좁게 바라보고 있는지도 모른다. 사회적, 정서적, 기술적, 활동적, 지리적 경계도 경력의 경계와 연결되어 있으며 삶의 질에 영향을 끼친다.

2. "어떻게 하면 경력의 범위를 넓힐 수 있을까?"라고 질문할 때는 선택지를 폭넓게 고려하라. 새로운 사람들과 함께 일할 수 있을까? 같은 일을 하지만 다른 회사에서 일하고 싶은가, 아니면 같은 회사에서 일하지만 다른 장소에서 일하고 싶은가? 나만의 프로젝트나 회사를 만드는 것을 즐기는가? 여가 시간에 부업으로 프로젝트를 시작할 수 있는가? 직장에서 맡은 업무의 경계를 어떻게 확장할 수 있을까?

3. 경력 외에도 신체적, 지적, 정서적, 사회적, 정신적으로 다양한 미개척지가 서로 겹치고 서로에게 영향을 주는 경우가 많다는 점을 고려하라. 소홀했던 어떤 영역에 관심을 기울이면 다른 영역도 영향을 받아 추진력을 얻게 된다. 예를 들어, 새로운 기술을 배우는 영역을 확장하기 시작하면 틀림없이 이제 막 발견한 기술을 사랑하고 그 기술을 위해 살아가는 새로운 사람과 자원의 세계를 발견하게 될 것이다.

4. 질문을 더 깊게 생각해 보라. 가장 동기를 부여하는 몇 가지 미개척 분야를 선택하고 구체적인 질문을 던져 보라. 어떻게 첫발을 내딛을 수 있을까? 리더나 멘토와의 대화로 시작할 수 있을까? 어떻게 시작해야 할지 더 알아볼 필요가 있을까? 지금 시작할 수 있는 실천사항과 더 많은 준비가 필요한 실천사항은 무엇인가? 지금 시작할 수 있는 실천 목록에서 한 가지를 선택해서 오늘부터 시작하겠다고 스스로에게 약속하라 (예: 이메일 보내기, 책 구입, 강의 신청). 10분만 시간을 내어 미개척지의 경계를 훑어보는 것만으로도 여러분

의 안전지대를 넘어서는 길을 종종 발견할 수 있다.

5. 어떤 미개척지에서 가장 의미 있는 변화를 만들 수 있을지 파악하기 어렵
다면 정서적 미개척지부터 시작해보라. 연인, 자녀, 친구를 더 잘 이해하면
개선된 관계를 만들지 못할 이유가 없다. 더 가깝게는 자기 이해의 폭을 넓히
는 여정을 시작하면 어떨까? 명상, 일기 쓰기, 심리적 안정 등 자기성찰을 위
한 내면의 작업을 통해 다른 모든 미개척지에서 여러분을 가로막고 있는 문
제에 대한 단서를 발견할 수 있을 것이다.

4장

인접한 가능성

"준비된 자에게는 모든 것이 기회가 된다."

– 빅토르 위고^{Victor Hugo}

미개척지가 현재 삶의 경계를 멀리 확장하는 것이라면, 인접한 가능성은 가까운 곳에서 발견할 수 있는 새로운 기회에 관한 것이다. 작가 스티븐 존슨^{Steven Johnson}은 이를 "현재 상태의 가장자리를 맴도는 일종의 그림자 미래이며, 현재가 스스로를 재창조할 수 있는 모든 방법을 보여주는 지도"라고 말한다. 생물학자 스튜어트 카우프만^{Stuart Kauffman}은 체온 유지를 위해 진화한 깃털이 비행에 유용하게 쓰이거나 육지에서는 더 이상 쓸모가 없는 물고기의 복잡한 턱뼈가 청각에 유용하다고 밝혀지는 연구 등을 통해

'진화적 적응'을 통해 종종 새롭고 놀라운 용도를 발견하는 현상을 '인접한 가능성'이라는 말로 정의했다. 훗날 카우프만은 우리가 유한한 세계로 인식하지만 실제로 우리 주변 세계에는 무한한 가능성이 숨겨져 있다는 점을 강조하기 위해 이 용어를 사용했다. 그가 가장 좋아하는 예는 드라이버다. 대부분의 사람들은 드라이버를 한 가지 용도로만 생각하지만 실제로는 무궁무진한 방법으로 활용할 수 있다. 나사를 돌리거나, 문을 고정시키거나, 조각칼로 사용하거나, 수익의 5%를 받고 스피어 낚시용으로 대여할 수도 있다.

보이지 않는 곳에 있는 이 광활한 기회의 장을 어떻게 활용할 수 있을까? 먼저, 더 큰 관심을 기울이는 것부터 시작해야 한다. 19세기에 외과의사 조셉 리스터[Joseph Lister]는 들판에 퍼진 하수를 처리하는 데 사용되는 석탄산이 그곳에서 방목하는 소의 기생충 숫자를 감소시킨다는 흥미로운 사실에 주목했다. 그는 석탄산이 수술 후 상처 부위에 있는 박테리아의 양을 줄일 수 있는지 궁금해졌다. 1910년 그는 실험을 통해 소독약을 사용하면 주요 수술 후 사망률이 40퍼센트에서 3퍼센트 미만으로 감소하여 19세기의 모든 전쟁으로 인한 사망자 수만큼 많은 생명을 구할 수 있다는 사실을 발견했다.

우리가 직면한 문제를 주의 깊게 살펴볼 때 인접한 가능성도 모습을 드러낸다. 휠체어에 앉아 있는 노인들과 마주쳤을 때 바버라 앨링크$^{Barbara Alink}$의 나이 든 어머니는 "내 눈에 흙이 들어가기 전에는 휠체어를 절대 사용하지 않을 거야."라고 말했다. 어머니의 말에 당황한 앨링크는 우리가 장애인과 비장애인을 구분하는 사회에 살고 있다는 사실을 깨달았다. 휠체어는 장애를 강조한다. 필요한 사람들에게는 매우 유용한 기기이지만 휠체어 사용자의 60퍼센트는 여전히 다리를 어느 정도 사용해야 하며, 앨링크는 이 60퍼센트에게 더 큰 자유를 주는 기기를 만들고 싶었다.

앨링크는 "사용하기에 불편할 거라는 선입견을 극복할 정도로 멋진" 장애인용 기기를 디자인하기 시작했다. 그녀는 시중에서 구할 수 있는 자전거 부품을 활용하여 앨링커$^{The Alinker}$를 설계했다. 앨링커는 세발자전거와 같은 프레임으로 사용자가 눈높이를 유지하면서 발을 사용하여 이동하고 양손을 자유롭게 움직일 수 있는 기기였다. 수년간 프로토타입을 제작하고 개인 신용카드로 여러 차례 자금을 조달한 끝에 마침내 사용자가 다른 사람과 눈높이를 맞추고 소통할 수 있는 동시에 이동성을 향상시킬 수 있는 장치를 만드는 데 성공했다. 앨링커 사용자들은 너무나 만족하고 고마워한다. 24시간 돌봄이 필요하고 항상 옆으로 누워있어야만 했던 10살 루카는 앨링커를 통해 식탁에서 간식을 먹고, 학교에 가서 친구들과 어울리고, 크리켓 방망이를 휘두르는 법을 배우는 등 활발함을 되찾았다.

통념에 의문을 제기할 때 인접한 가능성이 모습을 드러낸다.

성공한 경영자인 비키 손더스Vicki Saunders는 베를린 장벽이 무너졌을 때 유럽에 살던 젊은 여성으로서 이 사실을 깨달았다고 회상한다. 그녀는 프라하로 향하는 기차에 올라탔고 기차는 '이제 자유를 얻었으니 이걸 해야지. 이제 자유를 얻었으니 저걸 해야지.'라는 사람들의 이야기로 가득했다. "모든 사람이 꿈을 꾸고 있었죠. 정말 황홀했어요." 그 환희 속에서 손더스는 갑자기 생각했다. "그래! 나도 자유를 얻었어! 이제 뭘 해야 할까?" 그녀는 자신의 상황을 재구성하면서 자신을 재창조할 수 있었고, 새롭고 대담한 선택지를 볼 수 있었다. "결국 4년 동안 프라하에 머물게 되었고, 그 덕분에 제 인생이 완전히 바뀌었어요."

회사를 상장하는 등 실리콘밸리에서 경력을 쌓은 후, 손더스는 다시 통념에 의문을 품기 시작했다. 비즈니스와 사회생활에서 여성이라는 사실이 왜 부담스럽게 느껴지는 것일까? 어느 날 그녀는 그 이유를 찾아냈다. "여성이 설계한 게 아무것도 없기 때문에 당연히 힘들 수밖에 없었어요. 우리는 이 세상을 설계하는 자리에 있지 않았어요." 벤처캐피탈 자금의 4퍼센트만이 여성 창업자에게 돌아가고, 다섯 명의 남성이 35억 명만큼의 재산을 보유하고 있다. "이 문제를 어떻게 해결할 수 있을까요?" 손더스가 물었다. "모든 것을 개방할 수 있도록 시스템을 바꿀 수 있는 핵심 요소는 어디에 있을까요? 제가 볼 때 그건 금융, 교육, 미디어 세 가지였어요. 여성의 아이디어에 자금을 지원해야 해요."

손더스는 기부를 통해 부유함을 증명했던 미국과 캐나다 원주민들로부터 영감을 받아 '급진적인 관대함radical generosity'을 실험하기 시작했다. 그녀는 1,100달러를 기부한 여성들이 주도적으로 참여하는 액티베이터activator가 되어 여성 기업가들에게 무이자 대출을 해주는 영구적 투자 펀드 쉬이오SHEEO를 설립했다. 손더스는 이렇게 설명한다. "이 펀드는 현실을 바라보는 여성들의 건전한 정신에 기반을 두고 있어요. 그건 우리에게 큰 의미가 있어요. 바람직한 세상을 만드는 일에 동참하는 거니까요. 세계 인구의 절반인 여성들은 여러 세대에 걸쳐 혁신에서 소외되어 왔어요. 상황을 바꿀 수 있는 아이디어가 있더라도 자금을 확보할 수 없었어요." 쉬이오는 어떤 프로젝트에 자금을 지원했을까? 바로 앨링커다!

인접한 가능성은 우리가 의도적으로 사물을 재조합할 때에도 모습을 드러낸다. 밴 필립스Van Phillips는 보트 사고로 다리를 잃은 후 더 나은 의족을 만들고 싶다는 열망으로 의과대학에 입학했다. 교수들은 이미 모든 의족 기술이 완성되었다며 그를 낙담시켰다. 하지만 필립스는 기존의 의족이 모양은 다리처럼 보이지만 제대로 기능하지 않는다고 생각했다. 형태보다 기능에 더 관심이 많았던 그는 다이빙 보드, 장대높이뛰기, 치타에서 원리를 차용하여 실제 다리처럼 작동하는 탄소섬유 의족인 플렉스 풋Flex-Foot을 만들었다. 이 의족은 스프링처럼 작동하여 착용자가 달리기,

점프 등 다른 의족으로는 불가능한 방식으로 움직일 수 있도록 도와준다. 플렉스 풋은 프로 운동 경기에서도 사용되었다.

무엇이 부족한지 질문을 던질 때 인접한 가능성도 모습을 드러낼 수 있다. 디자이너 아드리앙 가르데^{Adrien Gardée}는 멜람포 램프 ^{Melampo Lamp}로 유명하다. 멜람포 램프는 오피넬 나이프^{Opinel Knife}의 접이식 메커니즘을 차용하여 똑바로 세우면 간접광을 확산시키고 기울이면 직접광을 비추는 두 가지 방식으로 작동한다. 현재 그는 프랑스의 루브르 박물관과 카이로의 이집트 박물관과 같은 공간을 디자인하고 있다. 얼마 전 가르데는 파리의 그랑 팔레에서 중국계 프랑스 예술가 황용핑^{Huang Yong Ping}이 만든 용의 은빛 골격이 선적 컨테이너를 감싸고 있는 모습의 설치 작품을 재해석해 달라는 요청을 받았다. 중국과 국제 무역에 대한 해설을 담은 이 전시회는 호평을 받았으며, 전시회를 후원한 단체는 전시 비용의 일부를 회수하기 위해 다섯 개의 축소 모형을 제작했다. 그런데 하나도 팔리지 않자 그들은 가르데에게 그 이유를 조사해 달라고 요청했다. 모형을 살펴본 결과, 그는 그랑 팔레의 유리 천장을 통해 빛과 그림자가 만들어지는 광경을 제대로 담아내지 못했다는 사실을 발견했다. 가르데는 역사적인 건물의 창문을 통과하는 파리의 태양 빛을 재현하는 프로젝터 시스템을 설계하기 시작했다. 그 결과는 놀라웠고 다섯 개의 모형은 빠르게 판매되었다.

유혹적이지만 위험한 선택에 직면했을 때 최악의 시나리오가 무엇인지 질문을 던지면 인접한 가능성이 모습을 드러낼 때도 있다. 연쇄 창업가이자 린 스타트업 운동의 창시자인 스티브 블랭크[Steve Blank]는 엔지니어로 경력을 시작했다. 그는 업무 과제를 위해 실리콘밸리를 방문했다가 머큐리 뉴스[Mercury News]를 열어 구인 광고 페이지를 보고 충격을 받았다고 회상한다. 블랭크는 그 자리에서 직장을 그만두고 실리콘밸리에 머물기로 결심했다. 당시에는 일자리가 부족했기 때문에 동료들은 그가 미쳤다고 생각했다. 하지만 블랭크는 스스로에게 말했다. "최악의 상황이 뭘까? 이 나라에서 굶어죽지는 않을 테니 과감하게 시도해 보자." 이런 식으로 선택을 재구성한 블랭크는 인접한 가능성을 보았고, 인생에서 가장 두려운 불확실성 중 하나인 실직에 맞설 용기를 얻었다. 그 결과, 편안하고 확실한 직장에 머물렀을 때보다 훨씬 더 역동적인 경력을 쌓을 수 있었다.

'우리가 어디에서 살 수 있는가', '얼마나 벌어야 하는가', '좋은 삶이란 무엇인가'와 같은 현상 유지에 대한 질문을 통해서도 인접한 가능성을 발견할 수 있다. 이탈리아 피렌체의 우피치 미술관에 전시된 태피스트리 아티스트 린 커런[Lynne Curran]과 난민 및 정신질환자들과 함께 일해 온 예술가이자 교육자인 데이비드 스위프트[David Swift]는 고정관념에 도전하는 창의적인 부부다. 생활은 나름 꾸릴 수 있었지만, 자원이 부족했던 두 사람은 스코틀랜드 에든버러에 있는 오래된 주택을 구입했다. 감정평가사가 철거를 제안할 정도로 낡은 집이었다. 하지만 부부는 이 집을 디자인 잡지에 자주 소개되는 멋진 정원이 있는 보석 같은 집으로 탈바꿈시켰다. 그런데 바로 옆에 교정시설이 들어섰고 모범수로 출소한 젊은이들이 집에 침입하여 차에 불을 지르고 창문에 돌을 던지기 시작했다.

변화가 필요했다. 에든버러에서 가까운 곳에 집을 구할 수 없었던 그들은 처음에는 교외 지역을 둘러보다가 의문을 품었다. 왜 굳이 여기 영국에 머물러야 할까? 그들은 일본으로 이주하는 것도 고려했지만, 두 사람이 예전에 방문하고 좋은 기억이 있었던 이탈리아 토스카나로 떠나기로 결정했다. 그리고 아시시의 성 프란치스코가 오명을 쓴 언덕 바로 아래에서 미켈란젤로가 어린 시절을 보낸 신비로운 치우시 델라 베르나 산비탈의 고대 농가를 발견했다. 대대적인 보수 공사를 마친 후 이 집으로 이사한 부부는 아침에 일어나 언덕에 피어오르는 안개를 보고, 미켈란젤로가 시스티나 성당 천장에 그린 <아담의 창조> 바위를 지나고, 산비탈을 덮고 있는 샘에서 신선한 물을 마실 수 있게 되었다.

미개척지와 마찬가지로 인접한 가능성도 기꺼이 찾고자 하는 의지와 용기가 필요하다. 또한 미지의 영역으로 한 걸음 내딛을 때마다 더 많은 인접한 가능성이 나타난다. 집에 비유하자면 현관에서 열 번째 방으로 바로 걸어갈 수는 없다. 각각의 방을 차례대로 지나야 새로운 방에 도달할 수 있고, 새로운 방에서 새로운 문과 새로운 가능성이 모습을 드러낸다. 가능성은 무한하지만 우리가 도달할 수 있는 모든 범위를 파악하려면 앞으로 나아가야 한다. 스티븐 존슨^{Steven Johnson}이 설명한 것처럼, 인접한 가능성은 "현재의 한계에 의해 매 단계마다 지적으로 축소된다."

연이은 실패로 인해 자살을 고민했던 벅민스터 풀러^{Buckminster Fuller}의 삶은 이것을 가장 분명하게 보여준다. 그는 하버드 대학에서 두 번이나 퇴학당한 후 결혼을 하고 회사를 공동 창업했지만, 몇 년 후 회사에서 쫓겨났고 세 살배기 딸을 척추수막염으로 잃었다. 장래는 불투명했고 둘째가 태어날 예정이었다. 그는 시카고 거리를 방황하며 가족들이 최소한 생명 보험금이라도 받을 수 있도록 강물에 투신하려 했다. 그러다 문득 영감이 떠올라 "만약에"라는 희미한 상상(그가 거의 종교적인 용어로 설명한 인접한 가능성)을 했다. 자신의 무기력한 처지에도 불구하고 절망에 굴복하는 대신 세상을 더 나은 곳으로 바꾸기 위해 최선을 다하면 어떨까 하는 생각이었다. 풀러는 이러한 생각을 바탕으로 30권이 넘는 책을 저술하고, 20여 개의 특허를 등록했으며, 측지 돔을 발명하고, 미래를 재창조하는 사상적 리더로서 수만 명에게 영향을 미쳤다.

세상을 떠나던 해에 풀러는 자신을 "기니피그 비^{guinea pig B}"라고 겸손하게 표현하며 다음과 같이 자신의 삶을 요약했다,

"저는 이제 여든여덟 살이 되었고, 중요한 것은 제가 평균적으로 건강한 사람이라는 사실뿐이라고 확신합니다. 또한 저는 부양해야 할 아내와 갓난아이가 있는 무명의 초라한 개인이 모든 인류를 위해 효과적으로 할 수 있는 일이 무엇인지를 발견한, 반세기 동안 철저하게 문서화되고 연구된 프로젝트의 생생한 역사적 사례입니다. 그건 위대한 국가, 위대한 종교, 거대한 기업이 아무리 부유하고 막강한 무기를 가지고 있어도 해낼 수 없는 일입니다."

여러분의 삶에서 인접한 가능성의 잠재력을 고민할 때 풀러의 교훈을 떠올려 보라. "우리의 사명은 미래의 희생자가 아니라 미래의 설계자가 되는 것이다."

개인적으로 파악할 수 있는 미개척지와는 달리 인접한 가능성은 눈에 잘 띄지 않는 곳에 숨어 있고 분명하지 않다. 인접한 가능성은 뭔가 있을지도 모른다는 직감에서 시작되는 창의적인 탐색이 필요하다. 인접한 가능성에 대해 우리가 알아낸 한 가지 사실은 대개 깊은 관심이나 필요성을 가진 개인이 발견한다는 것이다. 이런 사람들은 명성이나 보상이 아닌 다른 이유로 호기심을 갖고 그 가능성에 대해 궁금해하는 경향이 있다. 린 커런과 데이비드 스위프트는 예전에 토스카나에서 시간을 보낸 적이 있었기 때문에 토스카나라는 선택지를 살펴볼 가능성이 더 높았다. 반 필립스는 의족을 착용하고 있고 외관만 다리처럼 보이는 것이 아니라 제대로 기능하는 다리를 원했기 때문에 플렉스 풋의 가능성을 더 높게 보았다. 비키 손더스는 수십 년 동안 남성 중심 산업에서 경력을 쌓은 '방'을 거치며 쉬이오를 만들 수 있는 요소들을 찾아냈다.

물론 인접한 가능성은 누구에게나 열려 있지만 관심을 기울이려는 동기가 있을 때 발견할 가능성이 더 높다. 삶의 가장자리에서 인접한 가능성을 탐색하는 데 도움이 되는 몇 가지 질문은 다음과 같다. 이러한 질문은 개인뿐 아니라 조직 환경에도 쉽게 적용할 수 있다.

1. 내가 궁금한 것은 무엇인가? 어떻게 하면 그 호기심을 더 깊이 파고들 수 있을까?

2. 나는 무엇을 하고 싶은가? 그 목록에 순위를 매긴다면 어떤 것이 지속적이고 반복적인가?

3. 나는 무엇에 관심이 있는가? 더 큰 변화를 위해 더 많은 관심을 기울여야 하는 일에 나는 이미 관여하고 있는가?

4. 내가 참여하고 있는 어떤 상호작용이나 프로세스에서 본질적으로 문제가 있다고 느끼는가? 내가 영향을 미칠 수 있는 변화의 여지가 있는 것은 무엇인가?

탐색하고 싶은 인접한 가능성에 도달한 후에는 다음 질문을 통해 보유하거나 보유하지 않은 자원이나 인접한 가능성을 발견하고 실행하는 데 도움이 되거나 방해가 되는 다른 사람의 역할에 대해 더 창의적으로 생각해보라.

5. 내가 가진 기술과 재능은 무엇인가? 이를 새로운 방식으로 활용할 수 있는가?

6. 어떤 유형의 사람들이 나에게 흥미를 주거나 영감을 주지 않는가? 나는 어떤 자질이나 활동 때문에 그들을 존경하거나 싫어하는가? 나는 그러한 긍정적 또는 부정적 특성 중 일부를 공유하고 있으며, 그러한 특성을 확장하거나 줄일 수 있는가?

7. 인접한 가능성을 탐색하기 위해 시간과 에너지를 확보하기 위해 무엇을 중단할 수 있는가? 그것을 멈출 수 있는 길은 무엇인가? 에너지를 확보하기 위해 미루거나 끝내거나 위임할 수 있는 책임, 관계, 업무가 있는가?

때로는 가장 일반적인 고정관념에 도전할 때 가장 흥미로운 인접한 가능성이 모습을 드러내기도 한다. 이러한 도전은 가구의 새로운 배치와 같은 단순한 것일 수도 있다. 예전에 네이선과 그의 룸메이트는 손님이 거의 오지 않는다는 사실을 깨닫고 침대를 비좁은 침실에서 넓은 거실로 옮긴 후 떠오르는 태양을 보며 잠에서 깨어난 적이 있다. 하지만 우리의 삶에는 더 큰 고정관념이 있다. 우리의 삶을 새로운 방식으로 바라볼 수 있다면 어떨까? 도움이 될 만한 몇 가지 질문은 다음과 같다.

8. 내가 물려받은 어떤 신념(가족, 문화, 종교 등)이 인접한 가능성을 찾는 능력을 제한하고 있는가? 창의적이고 혁신적이고 위험을 감수하는 집안에서 태어났다면 실험이 자연스럽게 느껴질 수 있다. 그렇지 않다면 지금 살고 있는 인생이 유일한 삶이라고 생각할 수도 있다. 풀러의 기니피그 B 경험에서 용

기를 얻어라. 그는 완전히 무가치하다는 자괴감 속에서 세상을 바꾸는 데 돈, 명성, 권력이 필요하지 않다는 사실을 깨달았다.

9. 다른 문화권에서 살아온 사람들과 만나서 물어보라. 그 경험으로 인해 가능성에 대한 그들의 감각이 어떻게 바뀌었는가? 해외에 살면서 얻을 수 있는 가장 큰 장점은 우리가 하는 일의 많은 부분과 방식이 어떻게 구성되어 있는지를 비교할 수 있다는 점이다.

5장

무한 게임

"저는 어릴 때부터 자신만의 게임의 룰을 창조하는 것이
더 바람직하다는 사실을 배웠습니다.
그러면 항상 승자가 될 수 있습니다."

— 이본 쉬나드 Yvon Chouinard

기발한 철학 논문 <유한 게임과 무한 게임: 놀이와 가능성으로서의 삶에 대한 전망>에서 뉴욕대학교 교수 제임스 카스 James Carse 는 인생을 유한 플레이어와 무한 플레이어라는 두 가지 유형의 사람들이 참여하는 게임으로 설명한다. 유한 플레이어는 인생이 부여한 역할(대학생, 관리자, 변호사, 부모, 배우자)을 받아들이고 주어진 규칙에 따라 승리하기 위해 경기를 한다. 무한 플레이어는 게임에서 이기기 위해서가 아니라 즐거움을 위해 역할과 규칙을 바꾸면서 경기를 한다.

예를 들어, 뉴욕에 본사를 둔 미술품 수집 단체인 MSCHF는 컬렉션을 위해 미술품을 구입하는 대신 데미안 허스트^{Damien Hirst}의 그림 <엘-이솔루신 티-부틸 에스테르^{L-Isoleucine T-Butyl Ester}>를 30,485달러에 구입한 후 '모든 사람이 하나씩 가질 수 있도록' 88개의 색칠한 원을 오려내어 각각 480달러에 판매했고 '88개의 구멍이 뚫린 그림'을 경매에 붙여 25만 달러 이상에 판매했다. 이 기발한 경매는 규칙을 깨고 게임에 도전하는 MSCHF의 수많은 시도 중 하나에 불과하다.

유한 플레이어에게 불확실성은 적이다. 왜냐하면 이길 수 있는 능력에 대한 미지의 상황을 만들기 때문이다. 반면에 무한 플레이어에게 불확실성은 기회의 영역이며, 그들은 놀라움을 기대하며 경기를 한다. 카스는 이렇게 강조한다. "예상치 못한 상황에 대비한다는 건 훈련을 받는다는 뜻입니다. 놀라움에 대비한다는 건 교육을 받는 것입니다." 무한 플레이어로 살아가는 방식에는 여러 가지가 있다.

무한 플레이어는 자신의 역할에 도전한다. 카스는 우리가 직업, 인간관계, 지위와 같은 인생에서 맡은 역할(학생, 컨설턴트, 부모 등)과 자신을 동일시하는 경향이 있다고 말한다. 하지만 역할과 자신을 동일시하면 '제대로 해내지 못하는 것'이 한 인간으로서의 실패를 의미하기 때문에 다양한 실험을 해 볼 여지가 줄어든다. 반대로 역할을 일시적이고 가변적이며 실제의 나와는 별개의 것으로 생각하면 더 자유롭게 실험하고 재창조하고 변화시킬 수 있다. 예를 들어, 유한 플레이어는 실직이나 이혼을 겪으면 자신의 정체성이 무너지는 반면, 무한 플레이어는 충격을 흡수할 시간을 가진 후 이를 자신의 역할을 재창조할 수 있는 기회로 여긴다.

엘리너 루즈벨트^{Eleanor Roosevelt}는 어려운 도전에 직면했을 때 자신의 역할을 재창조한 생생한 사례다. 알코올 중독으로 자살한 아버지와 디프테리아로 갑자기 세상을 떠난 엄격한 할머니 밑에서 자란 엘리너는 자신이 어디에도 속하지 못하는 미운 오리 새끼가 된 것 같았다고 회상한다. 하버드 사교계의 유쾌하고 카리스마 넘치는 스타 프랭클린 D. 루즈벨트와 결혼하여 아내와 엄마로서 새로운 가정을 꾸렸을 때 그녀가 얼마나 기뻐했을지 상상해 보라. 그녀는 아이를 여섯 명이나 낳았다. 하지만 유럽 여행에서 돌아온 남편의 여행 가방을 정리하던 중 남편과 비서 루시 머서^{Lucy Mercer} 사이에 오간 러브레터를 발견했다. 엘리너는 프랭클린에게 이혼을 제안했지만, 미닫이문을 사이에 두고 집이 맞닿아 있던 완고한 시어머니는 프랭클린이 이혼할 경우 가문의 재산을 한 푼도 물려줄 수 없다고 위협했다.

깊은 슬픔의 시간을 보낸 후, "처음으로 자신과 주변 환경과 세상을 정직하게 마주한" 엘리너는 자신의 역할을 재창조하기로 결심했다. 경영대학원에 등록하고 운전을 배우고 요리 수업을 들었다. 시어머니가 고용한 하인을 해고하고 아프리카계 미국인과 사교계에서 부적절하다고 여겨지는 사람들과 교류하여 친구가 되었다. 그녀는 여성 유권자 연맹에서 일하면서 실업 보험, 아동 노동 폐지, 임금 및 시간제 입법을 위해 싸우기 시작했다.

엘리너의 정치 경력이 막 시작될 무렵 프랭클린이 소아마비에 걸렸기 때문에 그녀는 모든 것을 보류한 채 프랭클린을 침대에 눕히고 다리를 마사지하고 대소변을 받아냈다. 시어머니는 아들에게 정계 은퇴를 요구했지만 남편이 계속 정치를 해야 한다고 주장한 그녀는, 남편을 대신해 전국을 돌면서 연설하고 신문에 칼럼을 기고하고 주간 라디오 방송을 진행했다. 프랭클린이 사망한 후에 엘리너는 미국 최초의 유엔 대사가 되어 세계인권선언의 초안을 작성하는 데 기여했다. 그녀가 세상을 떠났을 때 「뉴욕타임스」는 "모든 사람의 존경을 받을 자격이 있는 여성이었다"라고 추모했다. 순종적인 아내, 복종하는 며느리의 역할에 머무를 수도 있었지만 그녀는 그렇게 하지 않았다. 만약 그랬다면 남편과 시어머니의 특색 없는 그림자가 되어 영원히 나약한 여성으로 남을 거라는 사실을 알고 있었다.

무한 플레이어는 통념에 도전한다. 대부분의 사람들은 통념이 인위적으로 만들어졌다는 사실을 깨닫지 못한 채 당연한 것으로 받아들인다. 영화 제작자 데이비드 린치[David Lynch]는 "우리가 어른이 되면 세상을 이해한다고 생각하지만 실제로 경험하는 것은 상상력의 축소"라고 설명한다.

테슬라 CEO 일론 머스크의 가장 큰 특징은 규칙에 과감하게 도전한다는 점이다. 모델 X의 책임자였던 스털링 앤더슨^{Sterling} Anderson은 "'그렇게 하는 게 관행입니다'라는 말은 머스크에게 절대 통하지 않았습니다."라고 회상한다. 머스크의 접근 방식은 특정 분야에서 가장 근본적이고 확신할 수 있는 사실을 발견한 다음 거기서부터 생각의 폭을 넓히는 것이다. 예를 들어, 배터리는 오랫동안 저렴한 전기차를 만드는 데 가장 큰 장애물이었다. 머스크는 킬로와트시당 600달러라는 배터리 업계 표준에 도전했고, 배터리를 분해하여 런던 금속 거래소에서 킬로와트시당 80달러에 원재료를 구입할 수 있다는 사실을 파악했다. 이러한 원재료를 배터리 셀 형태로 결합하는 영리한 방법을 생각해냄으로써 그는 훨씬 더 저렴한 전기차를 만들 수 있었다.

제약사 리제네론 파머세티칼즈^{Regeneron Pharmaceuticals}의 창업자 조지 얀코풀로스^{George Yancopoulos}와 렌 슐라이퍼^{Len Schleifer}는 새로운 치료법을 개발하는 데 막대한 비용이 드는 이유 중 하나가 동물 실험에서 인간 실험으로 전환하는 과정에서 많은 치료법이 실패하기 때문이라는 사실을 파악했다. 이들은 인간 게놈을 접합하여 동물과 인간을 연결하는 생쥐를 개발함으로서 이 문제점을 해결했다. 이 새로운 생쥐를 통해 테스트 정확도를 획기적으로 개선하여 경쟁사에 비해 개발 비용을 80퍼센트까지 절감할 수 있었다. 이 놀라운 혁신의 순간을 돌아보며 얀코풀로스는 이렇게 말했다. "우리는 모든 것에 도전합니다. 모든 개념과 모든 과학적 원리에서 우리가 도전할 수 없는 것은 없으며 그 무엇도 당연한 것으로 여기지 않습니다. 우리가 사실이라고 믿는 것의 대부분은 사실이 아닙니다."

통념에 도전하는 또 다른 방법은 다른 사람이나 경쟁자와 상호작용하는 방식을 새롭게 설정하는 것이다. 시스코에서 근무하는 동안 케이트 오키프$^{Kate\ O'Keeffe}$는 가장 흥미롭고 가치 있는 몇몇 기회가 산업 간의 경계에서 발생한다는 사실을 발견했다. 그녀는 비자, 나이키, 코스트코, 로우즈와 같은 중요한 파트너를 한데 모아 소매업과 공급망의 재구상 등 영역 간 교차점에서 기회를 찾기 위한 외부 포럼 CHLL$^{Cisco\ Hyperinnovation\ Living\ Lab}$을 만들었다. 오키프는 경쟁업체들이 서로 협력하면 개별 기업이 포착할 수 없는 새로운 기회를 창출할 수 있다는 사실을 직감하고 게임의 경계를 재구성했다. "우리는 모두 서로의 고객이고 공통의 문제에 직면해 있어요. 그러니 함께 협력하여 더 많은 혁신을 만들어내면 어떨까요?"

무한 플레이어는 게임 그 자체에 도전하기도 한다. 비메오의 공동 창업자 잭 클라인$^{Zach\ Klein}$은 이 교훈을 힘들게 배웠다고 회상한다. "현재의 스타트업 문화에서 '성공'이란 회사를 창업하고 얼마 지나지 않아 큰돈을 받고 회사를 매각하는 것을 의미합니다." 클라인과 공동 창업자들은 비메오를 정확히 그런 방식으로 매각하여 많은 돈을 벌었다. 하지만 현재 클라인은 아쉬워한다. "회사를 매각하고 안전하게 땅에 발을 딛자마자 다시 날개를 달고 싶다는 생각뿐이었습니다. 계속 날아오르고 싶었습니다."

클라인은 남들과는 다른 방식으로 비즈니스를 운영하는 기업을 찾기 시작했고, 수십억 달러 규모의 소매 브랜드인 파타고니아의 창업자 이본 쉬나르[Yvon Chouinard]를 만나게 되었다. 자칭 '흙수저' 등반가 출신으로 차 뒷좌석에서 암벽 등반 장비를 팔면서 사업을 시작한 쉬나르는 직원들을 잘 대우하고, 고객들에게 제품을 더 많이 사기보다는 수리하라고 조언하고, 수익의 10퍼센트 혹은 매출의 1퍼센트 중 더 큰 금액을 풀뿌리 변화와 지속 가능성 프로젝트에 기부하는 등 비즈니스의 통념에 도전장을 내밀었다. 쉬나르는 이러한 경영 원칙을 <주변 사람들이 서핑을 즐기게 하자>라는 선언문에 담아냈다. "저는 어릴 때부터 자신만의 게임의 룰을 창조하는 것이 더 바람직하다는 사실을 배웠습니다. 그러면 항상 승자가 될 수 있습니다."

우리는 이미 만들어진 문화적 환경 속에서 살아가기 때문에 게임과 규칙이라는 일련의 기준에 따라야 한다고 요구받는다. 해외 거주자들이 두 문화 사이에서 살아가면서 종종 깨닫게 되는 사실 중 하나는 이러한 규칙이 대부분 인위적으로 만들어졌다는 것이다. 준수해야 할 규칙을 스스로 선택할 수 있다는 사실을 인식하면 엄청난 해방감을 느낄 수 있다. 전설적인 혁신가 스티브 잡스는 유명한 말을 남겼다. "여러분이 삶이라고 부르는 주변의 모든 것들은 여러분보다 똑똑하지 않은 사람들이 만들어낸 것입니다. 여러분은 그것을 바꿀 수 있고 영향을 미칠 수 있습니다. 이 사실을 깨닫고 나면 여러분은 예전과는 전혀 다른 모습이 될 것입니다."

스타트업이 혁신적인 이유는 규칙에 기꺼이 도전하기 때문이다. 에어비앤비는 사람들이 호텔에서만 방을 빌릴 거라는 생각에 도전했고, 와이즈는 대형 은행에서만 환전할 수 있다는 통념에 도전했으며, 우버는 택시 기사만 승객 서비스를 제공할 수 있다는 생각에 도전했다. 더 많은 기업이 더 창의적으로 도전하여 지속 가능성, 직원 복지, 그리고 인류 전체에 더 나은 결과를 창출할 수 있다면 얼마나 놀라운 일이 벌어질지 잠시 상상해 보라.

무한 플레이어는 새로운 놀라움을 발견하기 위해 게임을 계속해서 펼쳐나간다. 카오스파일럿 학생들의 특징 중 하나는 게임에 대한 총체적인 관점이다. 학교장 크리스터 윈델뢰프-리제이우스는 이렇게 말한다. "우리 학생들 중 누구도 시키는 일만 하면서 일주일에 80시간씩 근무하고 연간 5백만 달러를 벌려고 하지는 않을 것입니다. 그들은 뭔가 다른 것을 찾고 있으며, 지금보다 더 나은 것을 만들 수 있다고 믿습니다. 두 가지 이상의 목표, 두 가지 이상의 성공 영역을 추구하는 것이 바람직합니다. 우리 학생들은 움직이는 목표와 여러 가지 목표 속에서 일하는 법을 배우고, 한 가지 목표의 달성으로 행복해하는 경우는 거의 없습니다."

가장 중요한 것은 무한 플레이어들이 불확실성에 대비한다는 점이다. 세계 최고의 투자자들의 마이다스 리스트에 이름을 올린 실리콘밸리의 대표적인 벤처 캐피털리스트 데이비드 호닉[David Hornik]은 난독증으로 어려움을 겪고 있다. "난독증 때문에 저에게는 항상 불확실성이 존재합니다. 세상이 다른 사람들과 같은 방식으로 이해되지 않아요." 호닉은 하버드 로스쿨에 다니면서 게임을 다르게 플레이하는 법을 배웠다. "난독증 환자로서 로스쿨에 진학한 것은 정말 무모해 보이는 일이었습니다." 그가 웃으며 우리에게 말했다. "모든 책을 읽어야 했다면 저는 죽은 목숨이었죠."

그래서 1학년 때 그는 게임을 이해하여 자기만의 방식으로 플레이하는 것을 목표로 삼았다. 예를 들어, 억지로 책을 읽으며 시험공부를 하는 대신 철학자 존 롤스[John Rawls]에 대한 교수의 관심사를 바탕으로 에세이를 미리 작성했다. 룸메이트는 그가 한심해 보였다. "너는 미쳤어. 너무 많은 시간을 낭비했어. 공부해야 할 시간에 쓸데없는 에세이나 쓰고 있잖아." 하지만 교수가 롤스에 관한 논문을 시험 문제로 나눠주자 호닉은 미리 써둔 에세이를 제출했다. "저는 시스템을 이해해야 합니다. 기존의 규칙대로 하면 좌절하지만, 제 규칙대로 하면 무엇이든 성공할 수 있기 때문입니다." 호닉은 높은 점수를 받았고 「하버드 법학 리뷰」의 편집자가 되었다.

　많은 사람들에게 무한 게임은 위험하고 합리적이지 않은 것처럼 보일 수 있다. 하지만 카렌 아놀드^{Karen Arnold}가 14년간 관찰한 졸업생에 대한 연구는 "대학 성적이 졸업 후 인생의 성공 여부를 주사위를 굴리는 것보다 더 잘 예측할 수 없다"는 사실을 일깨워 준다. 왜 그럴까? 학교에는 매우 명확한 규칙이 있지만 인생은 그렇지 않기 때문이다. 인생은 너무나 복잡하다. 자신의 역할, 규칙, 자신이 하고 있는 게임에 도전하여 지속적인 혁신과 새로운 가능성의 삶을 만들어 가야 한다.

무한 플레이어 재구성 도구를 적용하려면 현재 진행 중인 전문적인 혹은 개인적인 '게임'을 하나 선택하여 스스로에게 질문하라.

1. 이 역할에 대해 내가 핵심적이라고 생각한 것이 실제로는 부분적이거나 부차적인 것이 아닐까? CEO 어드바이저인 사즈-니콜 조니[Saj-nicole Joni]는 최고 리더들이 혁신적인 아이디어를 개발하도록 도울 때, 왜 그들이 세상을 그렇게 바라보는지에 대한 질문을 던지는 것으로 시작한다. 그녀는 또한 사물을 바라보는 관점을 재구성하기 위해 자유롭게 글을 써보라고 권장한다. 네이선이 학문적 연구와 실무적 연구 사이에서 자신이 진정으로 원하는 것이 무엇인지 고민할 때, 조니는 "이 상황을 더 쉽고 재미있게 만들면 어떨까?"라는 장난기 어린 질문을 스스로에게 던지라고 조언했다. '간결하라, 정확하라, 전망하라, 예측하라, 도전에 집중하라' 같은 모든 '규칙'을 깨트리고 한 걸음 물러서서 즉흥연주처럼 재미있게 즐겨보면 어떨까? 심각하게 판단하지 말고 중요한 것을 놓친 것이 없는지 가볍게 스스로에게 물어보면 어떨까? 삶이라는 무한 플레이를 즐기려면 상황을 너무 진지하게 생각하지 않는 유쾌한 자세가 필요하다. 이는 어려울 수도 있지만 연습을 통해 향상될 수 있다.

2. 어떤 방식으로 게임을 즐길 수 있을까? 무한 플레이어는 외적인 보상이나 결과보다 게임 자체를 사랑하면서 플레이한다. 가장 영향력 있는 20세기 심리학자 중 한 명인 도널드 위니콧^{Donald Winnicott}은 놀이가 건강한 발달과 창의적인 삶에 필수적인 요소라고 말했다. 그는 성인이 되어서도 놀이를 계속해야 한다고 주장했으며, 노인이 되었을 때 자전거 핸들에 양손과 양발을 걸치고 내리막길을 달리곤 했다.

또한 위니콧은 아이들이 유년기의 초기 단계에서 후기 단계로 전환하는 데 도움이 되는 사랑스러운 테디 베어 인형과 같은 '과도기적 대상'에 대해 이야기했다. 위니콧의 즐거움을 사랑하는 본질을 알게 된 네이선은 과도하게 진지한 삶에 재미와 창의성을 불어넣을 수 있는 '역과도기적' 대상을 찾을 수 있을지 고민했다. 그는 어린 시절 자전거를 배울 때처럼 뒤로 당기면 제동이 걸리는 구식 핸들과 페달이 달린 기발한 자전거를 구입했고, 이제는 자전거를 탈 때마다 웃음을 참을 수 없게 되었다. 또한 우리는 커플룩 양모 재킷을 구입하여 오래된 국립공원 패치와 다양하고 멋진 펠트 패치를 부착했다. 이런 흥미로운 의류 컬렉션은 우리 관계에 장난기 넘치는 요소를 더해주고 우리가 쌍둥이처럼 느끼게 해준다. 쌍둥이는 커플용 잠옷, 신발, 셔츠, 코트를 즐겨 입을 때 우리가 사용하는 단어이다.

3. 이 게임의 규칙은 무엇일까? 어떤 방법으로 도전할 수 있을까? 팀 페리스^{Tim Ferriss}는 규칙과 경계에 도전하기 때문에 논란의 여지가 많은 인물이다. 링 밖으로 나가면 실격 처리되는 규칙을 활용하여 킥복싱 타이틀을 획득하는

것처럼 그가 하는 일은 때로는 논쟁의 여지가 있지만, 때로는 깨뜨릴 가치가 있는 규칙을 찾아내기도 한다. 예를 들어, 그는 모든 사람이 하루에 8시간씩 일해야 효율적이라는 생각에 도전한다. 또한 그는 자신이 추구하고자 하는 다른 분야를 개척할 수 있도록 업무를 압축하거나 다른 방식이나 다른 장소에서 일하는 방법이 있는지 탐색한다. 여러분의 삶에서도 비슷한 질문을 던질 수 있다.

4. 내가 플레이하는 게임의 경계는 어디일까? 대기업들은 서로 협력할 수 없다는 통념에 도전한 케이트 오키프처럼, 여러분도 게임의 방식이나 상대방에 대한 신뢰의 한계에 도전할 수 있는가? 예를 들어, 일의 가치를 두 배로 높일 수 있는 방법을 찾을 수 있는가? 세계적으로 유명한 창의성 페스티벌인 SXSW는 텍사스 오스틴의 뮤지션과 창작자들이 자신의 작품을 전 세계에 보여주려는 노력에서 시작되었고, 이것이 예술을 지원하는 수입원이 되었다는 점을 생각해보라.

5. 내가 하고 있는 게임의 목적은 무엇인가? 자신의 삶에 대한 믿음에 질문을 던지면 더 무한한 게임의 관점을 발견할 수 있을까? 일 대신 게임을 한다면 어떤 모습일까? 이기기 위해 게임을 하는 것과 아무 생각 없이 게임을 하는 것은 어떤 모습일까? 다른 사람을 도울 수 있는 기회로 일을 바라본다면 어떤 모습일까? 새로운 게임을 추가하는 것은 어떤 모습일까? 잭 클라인은 비메오를 매각한 후 친구들과 함께 그냥 재미로 통나무 오두막을 만들었다. 처

음 만든 오두막은 형편없었지만 점점 나아지기 시작했고, 그들의 활동은 '캐빈 포르노cabin porn' 운동으로 이어졌다. 이는 사람들이 동영상을 업로드하여 나무로 집짓기와 같은 프로젝트를 가르치고 공유할 수 있는 DIY.org라는 또 다른 활동으로 이어졌다.

6. 어떻게 하면 어려운 게임에서 무한 플레이어가 될 수 있을까? 삶은 우리를 놀라게 하거나 우리가 선택하지 않을 게임을 강요하기도 한다. 감당하기 어려운 일도 무한한 길을 상상할 수 있다면 조금 쉬워질 것이다. 첫째 아이가 트랜스젠더가 되었을 때 우리는 복잡한 감정과 상반된 조언, 그리고 보수적인 교육 환경 속에서 힘든 시간을 보냈다. "부모로서 무한 플레이어의 역할은 무엇일까?"라고 자문했을 때 우리는 '무조건적인 사랑'이 결정의 기준이 되어야 한다는 걸 깨달았다. 이 무한한 역할은 즉각적인 평온함과 치유와 신뢰에 대한 새로운 가능성을 만들어냈다.

7. 게임에 도전하려면 얼마나 많은 노력이 필요할까? 가장 영향력 있는 변화모델 중 하나를 개발한 사회학자 커트 르윈Kurt Lewin은 이 과정을 '동결해제', '변화실행', '재동결'이라는 세 단계 관점에서 설명한다. 동결해제 단계는 스스로 변화의 필요성을 인정하고 다른 사람들의 동참을 이끌어내야 하기 때문에 종종 불편하고 시간이 많이 걸리고 엄청난 노력이 필요하다. 변화실행 단계는 익숙해질 때까지 어색하게 느껴질 수 있다. 마지막으로 재동결 단계는 새로운 변화를 안정화시키는 것이다. 유한한 역할, 규칙, 게임에 도전하는 것은

어려운 일이므로 변화가 안정화될 때까지 기다리며 자신을 유지해야 한다.

8. 이기지 못했을 때에도 게임을 즐기려면 어떻게 해야 할까? 게이브 폴스키 Gabe Polsky의 다큐멘터리 <위대함을 찾아서In Search of Greatness>는 천재적인 운동 선수들이 경기장에서 동기를 부여하는 과정을 보여준다. 그리고 스포츠의 전 설적 인물들을 소개하면서 누가 이겼느냐보다 스포츠 자체의 가치와 즐거움 이 훨씬 더 오래 지속된다는 사실을 끊임없이 상기시켜 준다. "어떤 희생을 치르더라도 항상 1등을 해야 한다면 무슨 의미가 있을까? 우리는 로봇이 아 니다. 우리는 용기와 열정으로 가능성을 추구하는 존재다. 창의성은 부수적 인 측면이 아니라 인간의 본질이다."

6장

이야기

"모든 위대한 예술은 스토리텔링에서 시작된다."

– 아리스토텔레스

이야기는 호기심을 불러일으키고 상상의 날개를 펼칠 수 있도록 해주기 때문에 가능성을 일깨워준다. 위대한 공상과학 작가 어슐러 르 귄^{Ursula K. Le Guin}은 "지금 우리가 살고 있는 방식만이 세상을 살아갈 수 있는 유일한 방법이라고 생각하는 게으르고 지루한 습관으로부터 내 마음과 독자의 마음을 벗어나도록 하기 위해" 이야기를 썼다. 또한 이야기는 불확실성 속에서도 행동을 취하도록 동기를 부여한다. 건전하고 지속성 있는 대규모 혁신으로 펩시를 탈바꿈한 CEO 인드라 누이^{Indra Nooyi}는 2018년 인터뷰에서

'이야기'가 변화를 위한 주요 도구였다고 말했다. "물 부족과 전기 부족을 겪으며 자랐던 제 자신의 다양한 경험을 떠올렸습니다. 그 경험은 건강과 삶의 질에 관련된 매우 개인적이고 냉혹한 문제의 생생한 사례였어요."

불확실성에 직면했을 때 가장 유용한 '이야기'는 상상력, 희망, 호기심, 목표를 일깨운다. 등장인물의 갈등과 해결을 통해 우리 자신의 불확실성에 대한 이야기를 상상할 수 있다면, 우리는 당면한 가능성을 강력하게 재구성하는 길을 가고 있는 것이다. 클레어 히어트와 데이비드 히어트는 웨일즈의 작은 마을 카디건으로 돌아왔을 때, 20년 전 청바지 산업의 붕괴로 인해 일자리가 해외로 빠져나간 부정적 영향을 실감할 수 있었다. 데이비드는 어렸을 때 비슷한 상황을 경험했기 때문에 이런 상실감이 개인적인 것처럼 느껴졌다. 어느 날 광산이 문을 닫았을 때 그는 스쿨버스 창문 밖으로 일터에서 돌아오는 광부들의 더러운 얼굴을 본 것을 기억한다. "그들은 떠났어요. 그리고 영원히 돌아오지 않았어요."

히어트 부부는 마을을 더 나은 곳으로 바꾸기 위해 뭔가를 하기로 결심했다. 데이비드는 자신의 신념과 함께 이야기를 시작했다. "저는 항상 비즈니스를 좋아했고, 우리가 꿈꾸는 어떤 변화를 위한 도구가 될 수 있다고 생각했습니다." 청바지 제조의 중심지였던 카디건에 수백 명의 숙련된 제작자들이 남아있다는 사실을 알게 된 그는 자신이 무엇을 해야 할지 깨달았다. "사람들에게 일자리를 되찾아주고, 싸구려 청바지가 아니라 멋지고 튼튼한 고급 청바지를 영국에서 정말로 잘 만들 수 있다는 사실을 전 세계에 보여주고 싶었어요."

하지만 이미 실패했던 일을 어떻게 사람들이 믿도록 만들 수 있을까? 다시 말하지만, 이야기를 활용하라. 진심과 목적을 담아 진솔하게 전달하면 고객은 브랜드에 공감하고 반응한다. 히어트 부부의 '해고된 사람들에게 일자리를 되찾아주는' 스토리는 등장 인물의 진정성, 갈등, 목표, 낙관주의를 통해 강력한 힘을 발휘했다. 그리고 청바지 매출도 급증시켰다. 매년 '최고의 장인'들을 더 많이 고용할 수 있게 되었고, 고객들도 이에 호응했다. 서섹스 공작부인 메건 마클Meghan Markle도 이 청바지를 입고 그들의 대의를 홍보했다. 현재 히어트 부부는 20년 전 문을 닫았던 바로 그 공장을 다시 가동하고 있으며, 바닷가의 외딴 마을에서 변화와 혁신을 꿈꾸는 사람들에게 영감을 불어넣고 있다.

신경과학 연구에 따르면, 이야기는 우리의 생각을 변화시키는 놀라운 능력을 가지고 있다. 예를 들어, 이야기를 들을 때 우리의 마음은 말 그대로 서로 동기화된다. 하지만 신경과학이 이를 증명하기 수십 년 전에 철학자 쇠렌 키에르케고르Søren Kierkegaard는 행동을 취하기 위한 첫 단계로 우리가 할 수 있는 일을 상상하는 것의 중요성에 대해 말했다. 키에르케고르는 상상할 수 있는 인간의 잠재력을 깊이 믿었으며, "모든 사람이 자신이 얼마나 많은 일을 할 수 있고 변화할 수 있는지를 아는 것만큼 놀라운 것은 없다"고 강조했다. 이는 영감을 주는 말이며 곱씹어볼 만한 가치가 있다. 인간의 가능성에 대해 평생 성찰한 키에르케고르는 이렇게 결론을 내렸다. "내가 뭔가를 가질 수 있다면 부와 권력이 아니라 가능성에 대한 열정적인 감각, 언제나 젊고 열렬하게 가능성을 바라보는 눈을 갖고 싶다."

불확실성을 헤쳐나갈 수 있는 우리 자신의 이야기를 만들려면 어떻게 해야 할까? 사회적 기업가 마이크 스미스$^{Mike\ Smith}$는 "우리가 놀라운 일을 할 수 있다고 말하는 작은 속삭임"에 관심을 기울이는 것부터 시작하라고 조언한다. 스미스는 빈곤율이 40퍼센트가 넘는 2,000명의 인구가 사는 외딴 시골 마을을 둘러보다가 그 속삭임을 들었다. 그는 예전에 자신이 그랬던 것처럼 외딴 곳에서 커뮤니티가 필요한 창의적인 아웃사이더 아이들을 위한 실내 스케이트장을 만들어야겠다고 생각했다. 그는 돈이 한 푼도 없었지만 같은 생각을 가진 사람들을 모아 공원 시설을 만들기 위한 기금 모금을 시작했다. 오늘날 이 실내 스케이트장은 10,000명 이상의 고객을 맞이했고, 250,000번 이상의 식사를 제공했으며, 1,000명 이상의 청소년에게 서비스를 제공했다. 스미스의 다양한 인도주의적 프로젝트는 반스, 조스턴스, 레드불$^{Red\ Bull}$과 같은 주요 브랜드의 후원을 받고 있다.

스미스는 자신의 이야기를 되돌아보며 전통적인 성공 기준이 아니라 자신이 잘하는 일을 찾는 것이 중요하다고 강조한다.

> 저는 네브래스카 출신의 백인 남성으로 ACT 시험에서 18점,
> GPA에서 2.4점으로 고등학교를 졸업했고, 성적이 나빠서 운
> 동선수로 작은 대학에 겨우 합격했습니다. 저는 가장 평범한
> 인간입니다. 제가 뭔가를 이룰 수 있다면 여러분도 할 수 있
> 습니다. 하지만 무엇이 우리를 움직이게 하는지 질문을 던져
> 야 합니다. 돈으로는 움직일 수 없습니다. 사람들은 항상 열
> 정적으로 일하라고 말하지만, 먼저 자신이 잘하는 일, 잘할
> 수 있는 일을 해야 합니다. 저에게는 목표를 중심으로 커뮤
> 니티를 모으고, 서로 연결하고, 소통하는 일이었습니다.

옥타브 바이오사이언스^{Octave Bioscience}, 카디오디엑스, 파알렐레
등 여러 기업을 공동 창업했고, 뉴욕시 최초의 입주 기업가인 멜
린다 토마스^{Melinda Thomas}는 이 조언에서 한 걸음 더 나아가 자신
의 강점을 체계적으로 탐색해야 한다고 주장한다. "로드맵이 없
는 안개가 자욱한 상황, 무엇을 해야 할지 어떻게 앞으로 나아가
야 할지 모르는 상황, 여러 스타트업의 불확실한 상황"을 극복하
는 데 도움이 된 것 중 하나는 자신의 잠재력을 객관적으로 파악
하는 것이었다. 그녀는 이렇게 조언한다. "주의를 기울이고 자신

을 성찰을 하세요. 응시할 수 있는 모든 시험을 치르세요. MBTI, 마이어스-브릭스. 슈퍼파워, 강점 찾기 등등 무엇이든 좋습니다." 공감을 불러일으키는 것에 관심을 기울이고 위험도가 낮은 상황에서 "가설을 시험"하여 자신이 좋아하고 잘하는 일에 대한 자신감을 키워라. 우리는 이러한 '확실성'을 바탕으로 미지의 세계로 나아갈 수 있는 힘을 얻게 된다.

이야기를 찾는 데 어려움을 겪고 있다면 호기심의 힘을 믿어라. 저널리스트이자 작가인 엘리자베스 길버트^{Elizabeth Gilbert}는 네 번째 책『먹고, 기도하고, 사랑하라^{Eat Pray Love}』가 1,200만 권 판매된 후 새로운 책의 집필에 착수했다. 하지만 얼마 후 그녀는 벽에 부딪혔다. "정말 그 책은 엉터리였어요. 더 큰 문제는 왜 엉터리인지 이유를 알 수 없다는 거였어요. 원고 마감일이 다가왔지만 글쓰기에 대한 열정이 전혀 없었어요. 저는 지치고 메말랐어요. 끔찍할 정도로 혼란스러웠어요." 한 친구가 조언했다. "좀 쉬어! 당분간은 열정을 쏟아내려 애쓰지 말고 그냥 호기심이 이끄는 대로 따라가." 길버트는 열정이 아니라 호기심에 이끌려 6개월 동안 채소를 심기 시작했다고 고백한다. "다 자란 토마토 덩굴을 뽑고 있는데 갑자기 문득 책을 수정해야 할 방향이 정확히 떠올랐어요. 손을 씻고 책상으로 달려가서 3개월 만에『커미티드』의 최종 버전을 완성했고, 지금은 제가 가장 사랑하는 책이 되었죠."

호기심은 우리가 주의를 기울일 때 들리는 작은 속삭임이며,

그 속삭임을 따라갈 때 우리는 더 강해진다. 폴 스미스[Paul Smith]는 프로 사이클리스트가 되는 걸 꿈꾸고 준비하며 성장했다. 하지만 자전거 사고로 6개월간 병원에 입원하게 되면서 진로를 바꿔야 했다. 그는 의류 디자인에 호기심을 갖기 시작했고, 퇴원 후 정식으로 수업을 들었다. 그 결과 새빌로우[Savile Row]에서 일하게 되었고, 이후 자신의 작은 매장을 열게 되었다. 오늘날 그는 국제적으로 인정받는 디자이너가 되었고 전 세계에 매장을 운영하고 있다.

무슨 일이 일어나든, 우리의 삶은 우리 스스로가 써내려 가는 이야기라는 사실을 기억하면 큰 힘이 될 수 있다. 벤저민 길모어에게 오토바이로 파키스탄을 횡단하고, 멕시코시티의 구급차 안에서 생명을 구하고, 칸느 영화제와 아카데미 영화제에 출품된 영화를 만들게 된 계기를 묻자, 그는 "매일 밤 책을 읽으며 자랐기 때문"이라고 대답했다. "저는 주인공이 안전한 선택이 아니라 놀라운 선택을 하는 이야기를 좋아해요. 그리고 제 삶도 놀라운 이야기가 되길 원했어요."

이 책은 네이선과 수재너의 이야기에서 시작되었다

이 책은 재구성 도구를 적용한 결과물이다. 우리는 어릴 때 만나 사랑에 빠졌고 금방 네 아이를 낳았다. 월말에 100달러밖에 없을 때도 있었지만 우리는 처음부터 지적 호기심을 공유하며 대학에서 함께 수업을 들었다(수재너가 항상 더 높은 점수를 받았다). 셋째 아이가 태어난 직후 대학원을 졸업한 수재너는 네이선처럼 박사 학위를 취득하는 대신 자신만의 의류 브랜드를 시작하기로 결심했다. 아이들이 성장하고 네이선의 경력에 더 많은 집중이 필요해지면서 우리는 더욱 전문화했고, 프랑스로 이주할 무렵에는 거의 <비버는 해결사^{Leave It to Beaver}> 수준으로 업무 분담의 정점을 찍었다.

네이선이 새로운 일을 할 때 발생하는 불확실성을 어떻게 헤쳐나갈지 계속 연구하는 동안, 우리는 신앙 문제, 프랑스로 이주하는 문제, 육아 문제 등 실제 경험한 불확실성에 대해 저녁 식사와 긴 산책을 하며 열띤 토론을 무수히 나눴다. 예를 들어, 퐁텐블로에 있는 우리 아이들의 학교는 매일 괴로움을 당하는 곳으로 변했고, 2주 만에 파리로 이사하면서 불확실성과 적응의 어려움이 더욱 커졌다. 네이선은 학교 등록금을 내기 위해 더 많은 돈을 벌어야 했고, 추가 수입을 올릴 수 있는 모든 기회를 붙잡기 위해 쉴 새 없이 움직여야 했다. 이는 우리의 우정에 큰 타격을 입혔지만 달리 무엇을 어떻게 할 수 있을지 몰랐다.

우리는 희미해져 가는 우정과 추구하는 목표의 불균형을 해결하기 위해 노력하기 시작했지만, 특히 수재너는 지루하고 보람 없는 일들로 인해 지쳐가고 있었다. 우리 둘 다 자신이 과소평가

되고 있다고 느꼈다. 심리치료사를 만나 상담도 받아봤지만, 우리는 현실적 이야기를 내려놓고 우리가 처음 만났을 때 꿈꾸던 이야기로 돌아가는 방법을 여전히 알지 못했다. 코로나19가 하룻밤 사이에 네이선의 계획 전체를 지워버렸을 때 스트레스가 극에 달했다. 그는 지금이 불확실성에 관한 책을 쓰기에 적절한 시기라고 직감했고, 주어진 시간을 잘 활용하기 위해 필사적이었다. 이 책의 내용은 무엇일까? 방향을 어떻게 잡을까?

수재너는 아이디어가 떠올랐고, 불확실성은 인간의 조건이기 때문에 관리자들뿐만 아니라 모든 사람들을 위한 책을 써야 한다고 그에게 설명했다. 그녀는 불확실성을 단순히 '관리'하는 게 아니라 적극적으로 탐색해야 한다고 주장했다. 수재너가 책의 내용에 많은 기여를 하고 있음이 분명했지만, 네이선은 (인정하기 부끄럽게도) 여전히 망설였다. 그는 이제 막 일류 대학에서 강사로 임용되었고, 하버드 비즈니스 리뷰 출판사에서 세 권의 베스트셀러를 연달아 출간한 상태였다. 배우자와 함께 출판한다는 건 어떤 의미일까? 사람들이 진지하게 받아들일까? 반면에 수재너는 "나 혼자 할 수 있다"는 남편의 무시하는 태도를 견딜 수 있을지 확신하지 못했다. 그녀는 자신이 훌륭한 아이디어를 가지고 있고, 그 아이디어를 남편이 활용한다면 책을 더 진정성 있고 도움이 되는 방향으로 이끌 수 있을 거라는 사실을 알고 있었다.

어떤 면에서 우리가 처음에 꿈꾸던 이야기는 책장에서 먼지가 쌓인 채 뒤로 밀려나 잊혀져가고 있었다. 그 작은 속삭임에 다시 귀를 기울였을 때 우리는 연구자와 작가로서 함께 일하는 것이 서로의 꿈이라는 걸 알았고, 시도해보기로 결심했다. 마치 대학 신입생 시절처럼 우리는 자연스럽게 서로에게 이끌리는 감정을 되찾았다. 물론 우리는 여전히 현실적인 문제에 빠져 있었고, 이 책의 집필을 그만두고 싶은 나약한 갈등을 수없이 겪었다. 수재너가 공동 저자로 참여하게 되면 네이선은 집안일과 프랑스의 관료주의적 업무에 더 많은 시간을 투입해야 했다. 네이선은 자기 인생의 책장에 꽂혀 있는 책들을 상상했다. 상상 속에서 수재너와 공동 집필한 책을 꺼내들었을 때 그 책에 담긴 이야기는 호기심과 가능성으로 가득 차 있었다.

모든 재구성 도구와 마찬가지로 이야기의 힘은 새로운 가능성을 발견하고 실행하는 데 있다. 강력한 이야기는 호기심을 자극하고, 무엇이 가능한지 상상하도록 도와주며, 앞으로 나아가고자 하는 열망을 불러일으킨다. 자신의 삶이 잠재적인 이야기로 가득 찬 책들이 꽂혀 있는 서가라고 상상하고, 질문을 던져보라. "나는 어떤 이야기를 서가에서 꺼내서 읽고 싶을까? 내 이야기의 주인공이 무엇을 하면 좋을까?" 이제 여러분이 불확실성을 헤쳐나가는 이야기를 만들어 갈 차례다. 시작하는 몇 가지 방법은 다음과 같다.

1. 개인적인 판타지 소설을 상상해 보라. 혼자서 또는 친구의 도움을 받아 5년 후 자신의 삶이 어떤 모습일지 짧은 줄거리를 만들어 보라. 혹은 연말연시에 보내고 싶은 연하장을 작성해 보라. 영감을 받은 한 해를 열정적으로 살아간다면 어떤 모습일까? 이를 바탕으로 미래에 대한 경계선을 허물기 시작하라. 줄거리가 막막하다면 반대로 원치 않는 것에 대한 이야기를 써 보라. 훌륭한 아이디어는 작은 속삭임에서 시작될 수 있다는 사실을 기억하라.

2. 구체적인 결과보다는 가치, 질문, 해결해야 할 문제에 집중하라. 대부분의

사람들은 결과(CEO가 되고 싶다, 38세에 결혼해서 아이 둘을 낳고 싶다)를 중심으로 이야기를 생각한다. 하지만 자신에게 중요한 가치와 열정(건강한 관계, 의미 있는 일) 또는 가장 흥미롭게 해결할 수 있는 문제에 초점을 맞출 필요가 있다. 예를 들어, 여러분이 CEO가 되고 싶은 이유는 무엇인가? 회사를 운영하는 방식 또는 직원과 소통하는 방식에 대해 다른 목표를 가지고 있는가? 성과의 나열보다는 도움, 영감, 형성, 변화와 같은 단어를 사용하여 이야기에 활기를 불어넣어라.

3. 막연한 선언문이 아니라 구체적인 이야기를 개발하라. 우리는 사명 선언문보다 등장인물, 갈등, 해결 과정이 담긴 이야기에 더 큰 동기를 부여받는다. 우리가 만들고자 하는 미래에 대한 이야기는 막연한 "전략"보다 더 강력할 것이다.

4. 작은 속삭임을 발견하기 위해 성찰의 시간을 가져라. "나는 어떤 상황에서 최선을 다해 일하고 있는가?"라고 스스로에게 물어보라. 또한 친구, 동료, 부모님, 파트너에게 자신의 강점과 역량이 무엇이라고 생각하는지 물어보라.

5. 강점을 새로운 방식으로 활용하라. 강점에 대해 생각할 때 넓은 관점에서 바라볼 필요가 있다. 예를 들어, 여러분은 팀으로 일하는 것을 좋아하지만 더 큰 관점에서 보면 사람들을 돕는 것이 더 큰 즐거움일 수도 있다.

후회 최소화

"저는 훗날 80세가 되었을 때
인터넷이라는 새로운 세계에 뛰어들었던 일을
후회하지 않을 거라고 생각했습니다.
실패하더라도 좋은 경험이 될 거라고 생각했지요.
오히려 시도하지 않는 것이 제가 후회할 만한 일이었어요.
그게 매일 저를 괴롭힐 거라는 걸 알았죠."

— 제프 베조스Jeff Bezos

최근 네이선의 학생 중 한 명은 "여름 내내 사업 아이디어를 떠올리며 고민했지만 결국 실행에 옮기는 결정을 내리지 못했어요."라고 걱정했다. 이러한 우유부단함은 우리가 직면하는 어려움을 잘 보여준다. 불확실한 일을 해야 할지 어떻게 결정을 내릴 수 있을까? 기회가 진짜인지 허상인지, 진짜라면 위험을 감수할 만한 가치가 있는지 어떻게 알 수 있을까? 물론 실제로 시도해보기 전에는 알 수 없다. 그것이 불확실성의 본질이다. 하지만 시도해야 하는지 여부는 파악할 수 있다.

제프 베조스가 온라인으로 책을 판매하겠다는 아이디어를 떠올렸을 때, 과연 성공할 수 있을지 불투명했다. 당시는 1999년 닷컴 붐이 일어나기 훨씬 전인 1994년이었기 때문에, 대부분의 사람들은 인터넷에 대해 전혀 알지 못했고 전 세계 웹사이트는 2천 개에 불과했다(현재는 약 20억 개에 달한다). 대부분의 사람들이 처음으로 사용한 이메일 주소인 핫메일은 2년이 지나서야 등장했다. 베조스는 월스트리트의 매우 유명한 투자 회사에서 고액 연봉을 받으며 일하고 있었고, 직장 상사인 투자계의 전설 데이비드 쇼[David Shaw]에게 이 아이디어를 제안했다. 쇼는 그 잠재력에 동의하면서도 "좋은 직장이 없는 사람에게 더 적합한 사업일거야. 뛰어들기 전에 더 진지하게 고민해봐."라고 조언했다.

베조스는 판단에 어려움을 겪었지만 후회 최소화 프레임워크를 찾아낸 후에 "믿을 수 없을 정도로 쉽게" 결정을 내릴 수 있었다고 강조했다. "저는 훗날 80세가 되었을 때 인터넷이라는 새로운 세계에 뛰어들었던 일을 후회하지 않을 거라고 생각했습니다. 실패하더라도 좋은 경험이 될 거라고 생각했지요." 그는 목소리에 힘을 주며 계속 말했다. "오히려 시도하지 않는 것이 제가 후회할 만한 일이었어요. 그게 매일 저를 괴롭힐 거라는 걸 알았죠."

베조스가 이런 프레임워크를 처음 고안한 건 아니다. 수년 전, 연구자 아모스 츠버스키[Amos Tversky]와 대니얼 카너먼[Daniel Kahneman]은 상황을 부정적인 방식으로 해석하도록 유도하는 부적응 프레임으로 인한 편견을 극복하는 한 가지 방법은 "내가 지금 원하는 것은 무엇인가?"라는 질문이 아니라 "이 상황에서 미래의 나는 어떤 기분이 들까?"라는 질문이라고 주장했다.

하지만 후회 최소화 프레임워크를 적용하는 데는 약간의 개인적 차이가 있을 수도 있다. 스탠퍼드를 졸업한 후 네이선은 조부모님과 사촌들 그리고 훌륭한 공립학교들과 가까운 미국 대학에서 편안하게 근무하고 있었다. 그런데 어느 날 프랑스 인시아드 경영대학원에서 꿈에 그리던 입사 제안을 받았다. 이 제안을 수락하면 물가가 더 비싼 곳에서 더 낮은 연봉을 받고, 더 까다로운 대학교에서 더 높은 교수 임용 기준을 충족해야 하며, 자녀 교육에 차질이 생기고, 외국에서 생활해야 하는 어려움을 겪게 될 터였다. 그는 고민했다. "나의 꿈을 위해 가족에게 급격한 변화와 스트레스를 주는 게 올바른 일일까? 아이들이 새로운 환경에 적응할 수 있을까?" 불확실성의 복잡성 때문에 우리는 방향을 잡지 못한 채 빙글빙글 맴돌고 있었다. 우리가 직면한 불확실성을 이해하기 위해 사용했던 (혹은 사용했으면 좋았을) 프레임워크의 목록을 소개하겠다.

위험 대 후회 최소화. 우리 대부분은 위험을 최소화하라고 배우지만, 이는 후회를 최소화하는 것과는 다르다. 위험을 최소화하면 부정적인 효과를 줄일 수 있지만 새로운 일이 발생할 가능성도 줄어든다. 반면에 후회 최소화는 감수해야 할 올바른 위험, 즉 현재의 나의 모습과 미래의 바람직한 나의 모습을 정의하여 위험을 구별하는 것이다. 프랑스 이주를 위해 자녀의 삶에 지장을 초래할 위험을 감수할지 고민할 때, 네이선은 할머니의 말씀을 떠올렸다. "부모는 자신의 꿈을 실천함으로써 자녀에게 꿈을 이루도록 가르친단다." 가만히 머물러 있으면 위험을 줄일 수 있겠지만 후회도 점점 커질 것이다.

단방향 문과 양방향 문. 베조스는 의사 결정을 단방향 문과 양방향 문의 관점에서 이야기한다. 대부분의 혁신가들은 큰 결정을 작은 결정으로 나누거나, 장기적인 결정에 대해 단기적인 조정을 취하거나, 보완 계획을 세우는 등 단방향 결정을 양방향 실험으로 바꾸려고 노력한다. 우리가 프랑스로 이주하는 것을 영구적인 변화로 생각했을 때는 두려운 일이었다. 하지만 3년간의 실험으로 여기고 언제든 미국으로 돌아와서 중단했던 일을 다시 시작할 수 있다고 생각하자 결정을 내리는 것이 훨씬 쉬워졌다.

독립적인 결정 대 상호의존적인 결정. 어떤 결정은 우리에게만 영향을 미치고 어떤 결정은 다른 사람에게도 영향을 미친다. 우리는 자신의 결정으로 인해 다른 사람에게 끼칠 수 있는 해악에 대해 신중하게 생각해야 하지만 또한 그것에 대해 솔직해야 한다. 프랑스로 이사한다는 건 첫째 아이의 고등학교 생활에 급격한 변화를 의미했다. 큰아이의 교육에 차질이 생길까? 우리는 아마도 그럴 거라고 생각하면서 망설였다. 하지만 어려운 상황에 직면하고 극복하는 것이 아이들에게 더 큰 교육이 될 수 있다는 새로운 판단을 내렸다. 그 판단은 사실임이 증명되었다. 이제 우리 아이들이 너무 대담하고 자립적이 되어서 가끔은 그 대담함을 걱정할 지경이다.

빨간 사과 대 파란 사과. 마지막으로, 사람들이 저지르는 가장 큰 실수는 현재 상황의 확실한 이점과 미지의 불확실한 위험을 비교하는 것이다. 예를 들어, 이직을 결정할 때 급여, 출퇴근 거리, 자녀의 현재 학교 등 우리가 알고 있는 이점과 기업 문화, 업무량, 새로운 학교 등 불확실한 위험을 비교하게 된다. 이는 알려진 이득과 위험한 손실을 비교하기 때문에 불공정한 것이며, 특히 우리의 두뇌가 판단하기 어려운 문제이다. 츠버스키와 카너먼의 연구에서 밝혀진 바와 같이, 우리는 현상 유지의 이점을 과대평가하는 경향이 있다.

네이선이 확실성과 불확실성을 비교했을 때 인시아드 합류를 결정하기란 쉽지 않았다. 편안한 근무 환경, 좋은 학교, 멋진 집, 가족과의 근접성 등 알려진 장점은 낮은 급여, 높은 성과 기준, 생소한 교육 시스템, 작은 연립주택이라는 큰 위험과 비교했을 때 커다란 부담으로 작용했다. 하지만 이러한 불공정한 비교에는 긍정적인 측면이 고려되지 않았다. 최고 수준의 학교에 재직한 다는 건 실제로 새로운 수입 기회를 제공할 수 있고, 차원이 다른 학문적 지평을 열 수 있다. 유럽의 생활방식은 우리 자신에 대해 새로운 모습을 가르쳐 줄 것이고, 국제적인 경험은 우리의 잠재력을 높일 수 있다. 미지의 세계를 가능한 이점의 원천으로 새롭게 인식했을 때, 우리가 연구한 혁신가들이 미지의 세계를 좋아하는 이유를 알 수 있었다.

그래서 어떻게 되었을까? 처음에는 수입도 적었고, 아이들은 또래 친구들과 선생님들로부터 무자비한 괴롭힘을 당했으며, 향수병과 외국인이라는 좌절감에 시달렸다. 하지만 우리는 많은 것을 배웠다! 네이선은 종신 재직권을 얻었고, 하버드 비즈니스 리뷰 출판사에서 두 권의 책을 더 출간했으며, 강연 경력도 시작했다. 아이들은 더 잘 적응할 수 있는 좋은 학교를 찾았고 새로운 언어를 배웠다. 수재너는 집중적인 프랑스어 수업을 받고, 전문 장인에게 자수와 장신구 제작을 배웠으며, 대도시 생활의 익명성에서 자유를 느꼈다. 결국 우리는 함께 책을 썼다. 프랑스 파리로 이주하면서 기존 생활에서는 결코 발견할 수 없었던 새로운 기회를 얻게 되었다. 위험을 감수한 것이 너무 행복했고, 80세가 되어서도 후회하지 않을 결정을 내릴 수 있을 만큼 더욱 대담해졌다!

궁극적으로 우리 자신과 가족들을 위해 새롭고 만족스러운 선택을 하려면 시도하고 실패하면 후회할 것인가, 시도하지 않은 걸 후회할 것인가라는 두 가지 질문을 던져야 한다. 대개 이 질문에 대한 답은 서로 맞물려 있다. 뭔가를 시도해 보고 자신이 그걸 원하지 않는다는 사실을 발견하는 것은 매우 귀중한 교훈이 될 수 있다. 따라서 시도하고 실패해도 후회하지 않는다면 시도해 보라는 좋은 신호이다. 시도하지 않은 것을 후회할 거라면 이는 행동을 취해야 한다는 또 다른 신호이다. 베조스의 경험은 시도하는 것이 항상 정답이라는 걸 의미하지는 않는다. 때때로 우리는 질문을 던지고 자신이 잃을 수 있는 것 또는 주변 사람들에게 미칠 나쁜 영향을 후회할 거라고 깨닫게 된다. 이 경우 후회 최소화는 위험을 감수하지 않는 것을 의미한다. 하지만 사람들이 인생의 마지막에 가장 후회하는 다섯 가지 중 하나는 더 많은 위험을 감수하지 않았던 것임을 기억하라.

올바른 결정을 내리는 데 도움이 될 수 있는 몇 가지 전략은 다음과 같다.

1. 상상 속의 여든 살이 되어 자신에게 편지를 써보라. 젊은 자신에게 어떤 조언을 해주고 싶은가? 수재너가 이런 편지를 썼을 때, 현재 당연하게 여기고

있는 것들(활동, 건강, 젊음)을 새롭게 일깨워주는 인자하고 지혜로 가득 찬 나이 든 자신을 만나게 되었다. 또한 그녀는 더 대담해지고, 더 즐기고, 더 새로운 발상을 하라고 격려하는 80세의 목소리가 얼마나 씩씩한지 놀랐다.

2. 주인공에게 조언하라. 만약 당신의 인생이 소설이라면 주인공이 어떤 선택을 하길 바라는가? 주인공에게 어떤 조언을 해주고 싶은가?

3. 빨간 사과와 파란 사과를 비교해보라. 앞으로 나아갈지 여부를 결정하는 두 가지 경로에서 무엇이 옳을지 상상하고, 무엇이 잘못될 수 있는지 비교해보라.

4. 다양한 측면의 이점을 고려하라. 결정을 내릴 때 돈과 같은 한 가지 요소에 집착하기 쉽다. 하지만 카오스파일럿은 의사 결정의 가치를 여러 차원에서 바라본다는 점을 기억하라. 또한 성과의 측면을 신중하게 고려하라. 우리 아이들은 프랑스로 이주하면서 수학 성적이 일시적으로 떨어졌지만, 그보다 더 중요한 인내력과 독립심을 배웠다.

5. 사소한 이점에 집착하지 말라. 베조스는 1994년 중반에 연말 보너스를 포기하고 월스트리트의 직장을 떠났다. 이미 많은 돈을 벌었던 베조스에게 보너스에 매달리는 것은 후회를 낳을 위험이 있었다. 하지만 다른 사람에게는 그 돈이 어쩌면 새로운 것을 시도할 수 있는 소중한 자금일 수도 있다. 그 차

이를 어떻게 구분할 수 있을까? 불확실성 속에서 앞으로 나아가는 데 정말 중요한 것은 무엇일까? 당신의 영혼은 당신에게 어떻게 하라고 속삭이고 있는가?

6. 우리가 항상 옳은 선택을 하는 건 아니다. 우리에게는 거절하고 후회했던 많은 일들이 있다. 예를 들어 의사 결정에 관한 조언자들은 기회비용, 즉 포기한 기회비용에 대해 이야기한다. 최종 결정을 내리기 전에 이 책의 3부를 숙독하면 불확실성 속에서 자신이 잘할 수 있는 분야와 어려움을 겪는 분야에 대해 정보에 입각한 선택을 내리는 데 도움이 될 수 있다.

7. 의사 결정 프레임워크를 활용하라. 여전히 고민하고 있다면 신중한 의사 결정 프레임워크를 활용하여 좀 더 깊이 분석해 보라. 예를 들어, 인시아드에서 합류하라는 제안을 받기 1년 전에 네이선은 인근의 다른 대학에서 매력적인 제안을 받았다. 그는 '현명한 선택' 프레임워크를 사용해 상황을 분석했다. 이 프레임워크는 다음과 같은 8가지 요소로 구성된다.

복잡성, 통념, 선택지를 제한하는 편견을 인정하면서 상황의 구조를 정확하게 인식하라. 목표에 도달하는 데 도움이 되는 방법을 특정하라. 상상력이 풍부한 대안을 만들어 선택의 폭을 넓혀라. 특정한 선택이 모든 목표에 미치는 영향과 결과를 이해하라. 장단점을 인정하고 받아들여라. 미래에 일어날 불확실성을 구체화하라. 자신의 위험 허용 범위를 고려하라. 의사 결정이 서

로 어떻게 연결되는지 생각하라. 이 프레임워크를 적용한 결과, 그 제안을 받

아들이지 않는 게 바람직하다는 사실이 분명해졌다. 그리고 얼마 지나지 않

아 인시아드 경영대학원에 합류하라는 제안이 들어왔기 때문에 그건 정말

잘한 선택이었다.

8장

평정심

"높은 성과를 내는 천재들이 평범한 사람들과 다른 점은
뭔가 실패했을 때 그들이 취하는 태도다.
많은 사람들이 현실을 주관화하고 '나는 쓰레기야'라고 생각할 때,
그들은 이렇게 생각한다.
'처음 몇 개의 초안은 항상 엉망이지만
나는 아직 최종 목표에 도달하지 못했을 뿐이야'라고"

— 애덤 그랜트^{Adam Grant}

불확실성에 직면할 때 자기 의심이 거의 항상 나타난다. 혁신
가, 기업가, 개척자들도 한 번이 아니라 계속해서 자신을 의심한
다. 이 반복되는 두려움의 핵심에는 자신이 충분히 현명하지 않
거나 영리하지 않거나 대담하지 않을 수도 있고, 아이디어가 충
분하지 않을 수도 있으며, 뭔가를 시도하면 그 사실이 모든 사람
에게 드러날지도 모른다는 우려와 걱정이 자리 잡고 있다. 이러
한 두려움에 굴복하면 불확실한 시도를 하지 않을 게 거의 확실
하다. 자기 의심은 불확실성에 직면할 때 나타나는 자연스러운

반응이기 때문에, 자기 의심이 든다는 것은 멈춰야 한다는 신호가 아니라 자신의 제안이 가치가 있다고 믿는 내면의 영역으로 더 깊이 파고들어야 한다는 신호이다. 8장의 제목을 '평정심'으로 정한 이유는 프랑스어에서 유래한 이 단어가 꾸준함, 자신감, 침착함을 표현하기에 매우 적절한 단어이기 때문이다. 어떤 일을 침착하게 해낼 때 우리는 자신감이 넘치고 심지어 편안함까지 느껴진다.

양자 물리학의 개척자와 문학의 개척자인 두 명의 노벨상 수상자의 경험을 생각해 보라. 리처드 파인만[Richard Feynman]은 물리학 교수로 부임하기 위해 코넬대학교에 도착했을 때, 나치 독일보다 빨리 원자폭탄을 개발하기 위한 경쟁과 아내를 결핵으로 잃은 일로 인해 자신이 얼마나 지쳐 있는지 깨닫지 못했다. 몇 달 동안 파인만은 극심한 자기 의심에 시달렸다. 파인만은 이렇게 회상한다. "연구를 해야 할 때가 되었지만 아무것도 시작할 수가 없었습니다. 어떤 문제도 해결할 수가 없었습니다. 저는 우울하고 지쳐서 『아라비안나이트』만 읽고 있었습니다."

파인만은 생산적 활동에 어려움을 겪었지만 다른 대학과 회사는 그에게 프로젝트를 제안하기 시작했다. "그런 제안을 받을 때마다 점점 더 우울해졌습니다. 그들은 제가 뭔가를 성취하기를 기대하는데 저는 아무것도 할 수 없으니까요! 저는 아무 생각이 없어요." 앨버트 아인슈타인이 이끄는 프린스턴 고등연구소의 제안을 받았을 때 파인만은 망설였다. "다른 제안들은 제 기분을 나쁘게 만들었습니다. 제가 뭔가를 성취하기를 기대했으니까요. 하지만 이 제안은 제가 감당할 수 없을 정도로 너무나 대단하고 엄청난 제안이었어요."

이 권위 있는 제안이 너무 먼 세계처럼 느껴진 파인만은 자기 의심에 대해 새로운 관점을 취했다. 그는 태연함으로 이동했다. "저는 속으로 생각했습니다. '사람들은 나에 대해 너무 환상적인 생각을 갖고 있어. 그런 생각에 부합하는 건 불가능해. 나는 그런 생각에 부합할 책임이 없어!' 그건 기발한 생각이었습니다. 다른 사람들이 당신이 성취해야 한다고 생각하는 것에 부응할 책임은 없으니까요. 저는 남들이 기대하는 모습에 맞춰야 할 책임이 없습니다." 그는 '중요한' 연구를 하려는 노력을 그만두고 원래 흥미를 느꼈던 생활 속 물리학을 즐기면서 시간을 보내기로 결심했다.

며칠 후 코넬대학교 식당에서 누군가 접시를 공중에 던졌다. 파인만은 접시가 좌우로 흔들리는 속도보다 회전하는 속도가 더 빠르다는 사실을 발견했다. 그리고 회전 비율을 계산하기 위해 일련의 방정식을 개발했다. 그가 또 다른 노벨상 수상자인 학과장 한스 베테[Hans Bethe]에게 이 방정식을 보여줬을 때 베테는 흥미롭다고 인정하면서도 차가운 질문을 던졌다. "이게 왜 중요한가? 자네는 왜 이런 일을 하는 건가?"

파인만은 웃으며 대답했다. "아무것도 중요하지 않아요. 그냥 재미로 하는 겁니다." 그는 호기심을 바탕으로 연구를 시작했기 때문에 다른 사람들의 반대와 무시하는 태도에 상관없이 침착하고 차분할 수 있었다.

중요성보다 호기심에 이끌려 연구를 계속하면서 파인만의 단순한 연구가 변화하기 시작했다. "저도 모르는 사이에 (아주 짧은 시간이었지만) 저는 정말 좋아했던 오래된 문제를 가지고 '놀이'를 하고 있었습니다. 제가 로스 알라모스에 갔을 때 연구를 중단했던 논문 형식의 문제였어요. 그건 정말 쉬웠어요. 제가 했던 일은 처음에는 중요하지 않았지만 결국에는 중요해졌습니다. 제가 노벨상을 받은 모든 도표와 공식은 흔들리는 접시를 만지작거리던 그 순간에서 비롯되었습니다."

파인만의 독특한 이야기는 투명하게 공개되기는 어렵지만, 미지의 영역에 도전하는 많은 창작자와 혁신가들이 공유하는 경험의 유형이다. 노벨문학상 수상자인 존 스타인벡[John Steinbeck]은 소설 『분노의 포도』로 퓰리처상을 수상했지만, 이 소설을 쓰는 동안 매일 극심한 자기 의심을 경험했다. 그는 자신의 경험을 일기에 기록했는데, 생전에는 비밀로 하고 "사라진 한 남자의 신화와 소문, 아첨과 비방의 이면을 들여다보고 그들의 아버지가 어떤 사람이었는지 어느 정도 알 수 있도록" 사후에 두 아들에게 전해 달라고 부탁했다.

그의 일기에는 많은 사람들이 미국 최고의 소설로 꼽는 작품을 집필하는 과정에서 겪은 충격적인 수준의 자기 의심과 좌절, 두려움이 드러나 있다. 그는 매 단계마다 자신을 의심하고 걱정했다. "만약 내가 이 책을 제대로 쓸 수만 있다면 정말로 훌륭한 소설로 미국 문학사에 기록될 것이다. 그러나 나는 스스로를 무시하고 무능력에 시달리고 있다." 어느 순간 그는 이렇게 고백한다. "나는 작가가 아니다. 나는 자기 자신과 다른 사람들을 속이고 있다. 그게 내가 바라는 일이다." 그는 계속 집필을 이어나가기 위해 스스로를 격려하면서도 끊임없이 좌절하는 모습을 일기에 기록한다. "가끔은 좋은 작품이 나올 것 같지만 완성되면 초라한 작품으로 전락해버린다." 그의 의심은 마지막에 가까워져도 줄어들지 않았고 이렇게 결론을 내렸다. "이 책은 나의 부족함 때문에 고통이 되었다."

두 명의 노벨상 수상자의 자기 의심에 대한 직접적인 이야기는 훌륭한 아이디어를 떠올리고 중요한 업적을 남긴 사람들도 여전히 자신을 의심하는 강박과 집착을 보여준다. 실제로 우리가 미지의 영역에 발을 내딛을 때 가장 먼저 느끼는 본능이 바로 자기 의심일 수도 있다. 내가 옳지 않으면 어떻게 될까? 다른 사람들이 나를 어리석다고 생각하면 어떻게 될까? 일이 잘 풀리지 않으면 어떻게 될까?

자기 의심의 목소리에는 여러 가지가 있다. 시간이 없다, 돈이 없다, 나이가 너무 많다, 다른 사람이 이미 해봤다, 다른 사람이 더 잘할 수 있다. 시도하지 말라고 스스로를 설득할 때까지 계속해서 말할 수 있다. 하지만 다른 사람들도 우리가 느끼는 감정을 느꼈다는 사실을 알게 되면 조금씩 앞으로 나아갈 수 있다. 그리고 (19장에서 설명하는) 목표보다 가치에 우선순위를 두는 개념과 결합할 때 평정심은 진정으로 강력한 힘을 발휘한다.

새로운 일이나 불확실한 일을 대담하게 시작할 때 필요한 모든 역량을 갖춘 사람은 거의 없다. 오히려 일단 시작함으로써 필요한 것을 얻을 수 있다. 자기 의심이 생기면 그것을 객관화하고, 자신과 분리하여 호기심이나 영감을 불러 일으키는 것에 집중한 다음 다시 일을 시작하라. 불확실성으로 인해 생겨나는 자기 의심을 극복하고 자신감을 높이기 위한 여러 가지 전략이 있다. 침착한 태도로 행동하기 위해서는 담대함, 무심함, 냉철함, 자신감이 필요하다.

있는 그대로를 인정하라. 자기 의심을 경험할 때는 그 감정을 빠르게 인식하고 객관화하라. 자기 의심은 자신의 능력이나 아이디어의 단점을 드러내는 척도가 아니라 미지의 세계에 대한 인간의 자연스러운 반응이다.

규칙적으로 자주 일하라. 파인만과 스타인벡 모두 단순히 일(파인만의 경우에는 '놀이')을 시작했다. 스타인벡은 하루의 일과에 전념하기 위해 스스로에게 충고했다. "적어도 내게는 '기분이 좋으면 글을 쓸 거야'라고 말할 수 있는 가능성이 없다. 매일 일어나고 싶지 않다는 생각이 든다. 사실, 아주 사소한 핑계만 대면 일을 전혀 하지 않을 것이다. 내일 쓸 분량을 오늘 미리 정해 놓아야 결과가 나온다. 그리고 그것이 유일한 방법이다."

자기 의심과 아이디어 의심을 분리하라. 애덤 그랜트[Adam Grant]는 그의 저서 『오리지널스』에서 혁신가들이 더 호기심이 많고 자기 의심에 대해 더 강해질 수 있는 이유는 아이디어의 가치와 인간으로서의 가치를 분리할 수 있기 때문이라고 강조한다. "높은 성과를 내는 천재들이 평범한 사람들과 다른 점은 뭔가 실패했을 때 그들이 취하는 태도이다. 많은 사람들이 현실을 주관화하고 '나는 쓰레기야'라고 생각할 때, 그들은 이렇게 생각한다. '처음 몇 개의 초안은 항상 엉망이지만 나는 아직 최종 목표에 도달하지 못했을 뿐이야'라고."

의심에 맞서라. 파인만의 행동의 아름다움은 자기 의심을 뒤집고 그 의심을 통해 자유로워진다는 점이다. 자기 의심을 불러일으키는 것 중 하나는 우리의 아이디어가 가치 있는 것인지, 우리의 시도가 바람직한 것인지에 대한 의문이다. 그런 의문에 크게 신경 쓰지 않으면 최선을 다할 수 있는 자유를 얻게 된다.

자신의 이야기를 다시 살펴보라. 자기 의심이 떠오르면 이야기를 다시 살펴보라. 왜 나는 이 일을 하는가? 처음에 이 일을 시작했던 이유를 떠올리면 일에 대한 평정심이 생길 것이다.

논쟁하라. 자기 의심에 사로잡히지 말고 변호사처럼 자신의 주장을 펼쳐라.

지금 하는 일이 왜 가치 있는 일인지 스스로 상기시켜라. 지금 조치를 취해야 하는 이유 혹은 나중에 취해야 하는 이유를 설명하라. 작업하던 일을 잠시 서랍 속에 넣어두어야 할 때도 있지만, 자신의 능력에 대한 의심 때문에 지금이 바로 그때라고 스스로 비하하며 결정을 내리지 말라.

자기 의심에 휘둘리지 말라. 자기 의심이 당신에게서 무엇을 훔쳤는지 기억하고, 그 의심에 귀를 기울이면 무엇을 훔쳐갈지 파악하라. 새로운 프로젝트를 수행하는 것은 불확실하지만, 한 가지 확실한 것은 시도하지 않으면 아무것도 성취할 수 없다는 사실이다. 자기 의심은 우리가 가장 원하는 모든 것, 대화, 경험, 프로젝트, 호기심 등을 대낮에 훔쳐가는 도둑과 같다!

불확실성 선언문

> "세상은 우리가 어렸을 때 상상했던 것보다 더 마법 같고,
> 더 예측 불가능하고, 더 제멋대로이고, 더 통제 불가능하고, 더 다양하고,
> 더 복잡하고, 더 무한하고, 더 이해하기 어렵고,
> 더 놀랍도록 문제가 많은 곳이다."
>
> — 제임스 홀리스^{James Hollis}

불확실성에 대한 느낌을 재구성하는 것은 일과 목적에 대한 근본적인 신념을 인식하는 것이다. 동기는 개인마다 다르지만, 불확실성에 능숙하게 대처하는 사람들에게는 몇 가지 놀라운 유사점이 발견되었다. 금욕주의, 마음 챙김, 믿음 등 다양한 이름으로 부르기도 하고, 신, 우주, 행운, 타이밍 등 다양한 힘에 의지하기도 하며, 각기 다른 방식으로 나타나기도 하지만 비슷한 철학으로 귀결되는 경우가 많다. 간단히 말해서, 불확실성에 침착하게 대처하는 능력은 목표를 최고가 되는 것, 가장 유명한 사람이

되는 것과 같은 외부적인 목표가 아닌 최선을 다하는 것, 최선이 되는 것, 배우는 것 같은 내부적인 목표로 보는지, 결과를 부분적으로 통제할 수 없는 것으로 보는지, 아니면 완전히 통제할 수 있는 것으로 보는지와 관련이 있는 것 같다.

여러 기업의 창업자이자 하버드 경영대학원 혁신 연구소의 선임연구원인 존 윈저$^{John Winsor}$는 눈사태에 휩쓸린 후 이러한 관점을 갖게 되었다고 이야기한다. 등반을 시작하기 전에 윈저와 동료 등반가들은 광범위한 훈련을 하고 날씨를 확인했다. 하지만 만반의 준비에도 불구하고 빙하를 가로지르는 동안 위쪽 산비탈에 균열이 생겼고 눈덩이가 발아래로 굴러떨어지기 시작했다. 윈저는 침착함을 잃지 않고 훈련받은 대로 옆의 등반가를 붙잡고 "대열을 유지해! 별일 아닐 거야!"라고 외쳤다.

하지만 그 위의 균열이 깊이 3미터, 너비 300미터에 달한다는 사실을 파악하지 못했다. 갑자기 산비탈 전체가 거대한 해일처럼 밀려 내려오면서 귀청이 찢어질 정도의 굉음이 계곡을 가득 채웠다. 눈덩이가 뒤에서 팀원들을 덮쳤고, 눈부시게 새하얀 혼란에 휩쓸려 허우적거리던 팀원들은 갑자기 시멘트처럼 딱딱하게 굳어졌다. 운이 좋았던 몇 사람을 제외하고는 모두 매몰되었다. 훈련과 운이 좋았던 덕분에 팀원 전체가 구조되었지만, 윈저는 그 아슬아슬했던 상황을 이렇게 회상한다. "모든 사람이 너무 큰 심리적 충격을 받았습니다. 상황을 극복하려는 의지, 다시 할 수 있다는 자신감, 위험을 기꺼이 받아들이는 방식에 오랫동안 악영향을 끼쳤습니다."

윈저는 경력을 되돌아보면서 기업가이자 혁신가로서의 경험을 눈사태에 비유한다. "새로운 영역에 들어가면 기회가 있습니다. 하지만 안전하게 접근하기 위해 모든 분석을 수행하더라도 상황이 급변할 수 있고 엄청난 혼란이 발생할 수 있습니다."

불확실성을 어떻게 바라보느냐에 따라 예상치 못한 일이나 예상되는 위험에 대한 두려움 때문에 시도하려는 의지가 꺾일 수 있다.

> 비즈니스에서 우리는 세상을 좌우한다는 생각을 가지고 있습니다. 하지만 저는 우리가 세상을 좌우한다기보다는 타이밍에 맞추어 세상을 해석한다는 생각이 더 바람직하다고 봅니다. 적시에 적절한 장소에서 뭔가를 창조하려고 노력하는 것이 훨씬 더 건강할 모습일 겁니다. 정말 뛰어난 서퍼는 최적의 시간과 위치를 찾아낸 다음, 가장 강력한 파도에 올라타기 위해 항상 유연하게 방향을 바꿉니다.

윈저의 사례는 인간과 불확실성과의 관계에 대한 근본적인 신념을 찾고 유지하는 것이 얼마나 중요한지를 잘 보여준다. 우리는 불확실성 선언문, 즉 불확실성을 헤쳐 나갈 수 있는 좌우명이나 의지를 작성하는 걸 권장한다. 쉽고 명백하게 표현한다는 뜻의 라틴어에서 유래한 매니페스토는 어떤 사안에 대해 자신의 생각이나 입장을 명확히 밝히는 선언문이며, 종종 공개적으로 공유되기도 한다. 윈저는 불확실성에 직면할 수 있는 사람과 조직에 대해 이야기할 때 최선을 다하고 나머지는 타이밍에 맡기라고 말한다. 간단명료하다. 제프 베조스는 좋은 직장을 그만두고 아마존을 창업한 것에 대해 이야기할 때 스타트업의 성공 여부와 관계없이 후회하지 않을 삶을 사는 데 집중했다고 말한다. 역시 간단명료하다. 우리에게도 불확실성의 혼란과 잡음을 제거할 수 있는 간단명료한 선언문이 있다면 얼마나 도움이 될까?

지침이 되는 신념 체계를 활용하면 힘을 얻을 수 있다. IT 스타트업 루비 온 레일즈^{Ruby on Rails}와 베이스캠프를 창업한 데이비드 하이네마이어 한슨^{David Heinemeier Hansson}은 이러한 원칙을 직관적으로 이해했고, 금욕주의에서 분명한 관점을 깨달은 것이 큰 도움이 되었다고 말한다.

> 외부적인 삶의 철학을 갖는 것이 도움이 되었습니다. 제가 금욕주의를 발견하기 전에는 회사에서 이에 대해 이야기할 수 있는 방법이 별로 없었거든요. 우리는 거의 같은 의견을 갖고 있지만, "경쟁사가 무슨 일을 벌이면 어떡하지?"와 같

은 상황이 발생할 때가 있지요. 하지만 "내가 통제할 수 있는 것에 대해서만 걱정하자"라고 깨닫게 되면 이런 걱정에서 거의 해방될 수 있습니다. 그렇다면 정말로 경쟁자가 새로운 제품을 내놓을 경우에는 어떻게 될까요? 경쟁사는 경쟁사대로, 우리는 우리대로 좋은 제품을 출시하고, 직원을 잘 대우하고, 윤리적으로 시장을 대하는 등 각자 자기가 할 일을 하면 됩니다. 그렇게 하면 목적이 수단을 정당화해야 한다는 압박감에서 벗어날 수 있고, 결과는 크게 중요하지 않습니다. 실패에 대한 스트레스에서 벗어날 수 있습니다.

우리가 결과를 부분적으로 통제할 수 없다는 생각은 받아들이기 어려울 수 있지만, 불확실한 세상에서는 많은 상황을 통제할 수 없는 게 현실이다. 유튜브의 창업자들은 아무도 만들지 못한 것을 창조한 뛰어난 선각자가 아니었다. 그 이전과 이후에도 현명하고 헌신적인 창업자들이 설립한 동영상 공유 스타트업이 있었다. 유튜브 창업자들은 처음에 데이트 사이트를 만들고 싶었지만 사람들이 동영상만 업로드하는 걸 파악했다. 스토리지 비용 하락과 온라인 동영상에 대한 시청자의 관심 증가가 맞물려 엄청난 폭풍을 일으켰을 때 이들은 적절한 시기에 적절한 위치에 있었기 때문에 운 좋게도 성공할 수 있었다.

인생의 목표가 돈, 지위, 권력 등 외부에 있고 노력의 결과를 우리가 통제할 수 있다는 관점을 취하면 최고가 되어야 한다는 마키아벨리즘적인 집착에 사로잡힐 수 있다. 항상 다른 사람이 우리를 능가하는 차원이 있기 때문에 우리는 끊임없이 움직이는 목표를 기준으로 자신을 측정할 것이다. 또한 인생의 목표는 외부에 있지만 결과는 부분적으로 우리가 통제할 수 없다고 믿는다면, 세상은 불공평하고 우리가 마땅히 누려야 할 보상을 얻지 못했다고 믿는 경박한 운명론에 갇히기 쉽다.

반대로, 목표가 우리 자신의 학습과 발전이라는 내부적 관점을 받아들일 수 있다면 결과는 여전히 우리가 완전히 통제할 수 있다고 생각하더라도 이미 더 바람직한 삶을 살게 될 것이다. 왜 그럴까? 우리가 반추하는 진전을 이루더라도, 잘못되는 모든 것에 집착하고 모든 것이 우리에게 달려 있다고 잘못 생각하더라도, 내적 목표는 더 지속될 수 있기 때문이다. 불확실성에 직면했을 때 가장 탄력적인 사람들, 즉 불안을 가장 적게 느끼는 사람들, 가장 가치 있는 위험을 감수할 가능성이 높은 사람들, 넘어졌을 때 다시 일어서는 사람들은 인생의 목표가 내면에 있으며 결과는 부분적으로 자신이 통제할 수 없다는 관점을 채택한다. 이들은 깨달음을 얻은 개척자들이다. 하이네마이어 한슨의 설명에 따르면, 이들은 일을 완벽하게 해내지 못하면 실패할지도 모른다는 걱정을 떨쳐버리고 최선을 다하는 데 집중할 수 있다.

물론 많은 사람들이 마키아벨리적 집착이나 경박한 운명론을

통해 성공했으며, 우리 모두는 때때로 이러한 함정에 빠지기도
한다. 우리가 연구한 혁신가들 중 완벽한 성공을 거둔 사람은 없
었으며, 모두 어떤 면에서는 실패했거나 후회할 만한 일을 했다.
하지만 불확실성 선언문을 위해 채택할 수 있는 가장 강력하고
자유로운 관점은 그저 최선을 다하고 결과가 어떻게 되는지 담담
하게 지켜보는 것일 수도 있다.

우리가 관찰한 불확실성에 대한 다양한 접근 방식을 명확히 하기 위해 다음 페이지에 표시된 2x2 행렬을 사용한다. 항상 완벽한 관점을 유지하는 것은 불가능하지만, 이 프레임워크를 기억하는 것은 어떤 상황에서도 차분하고 희망적으로 일을 진행하는 데 도움이 된다.

알고 보면 이 2x2 행렬에는 깊은 심오한 원리가 있다. 고대 그리스 스토아학파는 많은 일이 우리가 통제할 수 없는 것이기 때문에 왜 그런 일이 일어나는지에 대한 집착에서 벗어나 우리의 대응에 집중할 수 있다면 훨씬 더 행복해질 수 있다고 주장했다. 마찬가지로 마음 챙김과 선불교의 관점은 일어나고 있는 일에 집중하고 최선의 대응을 선택하는 데 집중하라고 강조한다. 상황을 통제하려고 하면 고통으로 이어질 뿐이다.

하지만 이 프레임워크는 심리학, 특히 지그문트 프로이트와 동시대인 학자인 알프레드 아들러가 지지한 견해에 뿌리를 두고 있다. 아들러는 과거에 우리에게 일어난 일이 현재를 결정한다는 동료 심리학자의 견해를 대부분 거부했다. 아들러 심리학은 과거의 사건으로 인한 고통을 공감적으로 인정하지만, 이에 대한 우리의 반응이 우리의 미래를 결정한다고 주장한다. 인생이 우리에게 카드 패를 나눠준다면, 어떤 카드를 받은 것에 대해 자신의 행동을 탓

목표 방향 vs 통제 방향

	통제 방향	
	내부 상황은 전적으로 내가 통제할 수 있으며 결과는 전적으로 나에게 달려 있다(성공, 명성, 인정).	**외부** 상황은 부분적으로 내가 통제할 수 없으며 결과는 전적으로 나에게 달려 있지 않다(성공, 명성, 인정).
내면 나의 목표는 내면적인 결과(학습, 최고의 업무, 공헌)이다.	**반추하는 진전** 나의 목표는 최선을 다하는 것이지만, 일이 잘 풀리면 바로 다음 목표로 넘어간다. 일이 잘 풀리지 않으면 내가 무엇을 잘못했는지에 집착한다.	**깨달음을 얻은 개척자** 나의 목표는 최선을 다하고 세상에 기여하는 것이다. 그 결과로 일어나는 일은 좋은 일이면 보너스이고, 나쁜 일이면 운이 나빴을 뿐이다.
외면 나의 목표는 외면적인 결과(돈, 지위 등)이다.	**마키아벨리적 집착** 내 목표는 최고가 되는 것이다. 어떻게 하면 이길 수 있을지 끊임없이 고민하고, 이기지 못하면 자신만을 탓한다. 절대로 만족하지 않는다.	**경박한 운명론** 내 목표는 최고가 되는 것이지만 상황이 계속 나의 발목을 잡는다. 내가 마땅히 누려야 할 보상을 다른 사람들이 누리는 경우가 많다.

목표 방향 (세로 라벨)

하는 대신 "지금 내가 어떤 패를 활용할 수 있을까?"라고 질문할 수 있다. 과거와 미래가 무엇이든, 힘을 발휘하는 건 우리의 반응이다.

마찬가지로 위험, 변동성, 불확실성에 대해 글을 쓰는 전직 투자자 나심 탈레브[Nassim Taleb]는 불확실성을 통제하려는 시도는 실패할 수밖에 없다고 주장한다. 그러나 현대 심리학은 이러한 시도가 위험할 정도로 비생산적일 수 있다고 강조한다. 스탠퍼드 대학의 정신과 의사 어빈 얄롬[Irvin Yalom]은 이렇게 말한다. "패턴이 없는 무작위적인 사건 앞에서 무력감과 혼란스러움을 느끼면 우리는 사건을 순서화하려고 하고, 그렇게 함으로써 통제의 감정을 느끼려고 합니다. 하지만 통제력을 얻는 대신 부정확하고 우리에게 도움이 되지 않는 패턴을 만들게 되어 결국 스스로에게 해를 끼치는 '통제에 대한 착각'을 반복하게 됩니다." 다음은 불확실성 선언문을 작성하기 위한 몇 가지 접근 방식이다. 자신에게 공감이 가는 것에 주목하라.

1. 불확실성 선언문을 작성하기 위해 사려 깊은 성찰을 읽어보라. 우리가 가장 좋아하는 몇 가지를 소개한다.

『인생을 위한 철학자의 안내서The Manual A Philosophers Guide to Life』에픽테투스Epictetus

『세 번의 결혼The Three Marriages』데이비드 와이트David Whyte

『좋은 삶을 위한 안내서A Guide to the Good Life』윌리엄 B. 어빈William B. Irvine

『인생 2막을 위한 심리학Finding Meaning in the Second Half of Life』제임스 홀리스James Hollis

<더 마지널리언The Marginalian> 뉴스레터 마리아 포포바Maria Popova

2. 불확실성에 대한 무의식적인 반응이나 철학을 발견하기 위해 자신의 신념에 대해 질문을 던져보라.

• 이 책을 읽기 시작했을 때 불확실성에 대한 여러분의 신념은 무엇이었나? 나쁜 일이 발생했을 때 여러분은 어떻게 반응하는가? (예: 자신을 탓한다, 상황을 탓한다, 발생한 일을 재구성한다, 호기심을 갖는다.)

- 불확실성과 당신과의 관계는 어떻게 변화하고 있는가? 예를 들어, 다음과 같은 진술을 채택할 수 있는가? "현재 직면한 불확실성 너머에 어떤 가능성이 기다리고 있을지 궁금해진다.", "불확실성은 모든 가능성에 수반된다.", "인접한 가능성, 무한 게임, 내 개인적인 미개척지에서 가능성을 찾을 수 있다고 믿는다."

- 불확실성 선언문을 작성하면 미지의 상황에 직면했을 때 자신을 유지하는 기반이 된다. 선언문은 인간적인 수준으로 작성해야 한다. 슈퍼히어로나 거만함을 드러내지 않아야 한다. 선언문은 여러분에게 유발되는 감정을 인정할 수 있고 인정해야 하지만, 가능성의 관점에서 불확실성을 재구성해야 한다. 강력한 불확실성 선언문은 에너지와 용기를 불어넣을 수 있다. 잘 생각이 나지 않는다면 이 문구를 활용해 보라. "불확실성은 혼돈과 가능성을 동시에 가져다주지만 나는 혼돈의 조종사다! 나는 가능성을 찾아낼 것이다."

3. 패러독스를 인정하라. 이 장에서 이야기한 모든 내용에는 '두 가지가 동시에 참일 수 있고 우리가 수용해야 하는 해결 불가능한 긴장이 존재한다'는 양자 물리학의 패러독스 개념이 포함되어 있다. 한편으로는 상황을 부분적으로 통제할 수 없지만, 다른 한편으로 여러분은 무기력한 게 아니라 최선을 다하고 외부 세계에 영향을 미치기를 희망해야 한다. 이것이 바로 역설이다. 역설을 인정하는 문헌은 작지만 점점 늘어나고 있다. 예를 들어, 최고 리더가 회사의 혁신과 생존을 동시에 원한다면 효율적인 비즈니스 운영에 대한 요구와 혁신에 대한 상반된 요구를 모두 수용해야 한다. 마찬가지로, 기업가들은

새로운 산업을 창출하기 위해 정체성을 공유하는 연합을 구축하는 동시에 그 연합 내에서 뚜렷한 정체성을 만들어야 한다. 카오스 이론에서는 이러한 아이디어를 변화가 일어나는 불균형 상태의 역설적 영역인 '혼돈의 가장자리 the edge of chaos'라고 부른다. 이런 아이디어가 여러분에게 도움이 된다면 카오스 이론과 복잡성 이론에 대해 더 자세히 읽어보라. 하지만 많은 사람들에게 가장 도움이 되는 것은 불확실성이 쉽게 하나로 규정될 수 있는 것이 아니라 상충되는 목표, 경쟁하는 목표, 그리고 역설을 모두 포함하고 있다는 사실을 인정하는 것이다.

2부

준비
Prime

준비는 미래를 위한 사전 작업이다. 모터 펌프에 물을 꾸준히 공급하여 엔진이 작동할 수 있도록 하는 것, 벽에 페인트가 잘 칠해질 수 있도록 표면을 다듬는 것과 같은 원리다. 심리학 연구에 따르면 바른 자세, 심호흡 연습, 이상적인 결과를 상상하기, 긍정적인 문구를 반복하기 등의 도구를 사용하여 협상이나 프레젠테이션과 같은 어려운 상황에 대비할 수 있다는 사실이 입증되었다.

2부에서는 불확실성에 대비하는 데 도움이 되는 도구를 설명한다. 재구성 도구가 불확실성에 대한 구급 십자가의 '생각' 또는 인식 축에 있는 반면, 준비 도구는 '실행' 축에 위치하여 직면한 불확실성에 대한 조치를 취하도록 유도한다. 여기에는 새로운 프로젝트나 벤처를 시작하는 것과 같은 의도한 불확실성과 예기치 않은 손실이나 경기 침체와 같은 의도하지 않은 불확실성이 모두 포함된다. 앞서 설명했듯이, 불확실성 도구들은 항상 서로 영향을 주고받으며 중첩되는 부분이 있다. 따라서 불확실성에 직면했을 때 행동을 취하기 시작하면 불확실성에 대해 생각하는 방식이 유연하게 바뀌어 상황을 재구성하고 지속할 수 있는 능력이 강화될 수 있다.

다음 표는 준비 도구에 대한 간략한 설명으로 구성되어 있다.

도구	설명
위험도 파악 Know Your Risks	대부분의 사람들은 특정 유형의 위험에 끌리고 다른 유형의 위험은 싫어한다. 자신의 위험 성향을 파악하면 취약한 부분을 보완하고 위험 선호도를 최대한 활용할 수 있다.
개인적 실제 옵션 Personal Real Options	하이브리드 기업가에 대한 연구에 따르면 모든 위험을 감수하는 것은 종종 비생산적인 것으로 나타났다. 확실한 프로젝트와 불확실한 프로젝트로 포트폴리오를 구성하면 불안감을 줄이는 동시에 성공 가능성을 높일 수 있다.
불확실성 균형추 Uncertainty Balancers	위험을 좋아한다고 주장하는 혁신가들도 삶에 확실성이 높은 요소를 통합함으로써 직면한 불확실성의 균형을 맞추고 있다.
덤보 깃털 Dumbo Feathers	사람, 장소, 사물은 가장 큰 도움이 될 수도 있고 가장 큰 방해물이 될 수도 있다. 꿈을 향해 날아가도록 도와주는 '덤보 깃털'을 어떻게 찾고, 여러분을 방해하는 희망 파괴자를 어떻게 피할 수 있을까?
활주로와 착륙점 Runways and Landing Strips	활주로와 착륙점은 아이디어를 실현할 수 있는 돈과 시간, 그리고 새로운 기회를 제공하는 네트워크다.
자원의 재인식 Reimagining Resources	종종 제약으로 인해 우리의 상상력이 제한되지만, 자원을 재인식하여 간과된 풍요로움을 발견하고 제약을 창의성의 연료로 사용할 수 있는 방법이 존재한다.
맞춤형 삶 Fait Sur Mesure	때때로 우리는 다른 사람의 인생 계획을 추종하는 함정에 빠질 수 있다. 우리는 언제든지 자신의 삶을 밝고 아름답게 만들 수 있다는 사실을 잊어버린다. 인생은 내 뜻에 따라 내 생각대로 만들어 가야 한다.
기계를 억지로 가동하지 말라 Don't Force Machinery	불확실성으로 인한 불안감은 우리를 차선의 확실성에 성급하게 안주하도록 만들 수 있다. 때때로 최선의 준비는 인내심을 갖는 것이다. 우리는 더 나은 미래가 나타날 수 있도록 충분히 오랫동안 미지의 세계를 즐기는 방법을 배워야 한다.

10장

위험도 파악

"너무 멀리 갈 위험을 감수하는 사람만이
얼마나 멀리 갈 수 있는지 알 수 있다."

– T. S. 엘리엇[T. S. Eliot]

자신이 위험을 감수하는 사람이 아니거나 불확실성을 아예 피하고 싶다고 생각한 적이 있는가? 위험을 감수할 능력이 없다고 단정 짓기 전에, 실제로 다양한 유형의 위험이 존재한다는 사실을 알아두면 도움이 될 수 있다. 자신이 어떤 유형의 위험에 대해 본능적으로 혐오감을 느끼는지, 어떤 유형에 대해 호감을 느끼는지 파악하면 불확실성에 더 효과적으로 대처할 수 있다.

네이선은 스탠퍼드 대학에 재학 중일 때, 자신의 개인적 위험 성향을 이해하는 것이 중요하다는 사실을 깨달았다. 스탠퍼드에서 실리콘밸리의 영웅들은 학자가 아닌 기업가들이다. 박사 학위 과정이 거의 끝나갈 무렵, 학자금 대출이 산더미처럼 쌓여 있고 네 명의 자녀를 키우고 있던 네이선은 상당한 정체성 위기를 겪었다. 그는 용기가 부족했던 자신을 자책하기 시작했고, 우연히 교수 클럽에서 멘토 중 한 명인 티나 실리그$^{Tina\ Seelig}$와 점심을 먹게 되었다.

"정말 용기가 있었다면 사업가가 되었겠지만 저는 위험을 감수하는 성격이 아니에요." 네이선이 고백했다.

티나는 샐러드를 먹다가 고개를 들었다. "나는 전혀 동의하지 않아. 당신은 위험을 감수하는 사람이라고 생각해." 그녀가 말했다.

"무슨 뜻이죠?" 네이선이 물었다.

"정말 위험에는 한 가지 종류만 있다고 생각해?" 그녀가 되물었다.

"글쎄요, 위험은 위험이잖아요?"

"아니." 그녀가 말했다. "위험에는 여러 종류가 있어. 경제적 위험도 있고 지적 위험도 있지. 사회적, 정서적 위험도 있고 다른 많은 위험도 있어." 티나는 잠시 멈칫했다. "내가 보기에 당신은 경제적 위험에 익숙하지 않은 것 같고, 그래서 다행이야. 네 명의 자녀를 둔 외벌이 부부로서 당신이 자녀들을 위해 경제적 위험을 감수하지 않았으면 좋겠어! 하지만 나는 당신이 지적 위험이나 사회적 위험을 감수할 의지가 있는 사람이라고 생각해."

티나 실리그의 위험도 측정기

실리그 교수는 그의 학생들에게 경제적, 정서적, 사회적, 신체적, 지성적, 정치적 위험 등 인생의 주요 위험에 대한 편안함을 평가하는 도구인 '위험도 측정기'를 만들라고 권장한다.

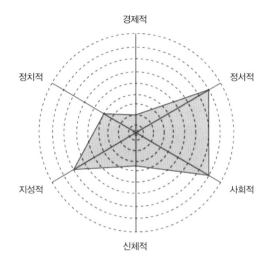

출처: 티나 실리그, 「내가 스무 살 때 알았다면 좋았을 것들」

그 순간, 네이선의 관점이 바뀌었다. 그는 학업을 그만두고 기업가가 되면 기업가 정신의 특징인 의미와 영향력을 창출하려는 열망을 따르기보다는 경제적 불안을 해소하려는 강박관념으로 인해 자신의 의도가 왜곡될 수 있다는 것을 알았다. 게다가 학문과 연구의 길은 그에게 활력을 불어넣는 지성적, 사회적 위험을 감수할 수 있는 기회를 주었기 때문에 현명한 선택으로 보였다.

자신의 타고난 위험 회피 성향과 선호도를 알면 안전지대 밖의 위험에 선제적으로 대비하여 더 쉽게 대처할 수 있다. 실리그는 학생들에게 자신의 위험 성향에 익숙해지도록 주요 위험 유형(경제적, 정서적, 사회적, 신체적, 지성적, 정치적 위험)에 대한 편안함을 평가하는 '위험도 측정기'를 만들라고 권장한다.

자신의 위험 회피 성향과 선호도를 고려할 때, 위험에 정면으로 맞서기보다는 위험 회피 성향이 있는 분야를 강화하는 데 도움이 되는 전략을 선택하는 것이 합리적일 수 있다. 여기에는 저축, 보완 계획, 인생 상담, 추가 교육 등 보호 장치를 마련하거나 해당 위험에 더 익숙한 사람과 파트너 관계를 맺는 것이 포함될 수 있다. 연쇄 창업가인 데이비드 하이네마이어 한슨은 경제적 위험을 싫어하기 때문에 창업가로서 스타트업을 운영하는 동안에도 부업으로 항상 컨설팅이나 기타 수입원을 통해 생활비를 충당하고 있다고 말한다. 특히 그의 부업 프로젝트 중 하나인 베이스캠프는 매우 인기 있는 팀 협업 도구가 되었으며, 현재 다른 벤처 사업의 비용을 충당하는 수입원이 되고 있다.

이와 동시에 한계를 더 쉽게 뛰어넘을 수 있는 강점을 가진 타고난 위험 친화적인 영역을 적극적으로 수용하는 것도 바람직하다. 자신의 위험 선호도를 인식하면 현명한 진로 선택을 하는 데 도움이 될 뿐만 아니라 자신의 역량을 최대한 발휘하지 못하는 부분을 파악할 수 있다. 예를 들어, 네이선은 새로운 아이디어를 공유하기 전에 너무 오랫동안 붙잡고 있는 경우가 많다. 지성적 위험에 대한 자신의 선호를 인식한 후, 그는 아이디어를 공개적으로 공유하고 새로운 프로젝트를 진행하는 데 더욱 적극적으로 임할 수 있게 되었다. 이러한 위험을 더욱 적극적으로 감수함으로써 네이선은 새로운 협업, 출판, 강의 기회를 발견할 수 있었다.

여러분이 가장 중요하게 생각하는 것은 무엇인가

특정 영역에서 위험 회피 성향이 있다고 해서 그 위험을 감수해서는 안 된다는 의미는 아니다. 때때로 우리는 위험 회피에 집착해서 가장 중요하게 생각하는 것을 놓치고 있을 수도 있다. 네이선은 스탠퍼드에서 또 다른 멘토인 밥 서튼^{Bob Sutton}으로부터 이 교훈을 배웠다. 박사 과정 학생 대부분의 목표는 훌륭한 연구를 수행하고, 대학에서 자리를 잡고, 더 크고 과감한 질문을 자유롭게 던질 수 있는 종신 재직권을 얻는 것이다. 하지만 박사 과정 학생은 경제적으로 지성적으로나 힘든 존재이다. 돈은 거의 없고 연구 아이디어에 대한 불확실성은 매우 높다. 밥이 수업 시간에 "나는 여러분처럼 박사 과정 학생이었을 때 대출을 받아 논문을 완성하는 데 도움을 줄 사람을 고용했네."라고 말했을 때 그들이 얼마나 놀랐을지 상상해 보라.

학생들은 눈을 크게 뜨고 밥을 바라보았다. 그들은 몇 달러를 절약하기 위해 집에서 직접 만든 샌드위치를 먹고 있었다.

"대출을 받으셨다고요?" 네이선이 확인하듯 물었다.

밥은 특유의 유쾌한 미소를 지었다. "주변에서 좋은 직장과 종신직을 얻은 사람들을 살펴보니, 그들의 공통점은 논문의 품질과 속도였어. '그게 핵심이라면 돈을 좀 써야 하지 않을까'라는 생각이 들었지. 그래서 1만 달러를 대출받고 데이터 수집을 도와줄 조수를 고용하여 논문 출판을 앞당길 수 있었네."

밥은 경제적 위험을 회피하는 네이선이 보지 못했던 진짜 위험, 즉 좋은 직장을 얻는 데 가장 취약한 요소인 느린 출발을 본 것이다. 여전히 궁금증이 풀리지 않은 네이선은 밥에게 스탠퍼드 박사 과정 학생들이 모두 놓치고 있는 핵심을 어떻게 파악했는지 물었다. 밥은 단도직입적으로 대답했다. "나는 기업가 집안에서 태어났네. 위험을 감수하는 것은 기업가의 DNA야. 원하는 삶을 살기 위해서는 위험을 감수해야 한다는 것이 내게는 분명했네." 네이선은 서튼의 이야기를 경제적 위험 회피 성향이 자신의 발목을 잡는다는 사실을 깨닫도록 해주었기 때문에 좋아하지만, 수재너는 공식적인 직책을 맡기 전에 학생으로서 조수를 고용하여 학자이자 전문가의 역할을 수행한 서튼의 능력을 좋아한다. 그는 마치 자신이 이미 진정한 연구자가 된 것처럼 행동하며 현실에서 이를 실천하고 있었다. (이 아이디어에 대한 자세한 내용은 28장을 참조하라.)

박사 과정 학생의 사례가 너무 막연하게 느껴진다면 훨씬 더 흔한 사례로서 마음에 들지 않는 직장에 계속 머무르는 것을 생각해 보라. 연쇄 창업가인 멜린다 토마스[Melinda Thomas]는 이것이 자신이 직면하는 가장 흔한 위험이라고 말한다. "사람들은 '나는 직장을 그만둘 여유가 없어'라고 말해요." 하지만 토마스는 싫어하는 일을 계속하는 것에는 숨겨진 위험 요소 비용이 있다고 주장한다. 만족스럽지 못한 업무를 수행하면 성과가 낮아지고, 이는 급여와 보너스의 감소로 이어질 수 있다. 게다가 부정적인 피드백을 받으면 자신감이 떨어지고, 그런 상황에서 벗어나기 위해 자신의 능력보다 훨씬 낮은 수준의 다른 직장을 구할 위험에 처할 수도 있다.

토마스는 이러한 악순환을 '소탐대실의 수학'이라는 용어로 정의한다. "부정적인 악순환을 방치하는 것보다 차라리 직장을 그만두고 5만 달러를 빌려 생활비를 충당하면서 1년 동안 더 나은 일자리를 찾는 것이 훨씬 나아요. 급여가 10% 인상된 더 나은 직장에 취직하면 몇 년 안에 대출금을 갚을 수 있어요. 그뿐만 아니라 그 시간을 즐기고 더 좋은 경력을 만들 수 있어요. 그러니 당장 빠져나오세요. 그것이 자신감을 유지하는 방법이에요." 11장에서 다른 접근 방식을 제시하겠지만 여러분은 요점을 충분히 파악했을 것이다.

위험 내성을 키워라

여러분은 위험에 대한 내성을 키울 수도 있다. 실리그는 자신감을 키우기 위해 작은 위험을 감수하라고 조언한다. 큰 위험은 압도적이어서 두려움을 유발할 수 있다. 반면에 작은 위험은 대개 감내할 수 있으며, 그것이 성과를 거두면 위험에 도전하려는 자신감이 높아진다. 예를 들어, 평소에는 비행기에서 혼자 있는 것을 좋아하는 실리그는 사회적 위험에 대한 내성을 키우고 싶어서 한 번은 옆자리 신사와 이야기를 나누기로 했다. 알고 보니 그는 출판업자였고, 그녀가 책 기획안을 언급하자 (출판은 거절했지만) 소중한 피드백을 주었다. 그는 그녀의 수업을 방문하기로 동의했고, 나중에 함께 캠퍼스를 방문한 다른 임원 중 한 명이 실리그의 책에서 큰 가능성을 발견하여 결국 출판에 성공했다.

아마존과 필립스 전자에서 고위 임원을 역임한 피에트 쿨러베이[Piet Coelewij]는 이렇게 말한다. "경력을 쌓는 과정에서 저는 초급 직원에서 경영진으로 승진하면서 위험을 피하는 것에서 위험을 감수하는 것으로 생각을 전환해야 했습니다. 그러기 위해서는 용기가 필요했습니다. 용기는 두려움에 맞설 수 있는 능력입니다." 쿨러베이는 용기를 근육처럼 단련할 수 있으며, 삶의 한 영역에서 용기를 키우면 다른 영역에서도 실제로 도움이 될 수 있다고 강조한다. 소노스에서 상무이사로 새로운 역할을 맡았을 때 그는 용기를 키우기 위해 킥복싱을 시작하기로 결심했다. "저는 원래 신체적 대결을 두려워하기 때문에 가장 격렬한 스포츠 중 하나인 킥복싱 훈련을 시작하는 것은 매우 어려운 일이었습니다." 그는 아이러니한 웃음을 지으며 말을 이었다. "하지만 통제된 환경에서 두려움에 맞서다 보니 완전한 정보가 부족한 다른 환경에서도 위험한 결정을 내리는 것이 편안해졌습니다. 두려움을 낮추고 용기를 키우는 과정에 들어서면 지속적으로 상황을 개선할 수 있는 선순환 구조가 만들어집니다. 이 특별한 과정을 시작한 것은 저에게 엄청난 변화였고 매우 흥미로운 일이었습니다."

1. 위험 선호도 측정기를 만들어라. 자신의 위험 선호도에 대해 1점부터 10점까지 점수를 매기고(1점 = 매우 소극적, 10점 = 매우 적극적) 그림에 점수를 기입하라. 간단히 설명하자면, 사회적 위험은 공적인 대인 관계를, 정서적 위험은 친밀한 개인적 관계를, 정치적 위험은 옹호 노력을, 신체적 위험은 생명과 신체를 위험한 활동에 노출시키려는 의지를, 경제적 위험은 돈을, 지적 위험은 추가 학습, 다른 관점 또는 새로운 아이디어를

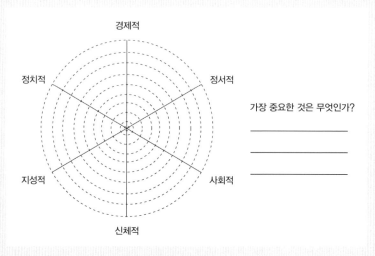

출처: 티나 실리그, 「내가 스무 살 때 알았다면 좋았을 것들」

추구하는 것에 대한 편안함을 나타낸다. 자신에게 적합하지 않은 카테고리가 있으면 해당 카테고리를 다른 카테고리로 교체하라.

2. 자신에게 가장 중요한 것을 생각해 보라. 밥 서튼의 사례처럼, 친밀감이나 거부감이 어떻게 당신을 방해하고 있는지 스스로에게 물어보라. "가장 중요한 것은 무엇인가?" 아래에 그것들을 적어보라. 예를 들어, 여러분은 관계를 갈망하지만 감정적인 위험을 감수하는 것이 너무 두려울 수도 있다.

3. 위험 감수성을 높이는 방법을 생각해 보라. 미지의 영역에 더 편안하게 발을 내딛을 수 있도록 위험 회피 성향을 어떻게 강화할 수 있을까? 위험 회피 영역에서 내성을 키우기 위해 어떻게 작은 위험을 감수할 수 있을까? 위험 친화적 성향인 경우에 여러분은 자신의 강점을 최대한 발휘하고 있는가?

4. 위험 렌즈를 통해 인생의 목표를 살펴보라. 현재 가장 우선순위가 높은 세 가지 목록을 작성하고 이를 위험 영역의 렌즈를 통해 살펴보라. 회피 영역이 확장된다면 우선순위를 어떻게 다르게 추구할 수 있을지 생각해 보라. 그리고 편안함을 느끼는 영역에서는 해당 우선순위에 더 많은 가능성을 창출하기 위해 어떻게 더 많은 위험을 감수할 수 있을지 생각해 보라. 예를 들어, 우리 부부는 가장 소중하게 여기는 공동의 우선순위 중 하나

인 네 자녀가 성인이 될 때까지의 교육 계획을 도표로 정리하면서 정서적, 경제적 위험을 확대하는 것이 어떻게 자녀의 성장과 친밀감을 촉진할 수 있는지에 대한 귀중한 통찰을 발견했다. 또한 앞으로 다가올 자녀의 독립 단계에 대한 준비 상황을 도표로 정리하면서 복잡한 감정과 새로 찾아온 자유에 대비하기 위해 할 수 있는 일이 훨씬 더 많다는 사실을 깨달았다. 예를 들어, 우리 부부는 몽블랑 등반에 대해 호기심이 있지만 신체적 위험에 대한 대비를 먼저 시작해야 한다.

5. 당신의 이야기에 적용하라. 6장의 이야기 도구를 떠올리며 미래에 실현하고 싶은 삶의 모습 중 하나를 선택하여 위험도 측정기를 돌려보며 어떤 위험 영역이 결실을 맺는 데 걸림돌이 될 수 있는지 살펴보라. 이를 달성하기 위해 어떤 부분을 준비하거나 위험 내성을 키워야 할까?

6. 그룹에 적용하라. 외부의 위험 영역이 변경될 수 있지만 이 도구를 그룹이나 조직에 적용할 수 있다. 조직의 상황에 따라 지성적, 사회적, 심리적, 경제적, 정치적, 경영적, 혁신 등과 같은 라벨을 사용할 수 있다. 이러한 환경에서 지성적 위험은 지적으로 정직할 수 있는 능력을 의미할 수 있다. 심리적 위험은 조직의 심리적 안전성을 의미할 수 있다.
라벨을 선택하는 것은 그룹 활동으로 할 수 있다. 그런 다음 그룹 구성원들의 위험 성향을 작성한 후 조직 전체의 강점과 약점에 대해 토론을 진행하라. 또한 법무, 재무와 같은 핵심 그룹에게 위험 프로필을 작성하도록 요청한 다음 다른 그룹이 그 프로필을 살펴보면서 서로의 인식에 대한 피드백을 제공할 수도 있다.

어떤 위험은 장점과 단점이 혼재되어 있을 수 있다. 예를 들어, 경영적 위험 내성이 높으면 혁신을 촉진할 수 있지만 실수에 노출될 수도 있다. 총체적인 위험 프로필을 파악하면 조직의 발목을 잡거나 조직에 도움이 될 수 있는 요소를 다루는 방법에 대해 더 풍부한 대화를 나눌 수 있다. 예를 들어, 한 대형 제조업체는 최근 기업 캠퍼스에서 생산을 확장해야 했지만 재무적 위험 회피로 인해 다른 회사에 임대했던 공간의 반환을 너무 오랫동안 미뤄서 근로자를 고용해도 일할 곳이 없었다. 결국 제품을 늦게 납품하여 고객들의 불만을 샀다. 위험 회피 성향에 대해 대화를 나누면서 그들은 재무적 위험 회피 성향이 궁극적인 목표를 달성하는 데 걸림돌이 되고 있다는 사실을 깨달았다.

위험도 측정기를 가족에게도 적용할 수 있다. 우리 막내는 낯선 사람과 프랑스어로 대화하는 것이 어색하지만 전혀 두려워하지 않는다! 이런 모습을 보면 부모인 우리도 낯선 사람에게 외국어로 조금 더 용감하게 다가가고 싶어진다.

연인으로서, 가족으로서, 팀의 동료로서 위험에 대한 성향을 공유하는 시간을 가질 때 우리는 협업이 잘 이루어지는 방식을 확인할 수 있다. 이는 우리가 당연하게 여겼던 성격적 강점을 인식하는 강력한 순간이 될 수 있다.

11장

개인적 실제 옵션

"불확실성 속으로 들어가지 않으면 새로운 것을 발견할 수 없습니다.
과학은 불확실성으로 가득 차 있습니다."

– 벤 페링가[Ben Feringa]

성공하려면 모든 것을 쏟아부어야 한다고 생각하는 사람들이 많다. 하지만 연구에 따르면 모든 걸 한 바구니에 담는 것은 오히려 성공 가능성을 떨어뜨리고 불안감을 증폭시킬 수도 있다. 한 가지에 올인하기보다는 다양한 관심사와 포트폴리오를 추구하는 것이 훨씬 더 효과적인 전략이 될 수 있다. 두 가지 이상의 직업적 관심사, 프로젝트 혹은 취미를 가지고 개인적 실제 옵션Personal Real Option 접근 방식을 채택하면 뭔가가 잘 풀리지 않을 때 불안감을 줄일 수 있다. 또한 자신의 성격이나 잠재력의 의미 있는 측면을 놓쳐 후회할 가능성도 줄어든다.

인접한 가능성이 발견되기를 기다리는 기회라면, 개인적 실제 옵션은 관심사, 직감, 취미, 프로젝트의 우선순위를 정하고 앞으로 나아가는 데 도움이 되며 궁극적으로 인접한 가능성을 현실화할 수 있도록 해준다. 개인적 실제 옵션이라는 용어는 노벨상 수상자인 벤 페링가Ben Feringa와의 인터뷰에서 처음 사용했다. 1999년, 페링가는 머리카락보다 1만 배 가느다란 분자 기계를 만드는 방법을 발견하여 과학적으로 획기적인 돌파구를 마련했다. 이 기술은 향후에 인체의 혈관을 돌아다니며 질병 요인을 제거하는 초소형 기계를 만들거나, 집 안의 파이프를 내부에서 수리하거나, 휴대폰 배터리 용량을 늘려 한 번 충전으로 몇 주 동안 성능을 지속하는 데 사용될 수 있다.

페링가에게 노벨상 수상에 이르는 과정에서 불확실성에 직면한 적이 있냐고 묻자, 그는 눈빛을 반짝이며 대답했다. "불확실성 속으로 들어가지 않으면 새로운 것을 발견할 수 없습니다. 과학은 불확실성으로 가득 차 있습니다!"

"학생들이 불확실성에 대처할 수 있도록 어떻게 도와주시나요?" 네이선이 물었다.

"확실성을 추구하면 잘못된 길로 빠지거나, 성공하지 못할 프로젝트에 너무 오래 매달리거나, 성공할 것 같지만 흥미롭지 않은 프로젝트에 너무 오래 몰두하게 됩니다." 그가 설명했다. 그렇기 때문에 그는 학생들에게 한 번에 여러 프로젝트를 진행하도록 지도한다.

"서 있을 수 있는 발이 하나뿐이라면 궁극적으로 실패할지라도 실패하고 싶지 않다는 생각에 끝까지 달려갈 것입니다. 여러 경로와 여러 프로젝트를 통해 불확실성의 포트폴리오에서 어느 정도 확실성을 확보하는 것이 좋습니다. 저는 학생들에게 위험한 프로젝트와 덜 위험한 프로젝트를 적어도 하나씩 가지고 있어야 일이 잘 진행될 거라는 확신을 가질 수 있다고 조언합니다."

페링가는 고대 그리스 시대까지 거슬러 올라가는 지혜를 직관적으로 활용했다. 밀레투스의 철학자 탈레스는 그 지역의 올리브 압착기 옵션을 구입했다. 계산 결과 수확량이 많을 것으로 예상되면 탈레스는 봄에 소액의 돈을 지불하고 가을에 압착기를 사용할 수 있는 권리를 갖지만 의무는 아니었다. 올리브 농사가 풍작이 되자 그는 올리브 압착기 독점권을 통해 큰돈을 벌었다. 금융에서 흔히 사용되는 용어인 옵션은 위험을 감수하는 데 중요한 도구가 될 수 있다. 영화 <빅 쇼트^{The Big Short}>에 등장하는 투자자 마이클 버리^{Michael Burry}는 모기지 디폴트 옵션(주택 담보 증권이 부도가 났을 때 돈을 돌려받을 수 있는 권리)을 구매하여 2008년 대침체기에 7억 달러를 벌었다.

옵션 접근 방식은 모든 것을 걸었다가 모든 것을 잃거나 과감하게 도전하지 않아서 완전히 실패할 위험을 줄여준다. 세계 최대 반도체 회사 중 하나인 퀄컴의 혁신 책임자였던 리카르도 도스 산토스$^{Ricardo\ dos\ Santos}$는 자신의 경험을 회고하면서 이렇게 설명했다. "제가 사람들에게 단 한 가지를 가르칠 수 있다면, 그건 '탐색'이라는 단어일 것입니다. 저는 경영진이 서버 칩과 같은 분야의 기회에 대해 성급한 분석을 하고, 100명의 엔지니어를 프로젝트에 투입했다가 겁을 먹고, 100명의 엔지니어를 프로젝트에서 철수시키고, 경쟁사가 그 일을 할 때까지 몇 년을 기다렸다가 다시 100명의 엔지니어를 투입하는 걸 지켜보았습니다." 도스 산토스는 탐색적 접근 방식을 채택하여 소수의 엔지니어를 투입하고 프로젝트가 어디로 나아갈 수 있는지 실험하는 게 더 바람직하다고 말한다. 그는 레스메드의 혁신 인큐베이터 책임자로서 이러한 지혜를 아이디어의 단계에 따라 사내 기업가를 모집하는 것에 적용했다. 아이디어의 초기 탐색이 필요한 단계에서는 계약직으로 채용하고, 아이디어가 유망해 보이면 안식년(1년 동안 직장을 쉬는 것)을 제공한 다음, 주요 위험과 장점이 확인되면 정규직으로 채용하는 방식이다.

실증적 연구 결과는 이러한 개인적 실제 옵션의 지혜를 뒷받침한다. 새로운 스타트업의 절반 이상이 본업을 유지하면서 부업으로 뭔가를 시작하는 하이브리드 기업가들에 의해 만들어진다. 전업으로 새로운 벤처에 뛰어들기 전에 하이브리드 기업가로 먼저 시작하는 사람들은 실패할 확률이 33퍼센트나 낮았다. 이들의 성공 확률이 높은 주요 이유 중 하나는 불확실성으로 인한 스트레스를 덜 받고 무엇이 효과가 있는지 발견할 시간이 더 많기 때문이다. 펠리시아 조이^{Felicia Joy}는 직장을 그만두고 파트너와 함께 벤처 사업을 시작했지만 6개월 만에 자금이 바닥나 새 직장을 구해 생활비를 충당해야 했다. 조이는 이렇게 회상한다. "실패는 저를 뿌리째 흔들었지만, 한편으로는 저에게 포기하지 않는 용기와 현명하게 대처해야 한다는 교훈을 일깨워주었어요." 이후 그녀는 여성 기업가를 지원하는 벤처기업인 CEO 미디어를 설립했고, 이번에는 회사가 자립할 수 있을 때까지 직장을 유지하며 성공에 필요한 시간을 투입했다. 하이브리드 접근 방식은 미지의 영역에 작은 발걸음을 내딛어 그곳의 상황을 파악하고 향후에 더 큰 성공을 거두는 데 도움이 될 수 있다. 네이선의 연구에 따르면 파격적인 기술을 도입하는 기업들은 하이브리드 접근 방식으로 더 효과적으로 미래를 준비하고 있었다. 이 방식은 개인에게도 적용 가능하다.

개인적 실제 옵션은 올인 위험으로 인해 발생할 수 있는 여러 역기능적 행동을 피하는 데에도 도움이 된다. 매몰 비용 편향, 확증 편향, 몰입의 상승과 같은 편향을 밝혀낸 많은 연구는 올인하는 것의 위험성을 강조한다. 한 실험에서 MBA 학생들은 두 사업부 중 하나에 투자하도록 요청받았다. 처음에 투자한 사업부가 손실을 본 것으로 드러나자, 학생들은 다음 라운드에서 성공한 사업부보다 실패한 사업부에 오히려 더 많은 돈을 투자했다. 또한, 결과에 대해 개인적으로 책임이 있다고 생각하면 손해를 본 투자금을 회복하기 위해 이전보다 더 많은 돈을 투자했다. '몰입의 상승'이라고 알려진 이 효과는 실제 상황에도 많은 영향을 끼쳤다. 예를 들어, NBA 농구팀은 드래프트에서 고액 연봉을 지급한 선수가 성적이 저조하더라도 더 많은 출전 시간을 부여했다. 베트남 전쟁에서 조지 볼George Ball 국무부 차관은 이렇게 예측했다. "일단 대규모 사상자가 발생하면 돌이킬 수 없는 과정을 시작하게 될 것입니다. 우리의 개입이 너무 커서 국가적 굴욕 없이는 완전한 목표 달성을 포기할 수 없을 것입니다."

페링가의 조언처럼 모든 달걀을 한 바구니에 담지 않는 것이 개인적 실제 옵션 접근법의 핵심이다. 이 접근법의 가치는 과학이나 비즈니스뿐만 아니라 모든 프로젝트에 적용된다. 작가 로알드 달Roald Dahl은 『럭키 브레이크Lucky Break』라는 에세이에서 대부분의 작가가 생계를 유지하기 위해 여러 가지 일을 한다고 말했다. 달은 작가로서의 경력을 쌓기 전까지 쉘 오일Shell Oil 등 여러 직장에서 일했다. 마찬가지로 빅토리아 시대의 왕성한 작가인 앤서니 트롤로프Anthony Trollope는 수십 년 동안 우체국에서 일하면서 매일 아침 5시 30분부터 8시 30분까지 출근 전에 글을 썼고, 35년 동안 49편의 소설을 발표했다! 트롤로프는 이렇게 강조했다. "창의적인 일은 '평범한 노동자의 평범한 일'이어야 한다. 그러면 엄청난 노력이 필요하지 않다. 작가는 이마에 젖은 수건을 묶을 필요도 없고, 30시간 동안 움직이지 않은 채 책상에 앉아 있을 필요도 없다."

꿈에 대한 개인적 실제 옵션

우리는 불확실한 프로젝트에 올인할 때의 함정에 초점을 맞추었지만, 사실 우리 대부분은 정반대의 문제를 안고 있다. 우리는 모든 것이 확실해지면 정말로 하고 싶은 일을 시도할 거라고 스스로에게 다짐한다. 이러한 지연된 인생 계획은 불확실한 선택에 올인하는 것만큼이나 개인적 실제 옵션의 원칙에 어긋난다. 학업이나 경력을 시작할 때와 같이 인생에서는 적절한 시점을 기다려야 할 때가 있다. 그때 우리는 가능성을 향해 한 걸음씩 나아갈 수 있다. 네이선이 박사 학위를 취득하는 동안 자금이 거의 없었지만 수재녀는 어쨌든 의류 브랜드 사업을 시작했다. 그녀는 거울을 보며 "더 기다려야 할까?"라고 물었다고 회상한다. 우리는 학자금 대출을 받아 비좁은 캠퍼스 기숙사에서 네 명의 자녀와 함께 살고 있었다. 하지만 돌아온 대답은 "아니, 지금 시작해"였다. 그건 정말 잘한 결정이었다! 그녀는 실리콘밸리의 도전 정신에서 영감을 받았을 뿐만 아니라 디자인과 제조에 대해 배웠고, 놀라운 여성 기업가 네트워크에 합류했으며, 네 아이를 키우면서 창의적이고 보람 있는 일을 찾아냈다.

우리는 같은 학교 영문학과에 재직 중인 두 교수의 사례 연구를 통해 기다림의 위험성을 관찰했다. 여름에는 유럽에서 생활하며 카페에서 글을 쓰고 가을에는 미국 중서부 대학으로 돌아와 가르치는 것이 두 교수 모두의 꿈이었다. 교수 중 한 명인 친구 에릭 프리즈^{Eric Freeze}는 어학연수 고등학생들을 위한 여름 프로그램을 감독하는 별 볼 일 없는 일을 맡으면서 일찌감치 그 꿈을 시작했고, 몇 년 뒤에는 니스에 있는 저렴한 아파트를 구입하여 아내와 함께 수리한 후 나머지 기간을 임대했다. 에릭은 무료 항공권 포인트를 적립할 수 있는 신용카드를 이용하고, 식료품비를 줄이기 위해 작살 낚시를 배웠다. 현재 그는 브리치 출산^{breech birth} 분야의 세계적 전문가인 아내 릭사와 네 자녀와 함께 때로는 프랑스 니스에서 때로는 프랑스 중서부에서 생활하고 있으며, 그 이야기를 유쾌한 회고록인 『프렌치 다이브^{French Dive}』에 담았다.

모든 것이 완벽하게 이루어지기를 기다리면서 여전히 유럽에서의 멋진 생활을 꿈꾸고 있는 다른 교수의 질투만이 프리즈가 경험한 가장 어려운 일이었다. 프리즈가 차분히 현실적인 방안을 마련하는 동안 다른 교수는 종신 재직권을 받고 여유 자금을 모아 좀 더 유연성을 발휘할 수 있는 화려한 보직에 앉으면 모든 것이 한꺼번에 이루어질 거라고 믿었다. 프리즈는 처음부터 프랑스에 대한 구상을 낮은 단계에서 시작함으로써 유럽의 실제 옵션의 혜택을 계속 누려왔다. 때때로 적은 급여를 받는 등 많은 희생이 필요했지만, 수년에 걸쳐 이 꿈은 추진력을 얻었고 이제는 확고한 옵션이 되었다. 최근에 프리즈 부부는 임대료로 추가 수입을 올리기 위해 아파트 아래층을 매입해 임대를 위한 리모델링을 시작했다.

개인적 실제 옵션을 개발하는 가장 좋은 방법 중 하나는 부업 프로젝트^{side project}로 시작하는 것이다. 이는 두 렉처스의 훌륭한 가이드북인 「부업 프로젝트 보고서^{The Side Project Report}」에 나오는 명칭이다. 이 보고서에서는 오래된 기술의 매력을 좋아하는 사이클리스트를 위한 기발한 아날로그 속도계인 오마타의 공동 창업자 리스 뉴먼^{Rhys Newman}의 이야기를 들려준다. 뉴먼은 유럽과 실리콘밸리에서 수년간 디자이너로 일했고, 노키아에서 고급 디자인 책임자였던 그는 회사에서 일하는 동안에도 책상 주변에 기계 장치 도면을 붙여두고 조금씩 작업을 했다. 11월의 어느 날 열린 한 파티에서 뉴먼은 개인 기업을 운영하는 친구들에게 직장을 그만두고 사업을 시작하라는 말을 들었다. 그러나 세 자녀를 부양해야 하는 뉴먼과 그의 아내 나오미에게 사업은 너무 두려운 선택지였다. 2주 후, 노키아는 프로젝트를 취소하고 그를 해고했다. 정리해고는 뉴먼에게 오마타를 주요 프로젝트로 삼을 수 있는 자극제와 활주로가 되었다.

뉴먼은 부업 프로젝트의 시작에 대해 유용한 조언을 들려준다. 첫째, 저녁식사 시간에 치울 필요가 없는 공간을 프로젝트에 활용하라. 둘째, 여러분 자신을 위한 시각적 알림을 만들어라. 셋째, 지금 하고 있는 다른 일들이 부업 프로젝트에 어떻게 기여할 수 있는지 살펴보라. 넷째, 누군가가 아이디어를 도용할 희박한 가능성보다 조언과 도움을 얻는 것이 훨씬 더 중요하므로 두려워하지 말고 이야기를 나눠라.

때로는 부업 프로젝트로 인해 주된 업무와 하고 싶은 일 사이에 갈등이 생길 수 있다. 하지만 이런 어려운 상황에서도 개인적 실제 옵션을 개발할 수 있는 창의적인 방법이 있는지 살펴보라. 직장에서 안식년을 갖거나, 아르바이트를 하거나, 저녁에 수업을 들을 수도 있다. 물론 이 중 어느 것도 쉬운 일은 없고 해답이 항상 간단한 건 아니지만, 개인적 실제 옵션을 추구할 수 있는 권리는 스스로 자유롭게 부여할 수 있다.

모든 옵션에 동등한 관심을 기울이지는 않더라도 각각의 프로젝트 또는 옵션을 계속 주시해야 한다. 자아에 가치를 더하는 일이라면 시간과 공간을 부여받을 자격이 있다. 다음은 옵션 간의 균형을 맞추는 몇 가지 방법이다.

1. 열정을 확인하라. 부업 프로젝트 보고서의 원작자 데이비드 히어트는 몇 달에 한 번씩 잠시 멈춰서 스스로에게 물어볼 것을 권장한다. "이 프로젝트가 내가 투입하는 노력에 대해 여전히 충분한 가치를 제공하고 있는가? 나는 여전히 이 프로젝트에 흥미를 느끼고 있는가, 아니면 귀찮은 일이 되어 버렸는가? 나는 여전히 충분히 가치가 있을 만큼 배우고 있는가? 아무도 이 프로젝트에 대해 알지 못하더라도 내가 이 일을 계속할 것인가?"

2. 공간을 설정하라. 아무것도 하지 않으면 프로젝트는 존재할 수 없으므로, 프로젝트가 여러분의 삶에서 중요성을 가질 수 있도록 품위 있는 공간을 마련하라. 서랍이나 선반, 폴더에 영감, 아이디어, 할 일의 목록, 해당 프로젝트와 관련된 조사 자료를 모을 수 있다. 자료를 잘 정리하고 편리하게 보관해 두면 프로젝트가 여러분의 삶에서 차지하는 위치를 존중할 수 있을 뿐만 아

니라 시간이 허락할 때마다 빠르게 시작할 수 있다.

3. 계획표를 작성하라. 프로젝트 회의를 계획하고 그 시간을 이용해 조사하고, 생각하고, 메모하고, 다른 사람과 토론하라. 마감일을 정하고 그 기한을 지켜라. 때로는 현재 수행하고 있는 주된 업무와 부업 프로젝트 사이에 다리를 놓아 두 가지 모두에 도움이 되는 일을 할 수도 있다. 개인적 실제 옵션에 대해 책임감을 느끼는 친구를 찾으면 서로가 구체적인 실행 항목을 추진하도록 독려할 수 있다.

4. 아무것도 하지 않는 것을 피하라. 옵션은 작은 것부터 시작해도 충분하다. 자연 속에서 성장하는 평온함을 경험하지 못한 도시 성인들 사이에서 야외에서 시간을 보내려는 경향이 점점 커지고 있다. 자동차나 텐트에서 독립적인 생활을 하는 사람은 거의 없다. 하지만 여름 캠핑 여행을 계획하거나, 많은 물품이 필요하지 않은 반나절 하이킹을 떠나거나, 주말 동안 인터넷이 없는 오두막을 빌리는 것은 가능하다. 가볍게 읽을 수 있는 책 『아웃사이더: 새로운 아웃도어 창의성』은 자연과의 연결이 "당신이 사용하는 장비를 통해 에드먼드 힐러리Edmund Hillary의 복고풍의 미학을 포착하는 것"처럼 작은 것에서부터 시작될 수 있다고 독자들에게 유쾌하게 말한다. 자연을 존중하고 즐기는 것 외에 다른 규칙은 없다.

5. 개인적 스컹크 웍스Skunk Works를 만들어라. 여러분 중 일부는 좀 더 급진적

인 방법으로 노력에 박차를 가할 준비가 되어 있을지도 모른다. 직원들이 규정에 구애받지 않고 빠른 속도로 중요한 작업을 수행했던 록히드마틴Lockheed Martin의 비밀 조직인 스컹크 웍스에서 힌트를 얻을 수 있지 않을까? 이 조직은 143일 만에 U2 스파이 비행기를 만들었고, 지금도 가장 빠르고 가장 높이 하늘을 나는 유인 항공기로 남아 있는 SR-71 블랙버드를 만들었다. 이와 비슷한 방식으로 여러분도 개인적 실제 옵션 중 하나를 테스트하기 위해 몇 달 동안 직장을 쉬거나 빠른 속도로 일할 수 있는 공간을 마련할 수 있지 않을까?

6. 타이밍을 존중하라. 타이밍은 실제로 존재하며 어떤 옵션은 적절한 때를 기다려야 한다. 네이선은 몇 가지 프로젝트를 추진하기 위해 경력 후반까지 기다려야 했다. 이케아의 지속가능성 혁신 책임자인 호안 노르드크비스트 Håan Nordkvist는 이렇게 말한다. "때로는 서랍에 넣어두었다가 그것이 옳은 일이라면 다시 꺼내야 할 때도 있습니다. 우리는 자신의 아이디어와 무관한 외부 환경에 살고 있습니다. 그 아이디어는 오늘 실행되지 않더라도 향후 언제든 실행될 수 있습니다." 진행하다가 중단한 옵션이 여전히 가치 있는 것으로 판명되는 경우가 종종 있다.

불확실성 균형추

> "인생은 자전거를 타는 것과 같다.
> 균형을 찾으려면 움직여야 한다."
>
> – 앨버트 아인슈타인^{Albert Einstein}

우리는 혁신가들이 불확실성과의 관계에 대해 말하는 것과 실제로 무대 뒤에서 하는 일 사이에 놀라운 차이가 있음을 관찰했다. 불확실성에 대해 어떻게 생각하는지 물었을 때 "불확실성을 사랑한다" 또는 "불확실성을 위해 산다"와 같이 다소 무겁고 공감하기 어려울 수 있는 대답을 들었다. 하지만 조금 더 자세히 살펴보면, 불확실성을 사랑한다고 답한 사람들 중 상당수가 삶의 다른 부분에서는 확실성을 확보하기 위해 의외로 많은 노력을 기울이고 있었다. 습관, 일상, 의식, 물건, 유머, 관계 등의 형태로 불확실성의 균형을 잡아주는 이러한 요소들은 그들이 직면한 미지의 상황에 대응하거나 균형을 맞추는 역할을 했다.

샘 야건은 「타임」이 선정한 가장 영향력 있는 100인 중 한 명으로, 스파크노트, 오케이큐피드 등 네 회사의 설립자 또는 공동 창업자이며, 매치닷컴이 틴더로 업계를 뒤흔들었던 시기에 CEO를 역임했다. 야건에게 불확실성에 대해 묻자 그는 대담하게 말했다 "저는 불확실성을 좋아합니다. 불확실성은 저에게 커다란 원동력입니다." 하지만 그의 삶의 다른 부분에 대해 묻자, 야건은 다른 부분에서는 불확실성을 최소화하기 위해 노력하고 있다고 밝혔다. "저는 드라마틱하지 않은 관계, 안정감 등에 끌립니다. 제 가장 친한 친구는 중학교와 고등학교 친구들이에요. 고등학교 때 만난 여자친구와 결혼했어요. 저는 모호함을 자연스럽게 받아들이는 편이지만, 직업에서 모호함을 많이 접하다 보니 삶의 다른 영역에서는 모호함을 덜 찾게 되는 것 같습니다."

익숙한 요소가 있으면 사람들이 낯선 것을 받아들이는 데 도움이 된다는 것은 잘 알려진 사실이다. 공학자들은 사람들이 새로운 기술을 받아들이는 데 도움이 되도록 오래된 기술의 친숙한 요소인 스큐오모프[skeuomorph](기능적으로 불필요한 경우라도 유사한 다른 물건에서 모방한 디자인)의 형태로 수 세기 동안 이러한 경향을 활용해 왔다. 예를 들어, 전자상거래 사이트는 오프라인 소매점처럼 장바구니 아이콘을 사용하고, 디지털카메라는 아날로그 카메라의 셔터처럼 딸깍 소리를 내며, 이메일은 편지봉투 아이콘으로 표현하고, 초기 디지털 메모장은 실제 종이처럼 보였다(원래 아이폰 노트는 노란색 용지와 비슷했다). 이러한 요소는 미지의 대상을 익숙한 것과 연결하여 더 편안하게 받아들이도록 하는 것 외에는 어떤 기능적 목적도 없다. 실제로 토머스 에디슨은 전기 조명 시스템을 도입할 때 사람들이 더 쉽게 받아들일 수 있도록 전구의 밝기를 가스등의 밝기에 맞춰 일부러 어둡게 만들었다.

이와 마찬가지로 불확실성 균형추를 사용하면 삶에서 미지의 상황에 직면하는 데 도움이 될 수 있다. 불확실성 균형추는 습관이나 일상 등 다양한 형태로 나타난다. 예를 들어, 노바티스[Novartis]의 디지털 가속화 연구소에서 새로운 사내 스타트업의 창업을 담당하는 수장이었던 린제이 타우버[Lindsay Tauber]는 우리와의 인터뷰에서 "저는 아침 식사로 불확실성을 먹어요!"라고 대답했다. 좀 더 자세히 물어보자 그녀는 특이한 습관을 몇 가지 공개했다. "여행할 때 항상 같은 비행기의 같은 좌석을 선택하고, 같은 호텔에 묵고, 아침 식사로 항상 같은 그래놀라를 먹어요." 위험하고 대담한 색상 조합으로 유명한 패션 디자이너 폴 스미스[Paul Smith]는 여행할 때마다 같은 호텔, 심지어 같은 방에 투숙한다. 예술가 조지아 오키프[Georgia O'Keeffe]는 같은 시간에 일어나 같은 아침 식사를 먹고, 애플의 공동 창업자 스티브 잡스는 평생 입을 수 있을 만큼의 검은색 터틀넥으로 가득 찬 옷장을 가지고 있었다. 사물도 불확실성의 균형을 잡아주는 역할을 할 수 있다. 건축가 안도 다다오 Tadao Ando는 "미지의 세계에서 살아남기 위해서는 꺾이지 않는 열정이 필요하다"고 말하면서 자신이 아끼는 만년필, 타자기, 봄의 벚꽃, 즐겨 투숙하는 파리의 호텔 달랑테르를 예로 들었다.

의식을 불확실성 균형추로 활용하는 사람들도 있다. 1914년 인류학자 브로니스와프 말리노프스키Bronislaw Malinowski는 뉴기니 트로브리안 제도의 주민들이 의식을 거행하는 것을 관찰했다. 주민들은 익숙한 바다에서 낚시에 성공할 수 있는 비결이 낚시 기술 때문이라고 여기고 낯선 바다에서 낚시를 할 때는 자신감을 얻기 위해 의식을 거행했다. 의식을 무시하고 싶을 수도 있지만, 최근 연구에 따르면 대학생의 거의 70퍼센트가 큰 시험을 앞두고 작은 의식을 수행하며, 운동선수도 비슷한 비율로 큰 경기를 앞두고 의식을 수행한다고 대답했다. 다양한 연구와 실험을 통해 알 수 있는 것은 이러한 의식이 쓸데없이 요란한 행위가 아니라 불확실한 상황에서 우리가 불안감을 극복하는 데 도움이 된다는 사실이다.

연구에 따르면 유머도 불확실한 상황에 대처하는 데 유용할 수 있다고 한다. 1848년 독일 혁명에서 유래한 용어인 교수대 유머Gallows humor는 스트레스가 많고 불확실한 상황에 대처하기 위한 방법이다. 구급대원 벤자민 길모어는 업무 중 스트레스와 불확실성에 대처하기 위해 교수대 유머를 자주 사용했다고 회상한다. 그는 긴급 출동 상황에서 심장 정지 상태인 남성이 의식을 잃고 TV 앞에 쓰러져 있는 걸 발견했다. 대원들이 정신없이 환자를 살리려고 애쓰는 동안 환자의 아내는 눈물을 흘리며 이렇게 말했다. "당신이 그 프로그램을 좋아하지 않는 건 알았지만 그렇게까지 싫어할 줄은 몰랐어요." 사회학자 안토닌 오브르들릭[Antonin Obrdlik]에 따르면, 겉으로는 괴팍하게 보이지만 교수대 유머를 구사하는 능력은 "힘이나 사기를 나타내는 지표"라고 한다. 작가 캐서린 잉그램[Catherine Ingram]은 가수 레너드 코헨[Leonard Cohen]이 교수대 유머의 대가였다고 회상하며, 그 힘은 "정원에서 차를 마시고 있을 때 먹구름이 몰려드는 광경을 옆으로 흘끗 쳐다보는 것"에서 비롯된다고 설명한다. "교수대 유머를 공유할 때 친구도 같은 비극을 바라보고 있다는 사실을 아는 것도 위안이 되요. 무거운 짐을 함께 나누면 부담이 줄어드는 효과가 있어요."

관계는 불확실성의 균형을 잡아주는 가장 강력한 요소다. 컴퓨터 과학 실험에 불과했던 IBM의 인공지능 프로젝트 왓슨을 초창기부터 이끌었던 마이크 로딘[Mike Rhodin]은 "저는 불확실성을 좋아합니다. 저는 과거에 운동선수였기 때문에 스릴을 좋아합니다"라고 말했다. 하지만 불확실성에서 오는 피할 수 없는 불안을 어떻게 관리하는지 묻자 그는 매우 솔직하게 답했다. "저는 결혼한 지 30년이 되었고 아내는 아이들과 가사를 돌보는 전업주부입니다. 그런 안정감은 제가 다른 모든 과감한 결정을 내리는 데 정말 큰 도움이 됩니다." 마찬가지로 세계 최대 규모의 통신 회사에서 CEO 및 리더 역할을 수행한 고위 임원인 모튼 칼슨 소르비^{Morten Karlsen Sørby}는 "리더가 되면 삶이 더 확실해질 거라고 생각하지만 실제로는 더 불확실해진다"고 말했다. 불확실성에 대처하는 방법을 설명할 때 그도 역시 가족을 강조했다.

친구와 커뮤니티는 장기적인 관계에서 불확실성의 균형을 맞추는 데 중요한 역할을 할 수 있다. <로 앤 오더^{Law & Order}>, <워킹 데드^{The Walking Dead}> 등의 TV 프로그램에 출연한 배우 댈러스 로버츠^{Dallas Roberts}는 줄리어드 스쿨에서 교류한 커뮤니티가 직업의 불확실성을 견디는 데 얼마나 중요한 역할을 했는지 이야기했다. "저는 배우인 친구들이 모인 커뮤니티에서 서로 이메일을 주고받으며 이야기를 나눕니다. 이 커뮤니티는 다음 배역을 언제 맡게 될지 모르는 불확실성을 극복하는 데 큰 도움이 됩니다."

요컨대, 불확실성을 잘 헤쳐나간다는 것이 항상 혼돈 속에서 살아간다는 의미는 아니다. 미지의 상황에 직면했을 때 불확실성의 균형을 잡는 방법을 찾아 불안감을 줄이는 것이 더욱 바람직한 전략이다. 윈스턴 처칠 전 영국 총리는 '상상했지만 아직 실현하지 못한 운명' 속에서 10년 동안의 불확실성을 견뎌내기 위해 이러한 균형추를 활용한 대표적인 사례이다. 처칠은 이미 인생에서 많은 불확실성에 직면해 있었으며, 어린 시절 선생님들은 그를 "게으른 꼬마"라고 불렀다. 사관학교 입학시험에 두 번이나 떨어지고 겨우 기병대에 합격했지만, 처칠의 아버지는 기병대를 2류라고 무시했고 아들을 "사회적 낭비자이며 수백 명의 공립학교 실패자 중 한 명"이라고 단정했다. 처칠은 다양한 정치 경력을 쌓은 후에 1차 세계대전에서 갈리폴리 공격을 지휘했지만 50만 명의 사상자를 낸 비참한 결과로 인해 그의 야망에 종지부를 찍은 것처럼 보였다.

내각과 전쟁 지휘부에서 해임된 처칠은 고향인 차트웰에서 은둔하면서 실망과 불확실성을 극복하기 위해 "벽돌을 쌓고, 연못을 만들고, 테라스를 조각하고, 정원을 가꾸고, 그림 그리기"를 시작했다. 그는 혹독한 시기를 견디는 동안 엄격하고 괴짜 같은 일정을 소화하며 글쓰기에 많은 시간을 보냈고, 제2차 세계대전이 발발하자 다시 정치 무대의 부름을 받아 결국 서구 세계의 위대한 지도자 중 한 명으로 거듭나게 된다.

2장에서 불확실성 능력과 가능성 지수를 도표화할 때 사용한 온도계 비유를 떠올려 보라. 우리는 대부분 최적의 영역(안전 영역과 공포 영역 사이의 학습 영역)이 있으며, 그 아래에서는 정체되고 그 위에서는 오류를 일으킨다. 불확실성에 대비하고 대처하는 한 가지 방법은 불확실성 균형추를 사용하여 이 최적의 영역으로 되돌아가는 것이다.

불확실성의 균형을 맞추는 두 가지 중요한 범주에는 편안함을 가져다주는 소소한 관행과 일정, 효율성을 창출하는 미리 정의된 선택(아침 식사, 옷장, 일정, 규칙적인 운동 등)이 있다. 이는 경직된 시스템을 만드는 것이 아니므로 유연하게 구성해도 된다. 균형추가 작동을 멈추면 조정하거나 제거하라. 불확실성 균형추가 가장 의미 있는 조합을 찾으려면 기존 일정의 문제점을 살펴보라.

1. 여러분의 일상을 점검하라. 의사 결정에 어려움을 겪거나 스트레스를 유발하는 시간대에 특히 주의를 기울여 하루 일정 또는 주간 일정을 기록하라.

• 새로움의 부족(전통, 기대하는 일)이나 효율성 부족(메뉴 및 집안일 계획, 반복적인 작업)으로 인해 더 많은 어려움을 겪고 있다고 느끼는가?

- 신경 쓰지 않아도 되는 반복적인 작업이 있는가?

- 결정을 내리는 데 너무 많은 에너지를 소비하고 있는가? 심리학자 배리 슈워츠[Barry Schwartz]의 선택의 역설에 관한 연구에 따르면 선택의 폭이 너무 넓을 경우 행복과 만족도가 떨어지고 심지어 마비 상황까지 초래할 수 있다.

- 불확실성에 직면하는 것을 피하기 위해 오락(TV 시청, 게임, 소셜미디어)에 많은 시간을 소비하고 있는가? 다른 방법으로 활력을 되찾기 위해 여러분은 무엇을 할 수 있을까?

- 막히는 지점이 있는가? 매일 아침 침대에서 일어나는 게 두렵다면 영양이 풍부한 아침 식사를 하거나, 영감을 주는 책을 읽거나, 최고의 모습을 연출하는 데 도움이 되는 옷을 고르는 등 자신에게 더 친절한 아침 일정을 만들 수 있지 않을까?

2. 새로운 의식을 도입하라. 가장 단순한 전통이라도 우리 삶에 위안과 의미를 가져다준다. 친구, 가족, 동호회와 함께 또는 혼자서 좋아하는 일을 할 수 있는 시간의 힘을 과소평가하지 말라. 지난 몇 년 동안 우리가 가장 좋아했던 의식은 일요일 점심으로 팬케이크 먹기, 겨울 동안 <아바타: 라스트 에어벤더[Avatar: Last Airbender]> TV 시리즈 처음부터 끝까지 보기, 중요한 이정표를 기념하기 위해 센 강을 가로지르는 다리 걷기, 격주로 조기 축구에 참가하기 등이다. 의식이 너무 많더라도 계속 지켜나가라. 의식은 여러분의 삶에 반드시 필요한 확실성을 제공한다! 뭔가 부족하다고 느껴진다면 새로운 전통을 추가하거나 핵심적인 전통을 강화하라.

3. 상황에 맞게 조정하라. 현재 직면하고 있는 불확실성의 온도에 따라서 불확실성 균형추의 필요성을 고려하라. 여러분이 불확실성 공포 영역에 놓여 있다면 정신 건강을 위해 하루 휴가를 내거나 좋아하는 일을 할 수 있도록 일찍 일을 끝내는 등 보다 적극적인 조치를 취해 균형추를 재조정해야 할 수도 있다. 선택 사항인 작업이 독이 될 경우, 처음에는 작업을 수락했더라도 점차 업무에서 제외하면 불확실성의 균형을 잡을 수 있다.

덤보 깃털

"그대는 운명대로 이곳에서 살다가
자신의 능력에 놀라 모든 것의 조상이 되고,
미래의 행복이 항상 기억할 조용하고 강인하며
축복받은 성자가 되리라."

— 데이비드 와이트 David Whyte

불확실성에 맞설 준비를 할 때는 우리가 그 일을 해낼 수 있다고 믿는 사람들과 함께 하는 것이 중요하다. 사회 심리학 연구의 전제는 결과가 우리의 자유 의지만큼이나 주변 환경에 의해 영향을 받는다는 것이다. 친구나 가족으로부터 격려를 받으면 자신감이 커진다. 우리가 누구와 무엇을 하며 시간을 보내느냐에 따라 (사실은 평범한 깃털에 불과한) '마법의 깃털'을 붙잡고 날 수 있다는 자신감을 얻은 아기 코끼리 덤보가 되기도 하고, 꿈을 가로막는 희망 파괴자가 되기도 한다.

많은 사람들이 그러하듯이 케이트 베자르^{Kate Bezar}도 자신이 제대로 된 경력을 쌓아가고 있는지 고민했다. 수년간 경영 컨설팅 분야에서 일한 후 2년간 재충전의 기회를 마련하여 수업을 듣고 새로운 일을 시도했지만, 자신이 하고 싶은 일이 하나도 없다는 걸 알게 되었다. "저축한 돈을 모두 소진"한 그녀는 어느 날 밤 "인생에서 열정을 발견하고 잠재력을 최대한 발휘하며 살아가는 멋진 일을 하는 사람들의 이야기를 읽고 싶어서" 신문 가판대를 찾았다. 그녀가 발견한 것은 "예쁜 드레스와 옷, 멋진 집과 자동차의 사진들"뿐이었다. 그날 밤 그녀는 깨달음을 얻었다. 그녀의 일기에는 새로운 의지가 고스란히 담겨 있다. "내가 뭘 해야 할지 알겠어. 영혼과 열정, 마음이 담긴 잡지를 만들 거야. 물질적 소유가 아니라 경험과 성취감, 그리고 그 모든 마법 같은 것들을 통해 풍요로운 삶을 사는 것에 대해 다룰 거야." 그녀는 우리가 위대해질 수 있다고 믿도록 영감을 주는 '마법 같은' 것들을 떠올리며 잡지 이름을 「덤보 깃털^{Dumbo Feather}」이라고 지었다.

새로운 일을 할 수 있는 자신감을 주는 덤보 깃털에는 여러 가지 종류가 있다. 사람, 장소, 물건 모두 우리가 최고의 잠재력을 발휘할 수 있도록 영감을 주는 힘을 가지고 있다. 사람들은 다른 어떤 덤보 깃털도 할 수 없는 방식으로 여러분을 믿고 격려하고 지지하며, 장소는 변화와 진정성을 일깨워주는 강력한 자극제가 될 수 있고, 소중한 물건은 힘을 북돋아주고, 여러분이 준비되어 있고, 사랑받고 있다고 느끼게 해준다. 반면에 희망 파괴자는 우리가 경계해야 할 불행한 현실이다. 따라서 우리가 할 일은 덤보 깃털을 찾아서 붙잡고, 우리 삶에서 그 마법을 발휘하도록 하는 것이다.

케냐의 츄룰루 언덕에서 우리는 이런 현실을 떠올렸다. 마사이족 가이드 쿠로이^{Kuroyi}는 우리 가족과 함께 시간을 보내면서 꿈을 이루도록 격려해 주었다. 그는 조종사가 되는 것을 예로 들면서 "조종사가 되고 싶다면 조종사처럼 옷을 입고, 조종사처럼 행동하고, 조종사들과 함께 시간을 보내야 한다"고 조언했다. 그리고 "무엇보다도 자신을 설득해야 한다"고 강조했다. 우리가 그의 뒤를 따라가면서 파일럿 복장을 입는 것이 정말 변화를 가져올수 있을지 고민하자, 그는 "당신을 믿지 않는 사람들과 함께 시간을 보내지 마세요."라고 말했다. 12월의 석양 아래 선홍색 튜닉을 입고 우뚝 선 그는 그렇게 하지 않으면 어떤 일이 벌어질지 손짓으로 보여주었다. 상상의 고삐를 쥐고 있는 것처럼 두 손을 번쩍든 그는 경고에 맞춰 손목을 세 번 움직였다. "그렇지 않으면 그들은 당신을 끌어내리고, 끌어내리고, 또 끌어내릴 것입니다." 마지막에 그의 손은 무릎 아래 부자연스럽게 낮은 위치에 있었다. 우리는 멍하니 서 있었고, 그의 말이 사실이라는 걸 알았다. 쿠로이의 손짓은 사람, 장소, 사물이 우리를 일으켜 세울 수도 있고 무너뜨릴 수도 있다는 사실을 상기시켜 준다.

희망 파괴자를 식별하는 것이 때로는 쉽지만, 때로는 도움을 주려는 것처럼 위장하고 숨어 있을 수도 있다. 누군가가 진정으로 도움을 주려는 것인지, 희망 파괴자 역할을 하는 것인지 어떻게 알 수 있을까?

사라 무쇼^{Sarah Mouchot}와 니코 알라리^{Nico Alary}는 파리에서 사랑받는 레스토랑의 공동 창업자이다. 주말에는 최대 2시간 동안 기다려야만 맛있는 음식을 먹을 수 있다. 하지만 그렇게 되기까지 그들은 덤보 깃털과 희망 파괴자의 차이점을 배워야 했다.

무쇼와 알라리는 고국 프랑스를 떠나 몇 년 동안 세계 곳곳의 레스토랑과 카페에서 일하며 시간을 보냈지만 멜버른의 친근한 분위기에서 제공되는 맛있고 소박한 음식의 매력에 푹 빠졌다. 쉬는 날에는 해변에서 긴 산책을 하며 파리에서 함께 레스토랑을 여는 꿈을 꾸기도 했다. 하지만 프랑스에 돌아왔을 때 그들은 커다란 벽에 부딪혔다. 은행은 담보나 요리 학교의 정식 자격증이 없다는 이유로 돈을 빌려주지 않았다. 가족들은 그들의 계획에 의문을 제기하며 잘못될 수 있는 모든 가능성을 떠올리도록 만들었다. 무쇼는 이렇게 회상한다. "모두가 공격했습니다. 메뉴가 너무 적다고요. 우리는 요리사가 되려고 학교에 간 게 아니었어요. 우리는 무모해 보였어요." 알라리는 딜레마에 빠졌다. "나는 부모님을 사랑하고 존경하지만, 부모님의 말을 들어야 할까" 은행은 어땠을까? 르 꼬르동 블루^{Le Cordon Bleu}나 페랑디^{Ferrandi} 같은 일류 요리 학교에서 값비싼 교육을 받아야 한다고 말하는 사람들은 어땠을까?

그들은 은행이 좁은 기준을 가진 위험 회피적인 기관이라는 것을 깨달았다. 은행은 새로운 가능성에 대해 근시안적이기 때문에 아이디어의 잠재력을 보지 못하고 대출을 거부했다. 새로운 일을 하는 것에 대한 두려움뿐만 아니라 겉으로 보이는 것을 중시하는 프랑스 문화 속에서 자란 두 사람의 지인들은 공식적인 자격증에 집착했다. 부모님의 조언도 그런 상황에 맞게 받아들여야 했다. 무쇼는 이렇게 회상한다. "부모님은 우리를 사랑하기 때문에 우리를 보호하려고 애쓰셨을 뿐입니다. 그분들은 기업가가 아니라 직원으로 일해 본 경험에서 조언을 해주신 거예요." 그들의 관찰에는 연민과 지혜가 담겨 있다. 그들은 조언을 하는 사람들의 의도가 선의라 할지라도 희망 파괴자로부터 자신을 방어할 수 있도록 조언을 선별해야 했다.

반대하는 사람들의 만류에도 불구하고 무쇼와 알라리는 기꺼이 위험을 감수했다. "우리는 할 수 있다는 걸 알고 있었어요. 우리의 아이디어를 적어두었고, 낙담할 때마다 다시 초심으로 돌아갔어요." 알라리가 회상한다. 그들의 선언문은 시적이거나 장황하지 않았으며, (두 레스토랑의 이름인) 홀리벨리^{Holybelly}의 꿈과 희망에 대한 세 문장으로만 이루어져 있었다. 부정적 의견이 강했을 때, 그들은 그 선언문으로 돌아갔고 서로에 대한 우정과 믿음에 덤보 깃털처럼 의지하여 버텨냈다.

덤보 깃털이 있다고 해서 위험이나 힘든 일이 사라지는 건 아니다. 레스토랑을 열려면 전 재산을 쏟아부어야 했고, 아침 6시에 시작해서 밤 11시에 끝나는 하루 일과가 이어졌다. "하루 일과를 마치고 집에 돌아오면 너무 지쳐서 땅콩 한 줌만 먹고 잠자리에 들곤 했어요." 알라리가 회상하며 웃는다. 하지만 덤보 깃털은 자신을 믿도록 도와준다. 오늘날 무쇼와 알라리는 성공한 사업가가 되었지만 여전히 모든 메뉴, 머그컵, 티셔츠에 인쇄된 모토를 덤보 깃털처럼 소중히 간직하고 있다. "우리의 관심이 좋은 요리를 만든다." 이 단순한 아이디어는 도시 전체에 걸친 끝없는 파업과 세 차례의 코로나19 휴업 등 힘든 시기를 헤쳐 나가는 데 큰 도움이 되었다. 그들이 하는 모든 일에는 이 한 가지 원칙이 있기 때문에 마법 같은 힘이 발휘된다.

프랑스 정부가 첫 번째 코로나19 봉쇄 조치로 모든 식당을 폐쇄했을 때, 홀리벨리 레스토랑은 2주 분량의 음식을 처리할 시간이 이틀밖에 없었다. 그들은 2만 유로 상당의 준비된 음식을 이웃과 고객에게 나눠주었다. 그 행동이 만들어낸 관대함, 선의, 정성은 말로 표현할 수 없을 정도였다. 그들의 선행은 여기서 멈추지 않았다. 음식을 나눠주느라 지친 하루를 보낸 후, 그들은 집으로 돌아와서 각 음식의 조리 방법, 온도, 조리 시간 등 자세한 설명이 담긴 인스타그램 스토리를 만들었다. 마침내 음식 포장 판매를 재개하자 순식간에 파리 고객들의 주문이 쇄도했고, 해외에서 온 고객들의 응원과 환호도 이어졌다.

아이디어, 추억, 이야기는 우리가 가진 가장 강력한 덤보 깃털일 수 있다. 7장의 후회 최소화에 대한 설명에서 언급했듯이, 안정적이고 편안한 미국 생활을 벗어나 프랑스에서 일할 기회가 생겼을 때 우리는 "부모는 자녀에게 자신의 꿈을 추구하며 살아가도록 가르친다"라고 조언해주신 네이션의 할머니로부터 덤보 깃털과 같은 용기를 얻었다. 외국 생활에 대한 두려움과 정착에 대한 어려움 속에서도 우리는 그 말을 항상 마음에 간직했다. 사람이든 장소든 사물이든, 덤보 깃털의 궁극적인 교훈을 잊지 말라. 여러분에게는 이미 하늘을 날 수 있는 능력이 있으며 약간의 용기와 격려가 필요할 뿐이다.

여러분의 삶에는 덤보 깃털이 될 수 있는 사람, 장소, 사물이 많이 존재한다. 그들이 누구일지 생각해 보는 방법은 다음과 같다.

1. 덤보 깃털은 작가, 시인, 예술가, 스승, 조상 등 한 번도 만난 적이 없는 사람, 심지어 세상을 떠난 사람도 될 수 있다. 중요한 것은 그들이 여러분에게 영감을 준다는 사실이다.

2. 정체성을 형성하는 젊은 시절의 추억과 통찰력 중에서 의미 있는 방식으로 깨달음을 얻은 것을 기억하고 소중히 여긴다면 역시 덤보 깃털이 될 수 있다.

3. 미래의 바람직한 자신의 모습을 상상하는 것도 지금 올바른 선택을 하도록 도와주는 덤보 깃털이 될 수 있다. 시인 데이비드 와이트[David Whyte]는 아일랜드의 고대 성자에 관한 시에서 우리가 만들고 싶은 미래를 바탕으로 생각하고 행동하도록 격려한다. "그대는 운명대로 이곳에서 살다가 자신의 능력에 놀라 모든 것의 조상이 되고, 미래의 행복이 항상 기억할 조용하고 강인하며 축복받은 성자가 되리라." 다시 말해, 미래의 행복을 상상하고 그 행복을

위해 오늘 고귀하고 좋은 선택(결정을 내리거나, 직장을 그만두거나, 직책에 지원하는 등)을 하는 것이 덤보 깃털이 될 수 있다.

4. 용기 있게 살도록 영감을 주는 사람, 장소, 물건(기억, 사물)의 명단이나 목록을 작성하라. 덤보 깃털은 개인적인 것이므로 공유했을 때 강력한 울림을 주지 않는 한 다른 사람의 깃털을 사용할 수 없다는 점에 유의하라. 때로는 다른 사람들이 하지 못한 경험에서 덤보 깃털을 얻을 수도 있으므로 걱정할 필요는 없다. 여러분이 계속 하늘을 날 수 있도록 해준다면 그 경험은 유용하며 소중히 간직해야 한다.

5. 덤보 깃털의 콜라주를 만들어라. 영감을 주는 사람, 장소, 사물을 시각적으로 떠올리면 불확실성에 맞설 수 있는 힘과 용기를 즉각적으로 얻을 수 있다. 덤보 깃털의 정반대인 희망 파괴자는 여러분의 꿈을 방해할 수도 있다. 그들은 인간적인 경험의 일부로 존재하지만, 우리를 실망시키거나 파괴하는 정도는 완화할 수 있다.

6. 현재의 희망 파괴자들을 생각해보고 그들의 배경, 경험, 동기를 고려하라. 그들은 여러분이 하려는 일에 대한 배경지식과 경험이 있는가? 그것이 그들의 의견에 어떤 영향을 미치는가? 조언을 해주는 사람은 지친 베테랑으로서 현실에 안주하려는 사람인가, 아니면 보수적인 접근 방식을 확고하게 유지하는 사람인가, 아니면 관대하고 열린 마음을 가진 혁신가인가? 그들은 여러분

을 보호하려는 것인가, 힘을 실어주려는 것인가, 아니면 여러분을 낙담시키려는 것인가? 이러한 질문은 희망 파괴자와 잠재적으로 도움이 되는 조언자의 목소리를 구분하는 데 유용할 것이다.

정말 해로운 희망 파괴자는 최대한 피해야 한다. 여러분의 목표에 대한 그들의 개입을 거부할 수 없다면 부정적인 반응에 미리 대비하고 자신을 강화하라. 그들에게 조언을 요청하지 말고 경청하지 말라. 만약 조언을 들었을 경우에는 위의 질문을 통해 부정적 의견의 근거가 무엇인지 알아보라.

7. 우리의 건강, 판단력, 시간, 돈, 관계를 빼앗는 물건이나 중독(사물, 비디오 게임)도 희망 파괴자가 될 수도 있다. 희망을 보호하기 위해서는 독성 에너지가 흘러나오는 곳을 청소해야 한다. (자세한 내용은 8장과 26장의 성찰과 실천 도구를 참조하라.)

8. 대부분의 사람들이 직면하게 되는 가장 어려운 희망 파괴자는 우리가 저지르는 실수와 놓친 기회에 대해 끊임없이 스스로를 비난하고 수치스럽게 만드는 내면의 비판적인 목소리다. 자신의 약점이나 실패의 순간에 집착할 경우, 이러한 나쁜 기억과 부정적인 자기 대화는 영감을 주거나 동기를 부여하기는커녕 자해적이고 파멸적인 결과를 가져온다.

9. 두려움, 스트레스, 노화, 피로 등 인간으로서 겪는 신체적, 정서적 경험의 일부가 희망 파괴자일 경우, 확고한 경계를 설정하라. 작가 엘리자베스 길버

트는 두려움과의 관계를 명확하게 설정한다. 그녀는 (가장 훌륭하고 흥미로운 아이디어와 함께 나타나는) 두려움이 창의성과 "결합된 쌍둥이"처럼 보인다고 인정하면서 두려움에게 인생의 "여정"에 동행하고 목소리를 낼 수 있는 권리를 부여했지만 "투표권도 없고 운전도 하지 말 것"을 요구했다. 어떤 일에 어느 정도까지 좌절할 것인지에 대한 가이드라인을 스스로에게 제시하는 것이 중요하다. 예를 들어, 노화와 특정 나이에 할 수 있는 일과 할 수 없는 일에 대해 부정적인 생각을 가지고 있다면 가능한 일을 스스로 제한하게 된다.

10. 마지막으로, 여러분은 다른 사람의 덤보 깃털인가, 아니면 희망 파괴자인가? 혹은 둘 다인가? 여러분의 인간관계에 덤보 깃털 에너지를 가득 채워라! 다른 사람을 긍정적이고 친절하게 대하는 것이 여러분 자신에게도 활력을 불어넣을 수 있다는 사실을 명심하라.

활주로와 착륙점

라이브스크립^{Livescribe}의 공동 창업자는 테슬라, 스카이프, 바이두 등의 기업에 투자한 것으로 유명한 벤처 캐피털 회사 DFJ^{Draper Fisher Jurvetson}의 실리콘밸리 사무실에 앉아 투자 유치를 위한 프레젠테이션을 진행했다. 이 기업가는 자기 회사의 디지털 스타일러스가 어떻게 펜의 획과 오디오를 캡처하여 사용자가 메모에 펜을 터치하기만 하면 녹음된 오디오를 재생할 수 있는지 설명했다. DFJ의 전무이사인 워런 패커드^{Warren Packard}는 자세히 경청한 후 창업가 세계에서 가장 익숙한 질문 중 하나를 던졌다. "소진율이 얼마입니까?" 기업가는 숫자를 말했고, 패커드는 스타트업의 남은 현금을 소진율로 나누면서 천장을 바라보았다. "그럼 앞으로 활주로가 16개월이 남았군요?" 그가 물었다.

이 세계에 익숙하지 않은 독자들을 위해 설명하겠다. 스타트업에서 소진율^{burn rate}은 한 달에 지출하는 금액(수입을 초과하는 금액)을 의미하며, 활주로^{runway}는 남은 현금을 소진율로 나눈 값이다. 활주로란 스타트업이 현금이 바닥나기 전까지 비행기처럼 이륙할 수 있는 시간을 의미한다. 가장 중요한 스타트업 생존 전략 중 하나는 소진율을 줄이거나 활주로를 연장하여 상황을 파악하고 궁극적으로 성공할 수 있는 시간을 더 많이 확보하는 것이다.

불확실성에 대비할 때는 신중하게 전술을 채택하여 활주로를 늘리는 것이 도움이 된다. 토마스 람소이^{Thomas Ramsøy}는 유수의 비즈니스 스쿨에서 교수로 재직하던 중 자신의 전공인 응용 신경과학이 현실 세계에서 어떻게 유용하게 활용될 수 있는지 파악하기 시작했다. 그는 자신의 회사를 창업하는 꿈을 가졌지만, 기업가가 된다는 커다란 불확실성과 예측가능한 교수직의 안락함을 저울질해야 했다. 안정적인 직장을 그만두고 미지의 영역에 발을 내딛을 수 있는 자신감을 어떻게 얻었는지 묻자, 그는 "솔직히 제 개인적인 소진율을 줄이는 것이 핵심이었습니다."라고 답했다. 그렇게 함으로써 그는 자신의 회사인 뉴런즈^{Neurons}를 시작할 용기를 얻었고, 가정과 가족이 위험에 처할지도 모른다는 불안감 없이 몇 가지 실수를 할 수 있는 시간을 확보할 수 있었다. 천천히 시작한 비즈니스는 매년 10배 이상 성장하여 결국 구글, 레고, 이케아로부터 계약을 따내는 등 성공에 결정적인 역할을 했다.

가능성의 렌즈를 통해 바라보지 않으면 소진율을 낮추는 것이 암울하게 느껴질 수 있다. 사라 무쇼와 니코 알라리는 첫 번째 홀리벨리 레스토랑을 시작하기 위해 멜버른에서 파리로 이사했을 때, 성공할 수 있는 시간을 더 많이 확보하기 위해 할 수 있는 모든 것을 하고 싶었다. "최대한 저렴한 아파트를 찾으려고 노력했습니다." 알라리가 말했다. "수백 유로에 이 끔찍한 곳을 찾았던 기억이 납니다." 무쇼는 움찔했다. "정말 지독했죠."

"저는 '말도 안 돼'라고 생각했어요." 무쇼가 맞장구를 쳤다. "친구들이 고개를 절레절레 흔들며 포기한 곳이었죠."

알라리가 끼어들어 목소리를 높였다, "하지만 저는 사라에게 말했어요, '우리의 목표가 뭐지? 이렇게 하면 시작할 수 있는 최고의 기회를 얻을 수 있을 거야.' 그곳에서 많은 시간을 보내지는 않을 것이고, 레스토랑을 시작한다는 꿈이 더 중요했어요." 무쇼가 인정했다.

활주로를 더 길게 만들 수 있는 창의적인 방법이 종종 있다(또는 활용 가능한 것으로 시작하는 방법도 있다. 이에 대한 자세한 내용은 23장을 참조하라). 우리가 아는 한 기업가는 라이스 크리스피 과자를 판매할 아이디어를 떠올렸다. 포장 간식 시대가 오기 전이었기 때문에 그는 이 아이디어가 성공할지 확신할 수 없었다. 그래서 주방 공간을 직접 만들거나 임대하는 대신 소진율을 낮추기 위해 동네에 있는 마리 칼렌더Marie Callender 레스토랑 주인에게 연락하여 영업 외 시간에 주방을 사용할 수 있는지 문의했다. 그는 주문을 더 이상 감당하지 못할 때까지 레스토랑의 주방을 빌려썼다. 결국 켈로그가 그의 사업체를 인수했고, 그의 라이스 크리스피 레시피는 시리얼 상자 뒷면에 실렸다.

렌즈의 초점을 얼마나 부족한가에서 이미 얼마나 많은 것을 갖고 있는가로 전환할 수 있다면 소진율을 줄이는 것이 더 쉬울 수 있다. 국제 자연보호 사진가 연맹의 창립자인 크리스티나 미터마이어Cristina Mittermeier는 한 청년의 이야기에 매료되었다고 회상한다. 하와이의 판잣집에서 친구들과 서핑을 하며 가족에 둘러싸여 자란 청년은 이렇게 말했다. "본토에서 온 누군가가 내게 말해주기 전까지는 내가 가난하다는 사실을 몰랐어요. 저는 항상 충분하다고 생각했어요." 미터마이어는 거의 100개국을 여행한 후 행복의 약 10퍼센트만이 물질적 풍요에서 비롯된다는 결론을 내렸다. 그는 이렇게 강조한다. "우리를 기분 좋게 만드는 나머지 90퍼센트는 어디에서 오는 걸까요? 오래 지속되는 만족감은 내면에서 우러나오며 세상에서 자신의 위치를 아는 데서 시작됩니다. 만족감은 내면의 척도이고, 충분함은 마음가짐에 따라 달라지는 것 같습니다."

돈, 시간, 성공이 더 많아지면 행복해질 거라고 믿지만, 새로운 수준에 도달하면 더 많은 것을 원한다는 미터마이어의 가설은 경험적 연구에서 확인되었다. 연구에 따르면 복권 당첨자는 행운의 여신에게 적응한 후에는 다른 사람보다 행복하지 않았다. 고액 자산가와 함께 일하는 한 세무 변호사는 고객들이 여러 가지 면에서 다르지만 한 가지 공통점이 있다고 말했다. "천만 달러의 자산을 가진 사람들은 5천만 달러가 있으면 더 행복할 거라고 생각하고, 5천만 달러의 자산을 가진 사람들은 1억 달러가 있으면 더 행복할 거라고 생각합니다."

심리학자들은 새로운 긍정적 사건에 적응하고 이를 새로운 표준으로 받아들인 다음 더 많은 것을 원하는 경향을 욕망의 쳇바퀴hedonic treadmill라고 부른다. 욕망의 쳇바퀴에서 벗어나는 한 가지 방법은 이미 충분히 가지고 있다는 사실을 스스로 확인하는 것이다. 행복해지기 위해 더 많은 것을 가질 필요는 없다. 마커스 바버Marcus Barber가 주요 소비자 연구에서 "사람들이 구매 패러다임을 따르지 않으려는 새로운 태도"라고 설명한 '충분함' 운동도 같은 맥락으로 볼 수 있다. '충분함' 운동은 특히 소비자 행동의 '업그레이드'와 '교체' 모델을 뒤집는다. 이미 충분히 가지고 있다고 생각하면 자신이 가장 중요하게 생각하는 일을 할 수 있는 활주로를 더 길게 만들 수 있다.

착륙점

    때때로 새로운 가능성을 향해 나아가지 못하도록 가로막는 것은 이미 가지고 있는 것(현재의 직업, 지위, 명성 또는 계획했던 진로 등)을 잃을지도 모른다는 두려움이다. 이러한 두려움은 특히 회사에서 널리 퍼져있는데, 무난하지 않은 일을 하면 승진에 위협이 될 수 있다고 느끼는 경우가 많다. 인터뷰를 통해 우리가 파악한 가장 놀라운 점 중 하나는 가장 흥미로운 가능성을 추구하는 사람들이 실직을 두려워하지 않는다는 것이다! 어떻게 그렇게 대담할 수 있을까? 그들은 현재 직장을 잃을지도 모른다는 두려움에 사로잡히지 않고, 위험을 감수함으로써 다른 직업과 가능성, 즉 현재 직장이 아닌 다른 곳에 도달할 수 있는 더 많은 착륙점을 확보할 수 있다는 사실을 깨달았다.

    예를 들어, 네이선의 공동 연구자인 카일 넬[Kyle Nell]이 로우즈[Lowe's]에서 하급 관리자로 일하고 있을 때 대부분의 직원들은 실패로 인해 회사 경력이 단절될까 봐 혁신 프로젝트에 참여하는 것을 두려워했다. 하지만 넬은 위험을 감수하는 것에 대해 다른 관점을 취했다. "저는 지금 배우고 있는 업무를 바탕으로 다른 직장과 더 나은 직업을 구할 수 있다고 생각했습니다." 이러한 관점 덕분에 넬은 용기를 내어 동료들에게 쓸데없는 것처럼 보이는 일을 제안하고 시도할 수 있었다. "공상과학 소설 작가들을 섭외하여 5년 후 회사의 미래에 대해 '판타지 기업 소설'을 써보는 건 어떨까요?" 놀랍게도 그 제안은 고객이 증강현실과 가상현실 도구를 사용하여 리모델링을 계획하고 소통하는 방법에 대한 상당히 구체적인 프로젝트로 이어졌다.

오늘날에는 이러한 도구가 보편화되었지만 당시에는 매우 새로운 아이디어였다. 넬은 고객이 도구를 사용하여 사랑하는 집을 리모델링하는 스토리 전략을 수립한 다음 그래픽 아티스트를 고용하여 그 이야기를 담은 만화책을 만들었다. 처음에 고위 경영진은 농담이라고 생각했지만, 그 스토리가 실제로 영향력을 발휘하자 넬은 증강현실 리모델링 도구, 재고 파악을 위한 매장 내 로봇, 작업자 보호를 위한 엑소슈트 등을 개발할 수 있도록 지원을 받았고, 결국 로우즈 혁신 연구소를 설립할 수 있었다. 이런 혁신을 통해 상을 받고 돈을 벌었지만, 넬은 한 걸음 더 나아가 다른 기업들이 판타지 소설을 활용할 수 있도록 돕는 컨설팅 회사를 공동 설립하여 새로운 착륙점을 확보했고, 이 회사는 나중에 기술 발전과 혁신을 연구하는 싱귤래리티 대학^{Singularity University}에 인수되었다.

위험을 감수하면 현재 직장을 잃을 수도 있지만, 다른 곳에서 더 나은 기회를 얻을 수도 있다. 또한 위험을 감수하는 것이 현재 회사에서 더 높은 지위에 오르기 위한 열쇠가 될 수도 있다. 최근 1만 6천여 명을 대상으로 한 분석에 따르면 회사에서 혁신적인 직원들은 혁신적이지 않은 직원들보다 더 빨리 승진하고 더 많은 급여를 받는 것으로 나타났다! 착륙점을 확보하는 것의 핵심은 위험을 감수하는 일뿐만 아니라 현재 상황 너머로 시야를 넓히면 더 많은 가능성을 발견할 수 있다는 사실을 깨닫는 것이다.

마지막으로, 여러 착륙점을 확보하는 것이 개인적 실제 옵션 포트폴리오를 어떻게 풍부하게 만드는지 생각해 보라. 현재 직장을 유지하는 데 너무 집중하다 보면 다른 흥미로운 착륙점을 놓칠 수 있다. 솔직히 말하자면 실패도 새로운 도약의 발판이 될 수 있다. 실패했지만 그 실패가 여러분을 새로운 가능성으로 이끈 경험이 있는가? 네이선은 지원했던 모든 대학원 프로그램에서 탈락했을 때 몇 번의 실패를 경험했다. 하지만 그 실패를 통해 자신의 경력을 재평가함으로써 유명 전략 컨설팅 회사 근무, 스탠퍼드 박사학위 취득, 유럽에서의 생활 등 새롭고 매력적인 착륙점을 발견할 수 있었다!

활주로를 늘리기 위한 방법은 다음과 같다.

1. 소진율을 줄여라. 경제 전문가와 파이어[FIRE, financial independence, retire early] 운동(경제적 독립과 조기 은퇴)은 비용이 많이 드는 부채나 고가의 소모품을 없애는 것과 같은 기본적인 방법부터 휴가 대신 스테이케이션[staycation], 자동차 대신 자전거 타기, 쇼핑 대신 정원 가꾸기 등 더욱 창의적인 전략에 이르기까지 다양한 아이디어를 제공한다.

2. 충족감을 키워라. 미터마이어는 책임감, 유머, 유대감, 현재에 충실하기, 의미 추구 등 충족감을 만드는 핵심 요소를 제시한다. 그녀는 사회적 비교와 또래의 압력으로 인한 스트레스가 많은 제1세계에서 살면 충족감을 느끼기가 훨씬 더 어렵다고 인정한다. 그럼에도 불구하고 "어느 정도면 충분한가?"라는 질문을 매일 스스로에게 던져야 한다고 촉구한다. 그리고 관점을 전환하면 더 적은 것으로도 더 행복해질 수 있다는 사실을 깨닫고 소비자 선택의 지침으로 삼으라고 말한다. 그러면 우리의 활주로가 미래까지 뻗어나가서 다시는 돈 걱정을 하지 않게 될 것이다! 우리는 자신이 가진 것에 감사하며 더

욱 지속 가능한 삶을 살게 될 것이다.

3. 더 큰 가능성을 보라. 무쇼와 알라리처럼 우리가 만들고자 하는 가능성을 정의하면 우리를 가로막는 것들을 쉽게 놓아 버릴 수 있다. 무쇼와 알라리는 밤에 허름한 아파트로 돌아와 선언문을 적고 말 그대로 땅콩으로 저녁을 때우면서 목표를 되새겼다.

더 많은 착륙점을 구상하려면 몇 가지 단계를 수행하라.

4. 기회를 찾아보라. 어떤 역할이 가능한지, 새로운 업무를 맡게 되면 어떤 능력을 갖출 수 있는지 적극적으로 알아보라. 다른 회사에서 관련 직무를 맡고 있는 친구나 관심 있는 분야의 사람들과 커피를 마시며 이야기를 나눠보라. 어떤 일자리가 있는지 파악하는 것만으로도 도움이 될 수 있다.

5. 흔치 않은 파트너십에 참여하거나 직접 형성하라. 넬은 자신의 활동 범위가 좁아 평소에는 잘 알지 못하는 '흔치 않은 파트너'를 포함하는 다른 사람과 조직의 연결고리를 찾는 데 능숙하다. 흔치 않은 파트너를 포함하는 인맥을 구축하기 위해 노력하면서 넬은 착륙점을 살펴보는 능력이 향상되었고, 위험을 감수하더라도 반드시 착륙할 곳이 있다는 자신감이 커졌다. 흔치 않은 파트너는 다른 세상을 바라볼 수 있게 해준다. 예를 들어, 지역 스타트업 액셀러레이터에서 멘토로 자원봉사를 하거나, 관심 있는 새로운 일을 추구하는

그룹에 가입하거나, 다른 회사에서 일하는 사람을 카페에 초대해보는 것도 좋은 방법이다.

6. 개인적 실제 옵션 포트폴리오를 다시 살펴보라. 이중 실행가능한 착륙점을 제공하는 옵션이 있는가? 착륙점이라는 렌즈를 통해 포트폴리오를 바라보면 특정 옵션에 더 많은 시간을 할애할 수 있는가? 여러분은 현재 착륙할 것으로 예상되는 지점보다 다른 착륙점을 더 선호할 수도 있다.

15장

자원의 재인식

"창의력은 필요에서 비롯된다."

— 에이브러햄 매슬로우^{Abraham Maslow}

많은 사람들은 새로운 프로젝트나 아이디어를 추진하기 위한 시간, 돈, 교육과 같은 자원이 부족해서 실행에 옮길 수 없다고 생각한다. 하지만 우리가 너무 많이 가지고 있어서 간과하기 쉬운 그 무언가는 풍요로움이 가치 있는 방식으로 사용되기를 기다리고 있을 수도 있다. 마찬가지로, 때로는 우리의 발목을 잡는 제약이 오히려 창의성과 가능성을 불러일으킬 수도 있다. 우주에 알려진 모든 물질이 실제로 존재하는 물질의 약 5퍼센트에 불과하다는 최근의 발견에서 우리는 영감을 얻는다. 나머지 95퍼센트는 우리가 직접 볼 수 없는 암흑 에너지와 암흑 물질이다. 우리가 이미 소유하고 있거나 필요하다고 생각하는 자원과 문제가 있다고 생각하는 제약 조건에 대해 관심을 가지면 눈에 잘 보이지 않는 곳에 숨어 있는 가능성을 발견할 수 있다.

옥스퍼드 대학교에서 도시 디자인 학위를 취득한 후 오스트레일리아 멜버른의 도시 계획 책임자로 일하게 된 롭 애덤스Rob Adams는 수십 년에 걸쳐 쇠퇴한 도시를 되살리고 예산 없이 이를 완수해야 하는 불가능해 보이는 임무를 부여받았다. 멜버른은 1850년대 골드러시 시대에 넓은 도로로 연결된 직사각형의 큰 블록으로 도시가 형성된 곳이다. 수십 년 동안 투기꾼들은 이 블록을 더 작은 구획으로 세분화하여 각 블록에 개미굴처럼 좁은 차선을 추가했다. 시간이 지남에 따라 지저분하고 조명이 어두운 도로가 늘어나면서 낮에는 주차장으로, 밤에는 범죄의 온상이 되었다. 범죄가 증가함에 따라 도심에 근무하는 사람들은 안전한 교외로 이주했고, 넓은 대로는 텅 빈 도심의 막힌 동맥에 지나지 않았다.

애덤스는 너무 많아서 간과된 자원을 찾기 시작했다. 자동차 도로의 확산은 어떨까? 애덤스는 실험 삼아 자동차도로 하나를 철탑으로 막고 그 공간을 청소하고 관리하는 대가로 인근 카페에 사용권을 넘겼다. 레스토랑의 입장에서, 이는 면적이 두 배로 늘어나는 것을 의미했고 곧 멋진 조명이 비추는 테이블이 등장했다. 사람들이 더 오래 머무르자 거리는 더 안전해지기 시작했다. 애덤스는 더 많은 도로를 차단하기 시작했고, 어떤 도로에는 거리 예술을, 다른 도로에는 레스토랑을 장려했다. 도시의 골목길은 서서히 변화하기 시작했고, 오늘날에는 활기찬 관광명소와 멜버른의 독특한 문화유산의 일부가 되었다.

경기 침체로 인해 이미 하락한 부동산 가치가 더 떨어졌을 때, 애덤스는 원치 않는 공간을 오히려 기회로 보고 이를 반기며 기뻐했다. 당시 대부분 사람들은 호주인들이 도시에서 살기 원하지 않는다고 생각했다. 하지만 애덤스는 유럽에서 주상복합 건물(아래층은 상업용 건물, 위층은 주거용 아파트)이 인기를 끌고 있는 것을 목격했다. 그래서 그는 비어 있는 빅토리아 시대의 낡은 건물 소유주에게 이런 제안을 했다. 건물을 개조하여 복합용도 공간을 만들고, 개조 비용을 회수할 때까지 임대한 다음, 개선사항과 세입자를 포함하여 건물을 소유주에게 돌려주겠다는 것. 다른 대안이 없었기에 주인은 이를 받아들였다. 놀랍게도 사람들은 리모델링된 웅장하고 오래된 건물로 몰려들었고, 인기가 매우 높아서 애덤스는 비용을 빠르게 회수할 수 있었다. 그리고 한 번에 한 건물씩 이 과정을 반복하여 중심 업무지구가 활기찬 주거 지역이 될 때까지 이 작업을 계속해 나갔다. 2020년대에 이르자 애덤스의 팀은 650개에 불과했던 다운타운의 입주 아파트 수를 45,000개 이상으로 늘리는 데 기여했다.

마지막으로 한 가지 예를 더 들어보겠다. 애덤스는 "좋은 거리를 디자인하면 좋은 도시를 디자인하는 것"이라고 주장한다. 교통 체증으로 꽉 막힌 멜버른의 넓은 대로가 숨겨진 자원이라고 생각한 사람은 거의 없었을 것이다. 하지만 그는 차선이 뒤엉킨 대로를 천천히 보행자 공간으로 바꾸기 시작했다. 애덤스는 작은 키오스크와 매력적인 공간을 만들어 커피숍, 꽃집 등의 상인들에게 거리를 계속 주시하는 조건으로 저렴하게 임대했다. 그런 다음 그는 사람들이 앉아서 커피를 즐길 수 있도록 나무를 심고 튼튼한 야외 가구를 설치했다. 처음 시작할 당시에는 소수에 불과했던 커피숍은 현재 600여 개가 넘고 나무는 7만 그루가 넘는다. '도시 숲 멜버른Urban Forest Melbourne'이라는 앱을 다운로드하여 특정 나무에 대해 알아보거나 문제를 신고할 수도 있다. 애덤스가 상상하지 못했던 것은 이 앱이 입소문을 타고 나무들이 이메일을 통해 사랑의 편지를 받게 될 거라는 사실이었다. 대표적인 이메일은 이런 내용이었다. "오늘 세인트 메리 대학을 떠나면서 저는 나뭇가지가 아니라 당신의 빛나는 아름다움에 감동했습니다. 당신은 항상 찬사를 받을 자격이 있는 정말 매력적인 나무입니다." 멜버른은 7년 연속으로 세계에서 가장 살기 좋은 도시로 선정되었으며, 애덤스는 간과되었던 풍요로움의 가치를 발견함으로써 이러한 변화를 이끌어냈다.

애덤스가 호주인들이 도시에 살고 싶어 하지 않는다고 믿지 않았던 것처럼, 간과된 풍요로움을 인식하려면 통념에 도전해야 할 경우가 많다. 때로는 풍요의 가치를 발견하기 위해 풍부한 자원을 다른 장소로 옮겨야 할 때도 있다. 예를 들어, 1800년대에 보스턴의 아이스 킹$^{Ice\ King}$은 너무 풍부해서 아무도 가치를 인정하지 않았던 것들, 예를 들면 뉴잉글랜드의 겨울 얼음, 수많은 제재소에서 나온 톱밥, 서인도 제도로 돌아오는 텅 빈 선박 등을 연결하여 열대 기후 지역에 얼음을 공급함으로써 세계적인 기업을 건설했다. 때로는 파트너와 풍요로움을 교환하여 필요한 것을 얻을 수도 있다. 카일 넬은 로우즈의 증강현실 진출을 이끌면서 회사에 훌륭한 테스트 환경이 될 수 있는 매장이 많다는 사실을 깨닫고 구글과 같은 파트너와 기술 역량을 제공받는 대가로 매장 사용 권한을 교환했다.

우리가 간과한 풍요로움이 있을 수 있지만, 여전히 매우 현실적인 제약이 존재한다. 원하는 모든 자원을 가진 사람은 거의 없다. 하지만 때때로 제약은 다른 방식으로 일하도록 우리를 밀어붙일 수 있으며, 이는 결국 좋은 일이 될 수 있다. 마리사 메이어$^{Marissa\ Mayer}$는 구글 부사장으로 재직할 때 제품의 크기, 속도, 풍부함에 제한을 두는 등 의도적으로 팀에 제약을 가했는데, 이는 창의성을 높이기 위해서였다. "창의성은 제약을 좋아하지만 불가능에 대한 건전한 무시와 균형을 이루어야 합니다."라고 그녀는 설명한다.

마찬가지로, 데이비드 하이네마이어 한슨은 이렇게 말한다. "제약은 친구입니다. 제약은 경쟁자보다 훨씬 더 효율적으로, 그리고 다른 방식으로 일하도록 강요합니다. 스스로를 제한하고 스스로에게 제약을 가할 때, 베이스캠프를 구축할 때 제가 그랬던 것처럼 '일주일에 10시간만 일할 거야'라고 말할 때, 경쟁사보다 적게 일할 수밖에 없습니다. 마이크로소프트나 구글보다 더 많은 노력을 기울일 수는 없습니다." 한슨은 자신의 제약이 오히려 자산이 될 수 있다는 사실을 발견했다. "우리가 가장 많이 받는 피드백은 '제품이 너무 간단해서 좋아요', '시작하기가 너무 쉬워서 좋아요', '더 적은 작업을 통해 얻을 수 있는 모든 것이 마음에 들어요'라는 것입니다."

더 극단적인 제약 환경인 감옥을 생각해 보라. 재소자에게 코딩 기술을 가르치는 단체인 라스트마일^{Last Mile}의 공동 설립자 베벌리 파렌티^{Beverly Parenti}는 "제약은 곧 원동력"이라고 믿는다. 파렌티는 라스트마일을 설립하는 과정에서 교도소 내 인터넷 접속 불량, 수감자들의 낮은 교육 수준 등 수많은 제약에 직면했다. 하지만 그녀는 제약이 오히려 문제에 대해 깊이 생각하게 해준다고 믿는다.

제약은 풍부한 자원이 있을 때는 생각지도 못했던 아이디어를 떠올리게 만들어요. 점점 더 열심히 노력하게 되죠. 개인적으로 저는 제약 속에서 일하는 방법을 배우고 매우 통제된 환경에서 탐색하는 방법을 배우면서 더 좋은 리더가 되었고 더 잘 경청하는 사람이 되었으며, 조직의 상황과 문제를 새롭게 바라보는 관점을 갖게 되었어요.

제약은 자신이 하고 있는 일에 대해 더 깊이 생각하고, 그 일에 대한 가치를 발견하고, 더 큰 영감을 얻도록 압박할 수 있다. 캔버스를 살 수 없을 정도로 가난했던 예술가 장 미셸 바스키아Jean-Michel Basquiat가 자신의 이름을 남길 수 있었던 이유 중 하나는 엽서, 버려진 문, 창문, 심지어 발포 고무 조각까지 손에 닿는 대로 모든 것을 기꺼이 활용했기 때문이다. 이러한 제약은 궁극적으로 그의 작품에 인종, 계급, 부의 이분법이라는 사회적 관심을 불러일으키는 주제를 담아내도록 영향을 미쳤다.

간과된 풍요로움과 제약으로 인한 예상치 못한 혜택이 검증된 방법이나 요건의 필요성을 항상 부정하는 건 아니다. 특정 직업에 대한 신뢰성을 확보하기 위해 자격증이나 학위를 취득하는 등 시간을 들여서 노력해야 할 때도 있다. 하지만 그런 경우에도 안전한 길은 하나뿐이라는 통념에 도전해야 한다. 자신이 가진 자원을 열심히 살펴보고, 현실적으로 자원이 부족하더라도 그런 제약이 오히려 가능성의 문이 될 수 있다는 사실을 잊지 말라.

자원의 재인식은 간과된 가능성을 살펴보는 것이기 때문에 4장의 인접한 가능성에 관한 내용과 어느 정도 겹친다. 하지만 이 경우에는 풍요로움 속에 숨어 있는 인식되지 않은 기회를 찾는 일에 더욱 초점을 맞춘다. '자원'은 업무, 기술, 위치, 사람 등 다양한 대상을 의미할 수 있다. 다음 표는 이러한 자원을 탐색하는 데 도움이 되는 구체적인 질문과 몇 가지 예를 제시한다.

구체적인 질문	예시
한 번에 두 가지 일을 하거나 자신에게 두 배로 유익하도록 작업의 목적을 변경할 수 있는가?	트레이더 조^{Trader Joe}의 직원들은 일하면서 팟캐스트를 듣고 학습할 수 있다. 좀 더 개인적인 차원에서는 개를 산책시키거나 설거지를 하는 시간을 자녀와 소통하거나 오디오북을 듣는 시간으로 활용할 수도 있다.
인증이나 교육을 받지 않았더라도 여러분에게 내재된 역량은 무엇인가?	경력 초창기에 우리는 돈이 많지 않았지만 손재주가 있었다. 우리는 보스턴 외곽에 있는 작고 낡은 아파트를 구입했다. 그런 다음 수재너의 디자인 기술과 이케아의 저렴한 아이템과 우리의 손재주를 활용하여 아파트를 개조한 후 2년 후에 매각해서 수익을 올렸다.
사람들이 원하는 장소, 지식, 자원에 접근할 수 있는가?	데이비드 와이트는 해양 생물학자로 일하던 직장을 그만두고 작가가 되었을 때 영국에 있는 가족을 방문할 여유가 없었다. 그는 영국 레이크 지역에서 도보 여행을 기획하는 아이디어를 떠올렸다. 30년 동안 그는 도보 여행 안내서를 통해 경비를 충당하고, 다른 창작자들을 격려하며, 풍부한 독자 커뮤니티를 구축했다.
저평가되어 있지만 의미 있는 일에 열정적인 사람을 알고 있는가?	벙커 로이^{Bunker Roy}는 인도의 가난한 사람들에게도 시간, 능력, 욕구가 있지만 제대로 활용되지 않는다는 문제점을 파악하여 1986년에 '맨발의 대학^{Barefoot College}'을 설립했다. 오늘날 '맨발의 대학'은 주로 문맹인 여성들에게 태양열 전기 시스템 조립, 주택 건설, 치과 치료 방법을 가르치고 있으며 다른 여성들에게도 기술을 전파하고 있다.
새로운 수요를 충족하기 위해 공간의 용도를 변경할 수 있는가?	우리가 가장 좋아하는 레스토랑 중 하나는 카페의 주방을 사용하는 일종의 팝업 스토어인데, 점심 식사 후 문을 닫는다. 저렴한 임대료와 셰프의 노력 덕분에 '친구를 만찬에 초대하는 것 같은' 환경에서 멋진 식사를 할 수 있다.
제약 조건을 자산으로 전환할 수 있는가?	가장 패셔너블한 사람들은 고급 브랜드를 살 돈이 없는 경우가 많다. 하지만 자신이 감당할 수 있는 범위 내에서 창의적으로 조합하여 훨씬 더 흥미롭고 생동감 있는 패션을 완성한다.

맞춤형 삶

"당신의 꿈을 따르세요.
그리고 그것이 당신을 어디로 데려갈지 지켜보세요."

– 스티브 잡스^{Steve Jobs}

외국어를 배우는 것은 흥미로운 일이지만 좌절감, 혼란, 피로를 동반하기도 한다. 프랑스에서 6년 동안 살았고 고등학교와 대학교에서 프랑스어를 공부했음에도 불구하고 우리는 프랑스어가 유창하지 않다는 사실에 한탄하고 영화 속 미묘한 대화를 파악하기가 여전히 어렵다는 사실을 깨닫곤 한다(그 남자가 바람을 피우는 건 알겠는데 편집자와 바람을 피우는 건가요, 아니면 그녀의 친구와 바람을 피우는 건가요?). 그러나 한 가지 장점은 아이디어를 섬세하게 표현하는 프랑스어 단어를 발견하여 영어로는 할 수 없는 방식으로 이해를 풍부하게 한다는 점이다. 한 가지 예로 고객의 요구에 따라 만들어진 것을 가리킬 때 '맞춤'이라는 프랑스식 표현을 들 수 있다. 'Fait sur mesure(말 그대로 주문 제작)'라는 말은 맞춤 드레스나 주방 수납장 등 북미 영어 사용자들이 맞춤이라고 부르는 모든 것을 세 단어로 표현하는 말이다. 영어 단어는 이 개념의 진정한 힘을 놓치고 있지만, 프랑스어 단어는 선택의 자유가 주는 특별한 가치와 요구사항에 따라 뭔가를 제대로 만드는 기쁨을 강조한다.

마찬가지로 인생의 방향을 스스로 선택할 수 있다는 것, 즉 맞춤형 삶을 만들어 갈 수 있다는 것을 많은 사람들이 잊고 살아간다. 우리는 정해진 프로그램을 따르는 게 아니라 무엇을, 언제, 어디서, 왜, 어떻게 할 것인지 스스로 결정할 수 있다. 자신의 피부에 새긴 문신과 풍선 그래픽으로 기억에 남는 광고를 만든 디자이너 스테판 사그마이스터^{Stefan Sagmeister}가 좋은 예이다. 그는 "자신감이 멋진 결과를 낳는다"라는 문구가 적힌 바나나 벽을 만들었다. 이 메시지는 바나나가 숙성되면서 잠시 사라졌다가 바나나가 여러 단계로 익으면서 다시 나타났다. 뉴욕타임스의 디자인 디렉터였던 코이 빈^{Khoi Vinh}은 "어떻게 이렇게 절묘한 작품을 만들 수 있는지" 놀라움을 금치 못했다. "사그마이스터 현상"이라는 제목의 블로그 게시물에서 빈은 "그가 지쳤다거나 인생의 시간을 낭비하고 있다는 생각이 거의 들지 않는다"라고 썼다.

사그마이스터가 맞춤형 삶을 살고 있다는 건 분명하다. 하지만 어떻게 그럴 수 있을까? 인생의 모습을 신중하게 선택하면서 경력을 쌓아가는 그의 방식에서 중요한 단서를 찾을 수 있다. 사그마이스터는 사회의 통념처럼 은퇴할 때까지 기다렸다가 자신의 관심사를 추구하는 것은 한계가 있다는 사실을 직감했다. 그는 은퇴하기 전에 5년을 더 일하고 경력의 중간에 안식년을 다섯 번 갖기로 결정했다. 이후 세 차례의 안식년을 가지면서 호기심이 이끄는 곳으로 가서 자신이 좋아하는 일을 하고, 그 과정에서 만난 사람들과 협업했다. 어려움이 없었던 건 아니다. 발리에서 안식년을 보내는 동안 거의 매일 들개가 그를 공격했고, 그 좌절감을 극복하기 위해 "너무 많은 개, 너무 적은 레시피"라는 교수대 유머와 들개를 그린 티셔츠 시리즈를 제작했다.

사그마이스터가 영감을 주는 사례를 제시하기는 하지만, 맞춤형 삶을 사는 것이 우리에게는 너무 멀게 느껴질 수 있다. 하지만 유럽에서 코로나19 전염병이 처음 발생한 후 잠시 소강상태였던 2020년에 떠난 우리의 여행은 새로운 가능성에 눈을 뜨게 했다. 우리는 수재너가 태피스트리 공예 장인과 함께 가기로 한 프랑스 남부 여행을 계획했다. 봉쇄 조치에 지친 수백 명의 다른 가족들과 함께 파리를 빠져나왔을 때 우리는 햇살과 휴식을 기대했다. 우리가 미처 예상하지 못했던 것은 생각보다 훨씬 더 많은 사람들이 각계각층에서 맞춤형 삶을 살 수 있는 권리를 스스로에게 부여하고 있다는 사실이었다.

건축가 르 코르뷔지에^{Le Corbusier}의 라 투레트^{La Tourette}를 방문했을 때, 당시의 디자인 규칙을 깨트리고 인체 비례에 기반한 모더니즘 스타일을 추구하며 전통적이지 않은 수도원을 만들었던 그의 철학에서 우리의 새로운 깨달음이 시작되었다. 수도사들이 성당 입구에 십자가를 만들어 달라고 요구하자 그는 자신만의 방식으로 십자가를 만들어 주었다. 성당의 거대한 금속 문이 축을 중심으로 회전하면서 수직 빔이 되고 수평 빔이 양분되어 수도사들이 성당에 들어설 때 거대한 천상의 십자가를 이루었다.

호기심이 발동한 우리는 아르데헤 지역을 지나 숙소인 오래된 대저택 샤토^{château}로 향했고, 그곳에서 한 무리의 중년 나이의 사람들이 계단에 앉아 석양을 바라보며 이야기를 나누고 화이트 와인 잔을 기울이고 있었다. 호스트인 크리스토프 딘디^{Christophe d'Indy}는 눈을 반짝이며 계단을 내려와 우리를 맞이했고, 매력적인 프랑스 억양의 영어로 우리를 그들에게 소개했다. 작곡가 빈센트 딘디^{Vincent d'Indy}의 증손자인 크리스토프는 우리에게 오래된 샤토를 안내하면서 천천히 그의 맞춤형 인생의 윤곽을 드러냈다. 와인을 마시며 석양을 바라보던 사람들은 색다른 삶을 살기 위해 이 지역으로 이주한 그의 대가족이었고, 그 자신은 파트타임으로 호텔리어와 레이싱 카 드라이버로 일했다. 혁명 이전 시대에 지어진 샤토는 고풍스럽게 푸른 녹이 슬어 있었고, 크리스토프는 스물네 명의 페라리 소유주 손님들에게 서빙을 마치고 잠시 숨을 고르고 있었다. 하지만 그가 자신의 삶을 사랑하는 것은 분명했다. 그는 자랑스럽게 자신의 지역으로 우리를 초대했고 니스로 가는 데 4시간이 걸린다고 친절하게 알려주었다(하지만 그가 같은 경로를 운전하면 2시간밖에 걸리지 않는다는 사실을 윙크와 함께 암시했다).

4시간 후 우리는 무더운 니스에 도착했고, 11장에서 언급한 에릭과 릭사 프리즈 부부와 함께 점심식사를 할 수 있었다. 두 사람은 뭔가를 하고 싶거나 배우고 싶은 호기심이 생기면 어떻게든 실행할 방법을 찾아낸다. 둘 다 박사학위를 가지고 있으며, 그는 소설 작가이고 그녀는 브리치 출산 방법을 가르치는 세계적인 강사이다. 그는 생선을 식탁에 올리기 위해 직접 자유 다이빙을 하고, 그녀는 해로운 전통적 관행을 바꾸기 위해 국경 없는 브리치 ^{Breech Without Borders}라는 단체를 설립했다. 이들은 지중해에서 수영을 하고 알프스에서 스키를 타며 일반인보다 훨씬 적은 월급으로 세계에서 가장 물가가 비싼 지역 중 한 곳에서 살고 있다.

4장에서 소개한 예술가인 린 커런과 데이비드 스위프트를 만나기 위해 이탈리아로 향할 때쯤, 우리의 맞춤형 삶의 레이더는 이미 최고조에 달해 있었다. 우리는 그들이 토스카나 언덕 곳곳에 있는 친구들을 방문하여 빵, 밀가루, 신선한 치즈, 꿀을 구하는 등 부러운 삶을 살고 있다는 걸 이미 알고 있었다. 하지만 일주일 동안 그들과 가까이 지내면서 눈물방울 모양의 장작 난로로 따뜻하게 데워진 스튜디오, 달을 바라보는 발코니 아래 라벤더가 가득한 정원, 전 세계 친구들과 주고받은 방대한 양의 편지를 쌓아 둔 공간 등 그들의 소박한 맞춤형 삶의 모습을 직접 목격했다. 데이비드는 그들의 삶이 어떻게 돌아가는지 아무도 정확히 알 수 없다고 인정한다. 이곳에서 누구나 한 명씩은 고용하는 "회계사와 재무 상담사를 겸하는" 커머셜리스타^{commercialista}가 어떻게 그렇게 적은 수입으로 생활할 수 있는지 묻자 데이비드는 이렇게 말했다. "인생에서 중요한 것은 얼마나 많은 걸 가졌느냐가 아니라 무엇을 하느냐예요. 우리가 어떻게 그걸 관리하는지 잘 모르겠어요! 하지만 오늘은 좋았고 내일도 그럴 것이며 그것으로 충분해요." 우리가 방문하는 동안 데이비드는 언젠가 화산 근처에서 살고 싶다는 소망을 밝혔고, 통념적인 은퇴 연령에 가까워졌지만 새로운 인생을 시작했다고 확신했다. "은퇴요? 나는 이제 막 출발했어요!"

맞춤형 삶은 자신과 비슷한 사람들을 끌어들인다. 이틀 동안 린과 데이비드는 우리에게 수많은 맞춤형 삶을 소개해 주었다. 이들이 가장 좋아하는 커피를 마시는 장소인 스낵바 에소^{Esso}는 주유소처럼 보이는 건물 안에서 자랑스러운 세 형제가 운영하는 깔끔한 카페다. 커다란 에소 간판에는 기름 가격이 표시되어 있지만 몇 년 동안 주유를 하지 않았다. 이곳에서는 근사한 커피와 페이스트리 빵을 제공하고, 점심으로 맛있는 작은 식단을 제공하며, 냉장고에 훌륭한 와인을 구비하여 현지인들에게 꾸준히 서비스를 제공한다. 우리는 반딧불이 투어와 늑대 관찰을 전문으로 하는 가이드를 만났다. 수다스러운 이탈리아 가족들로 가득했던 들판에 해가 지고 난 후 그는 우리를 성 프란체스코 수도원 아래의 어두운 숲으로 안내했고, 수만 마리의 반딧불이들이 화려한 춤으로 어둠을 밝혀주었다. 아레초에서 우리는 풍자적인 박물관이라는 의미의 일 무세오 디 세 스테소[Il Museo dis Stesso]의 설립자이자 코미디언, 작가, 큐레이터인 프란체스코 마리오 로시[Francesco Mario Rossi]를 만났다. 프레스코화가 그려진 그의 아파트 옆에 위치한 박물관에는 르네상스 레이스 프릴 칼라를 입은 그의 유머러스한 초상화를 비롯해 기묘한 현대 예술품들이 전시되어 있다.

우리는 여정에서 다양한 사람들을 만났다. 언덕 위의 펜션을 돌아다니면서 멋진 영국식 영어를 구사하고 손님들에게 말을 건네는 로마 백작, 패션 업계에서 경력을 중단하고 가족과 함께 올리브 공장과 와이너리를 운영하는 마트리냐노의 여주인, 피렌체 베키오 다리 근처의 작은 골목길에서 정성스럽게 맞춤 가죽 구두를 만드는 일본인 여성, 한적한 농장 아래 계곡에서 맛있는 개울가 레스토랑을 운영하는 가족 등.

세상이 우리에게 교훈을 주려는 것 같았다. 일을 하는 데 한 가지 방법만 있는 것처럼 보이지만 스티브 잡스의 말대로 "그건 다 지어낸 이야기"다(고마워요, 스티브 잡스)! 우리는 누구나 원하는 삶을 만들 수 있다. 돈의 문제가 아니다. 사실 모든 것을 맞춤 제작할 여유가 있는 부유하고 유명한 사람들도 남을 모방하기 바쁜 경우가 많다. 세상에 하나뿐인 정교한 식기를 취급하는 상점 주인인 친구는 부유한 고객들이 온라인에서 본 독특한 식기와 똑같은 물건을 만들어 달라고 요구했던 이야기를 들려준다. 그는 사람들이 인스타그램에서 본 것과 똑같은 파티 테이블을 원한다는 이유로 같은 작가의 비슷한 물건을 거절한다는 사실에 충격을 받았다.

맞춤형 삶을 살지 못하면 후회하고 감정적으로 지치고 업무 성과가 저하될 수 있다. 연구에 따르면 선택하지 않은 길에 미련을 갖는 사람은 업무 성과가 저조한 것으로 나타났다. 2주라는 짧은 기간 동안 우리는 나이, 경력, 재산, 가족, 지역, 교육 수준에서 매우 다양한 사람들이 각자의 맞춤형 삶에 충실할 수 있다는 사실을 알게 되었다.

오해하지 말라. 맞춤형 삶은 항상 변하거나 신뢰할 수 없는 인생이 아니다. 이 사람들이 살아가는 독특한 방식은 무작위적이거나 불확실한 것이 아니라 그들이 세상을 살아가는 방법일 뿐이다! 그들은 놀라운 창의성과 기이함을 모두 갖춘 사람들이며 세심하게 준비하고 계획하여 매우 끈기 있고 실용적이고 엄격한 방식으로 현실을 살아가기 위한 준비를 마쳤다. 즉흥적이고 불확실성에 휘둘리는 맞춤형 삶을 사는 사람들도 있지만, 우리가 공유한 각 개인의 사례에서 그들은 자신의 삶에서 매우 계획적이고 열심히 일했다. 개인적 실제 옵션을 설정하고 위험 프로필을 살펴보는 시간은 몇 가지 맞춤형 요소를 추가해야 한다는 사실을 스스로에게 상기시키기에 완벽한 시간이다. 다른 사람의 뒤를 따라가는 건 아닌지 확인하라.

맞춤형 삶은 전염성이 있다는 것이 특징이다. 벌레를 잡지 않고서는 자신의 꿈을 이루기 위해 노력하는 사람들을 만날 수 없다. 그러나 전염성이 있는 반면에, 맞춤형 삶은 실행하기에는 두려울 수 있다. 맞춤형 삶을 계획하고, 측정하고, 추가할 수 있는 권한을 스스로에게 부여하는 것은 그것이 가져다주는 만족감을 목격할 때 더 쉬워진다. 이런 준비 도구를 적용하는 가장 좋은 방법은 좋아하는 것을 더하고 싫어하는 것을 빼기 위해 무엇을 할 수 있을지 고민하고 지금 당장 맞춤형 삶을 실천에 옮기는 것이다.

1. 인생 최고의 시간을 보내라. 어떤 모습과 느낌이 될지 상상해 보았는가? 스마트폰에 일기나 메모를 작성하여 재료와 '측정값'에 대한 아이디어를 적어보라. 맞춤형 삶은 시행착오를 통해 탄생한다. 사그마이스터는 첫 안식년을 맞이했을 때 아무 계획도 세우지 말아야 한다고 생각했지만, 일주일 후에 중요한 일을 완수하기 위해서는 여전히 세부적인 일정이 필요하다는 사실을 깨달았다.

2. 맞춤형 삶을 사는 사람들의 목록을 작성하라. 그들은 친구, 멘토, 심지어

모르는 사람일 수도 있다. 지인이라면 그들과 더 많은 시간을 보내라. 그들이 어떻게 그런 맞춤형 삶을 만들어냈는지 대화해 보라. 스스로에게 허락하는 것이 어려웠을까? 지루해지면 요소를 바꾸기도 하는가? 예를 들어 사그마이스터는 같은 일을 세 번 하면 지루하다고 생각하기 때문에 변화를 준다.

3. 나만의 개성을 찾아보라. 자신만의 개성을 드러낸다고 해서 정기적으로 안식년을 갖는 것과 같은 대담한 행동을 할 필요는 없다. 특별한 옷차림을 선택하는 것만으로도 자신만의 개성을 드러낼 수 있다. 어느 일요일 오후, 파리의 르 마레 지역에 있는 OFR 서점 근처에서 커피를 사기 위해 줄을 서던 중, 우리는 옷차림이 매우 단정하고 예의바른 한 신사가 의료용이 아닌 손뜨개 안대를 착용하고 있는 걸 목격했다. 각자의 취향대로 장난기 넘치는 호기심을 가져라.

맞춤형 삶의 옷장을 위한 몇 가지 미묘한 아이디어는 다음과 같다.

- 좋아하는 두 켤레의 양말을 한 짝씩 신어 보면 보는 사람에게 기발함과 호기심을 불러일으킬 수 있다. 비슷한 방식으로, 두 쌍의 귀걸이를 한 짝씩 착용하면 덜 고정된 사고방식을 향한 비대칭적인 느낌을 만들 수 있다.
- 새로운 색상 조합이나 패턴을 섞어 착용하는 것은 새로운 에너지를 불어넣을 수 있다. 또는 일상적인 레퍼토리에 좀 더 편안함을 더할 수 있는 스타일을 생각해보고, 가능하다면 맞춤형 파자마 룩을 추가해 보라.

맞춤형 직장을 만들기 위한 몇 가지 쉬운 아이디어는 다음과 같다. 결국, 나답게 행동하면 다른 사람들도 똑같이 행동할 수 있다.

• 나만의 개성을 드러낼 수 있는 개인 소품으로 책상이나 사무실을 꾸며라. 기발하거나 특이한 소품을 부끄러워하지 마라.
• 휴식 시간에 자신만의 의식이나 전통을 소개하고 다른 사람들을 초대하라. 마음 챙김 명상을 주도하거나, 좋아하는 농담을 공유하거나, 간식 공유 일정을 시작하고 담당자를 번갈아 가며 정할 수도 있다.

4. 맞춤형 삶의 현장 견학을 계획하라. 맞춤형 특징을 많이 보여주는 사람이나 장소(대도시에 기회가 많은 편이다)를 방문하여 아이디어를 더 구체화할 수 있는 영감을 얻어라.

5. 누군가에게 이 도구에 대해 알려줘라. '부자, 유명인, 성공한 사람'이라는 고정관념에 맞지 않는 독특한 삶을 사는 사람들을 알고 있는지 물어보라. 안식년을 경력에 걸쳐 분산하고 조금 늦게 은퇴하는 사그마이스터의 아이디어에 대해 설명하는 것으로 시작하라. 아마도 재미있는 대화를 나눌 수 있을 것이다.

17장

기계를 억지로 가동하지 말라

"호기심은 누구나 가질 수 있어요.
열정은 천재나 신의 특별한 선택을 받은 사람만이 가질 수 있는
아득한 불꽃의 탑처럼 무섭게 느껴질 수 있지만
호기심은 더 온화하고, 더 조용하고, 더 따뜻하고, 더 보편적인 존재랍니다."

— 엘리자베스 길버트Elisabeth Gilbert

불확실성에서 오는 불안감을 느낄 때 우리는 미지의 불편함에서 벗어나기 위해 확실한 뭔가를 붙잡고 싶은 유혹을 느낄 수 있다. 우리는 본능적으로 최대한 빨리 상황을 파악하고 싶어 하지만 기회가 나타나고 해답이 드러나고 길이 명확해지기 위해서는 때때로 인내심이 필요하다. 의학의 오래된 개념인 의사가 만드는 병을 뜻하는 의원병iatrogenics은 때로는 아무것도 하지 않는 것이 최선의 치료법이라고 가르친다. 때로는 시간이 행동보다 더 나은 방법으로 상처와 불확실성을 해결할 수 있으며, 약간의 시간 여

유를 가지면 위험을 감수하려는 의지가 높아진다는 사실이 연구를 통해 확인되었다. "기계를 억지로 가동하지 말라"는 격언은 숙련된 정비공이었던 친구의 할아버지가 주변 사람들에게 장비가 예상대로 작동하지 않을 때 무리하게 작동시키면 손상될 뿐이라는 사실을 끊임없이 상기시켜준 데서 유래했다. 문제를 해결하려면 인내심과 시간이 필요하다. 마찬가지로 불확실성에 관해서 우리는 조급한 확신에 사로잡혀 기계를 억지로 가동시킬 위험이 있다. 더 이상 기다릴 수 없을 때 차선의 확실성에 집착하여 더 나은 가능성을 포기하게 된다. 항상 기다리라는 말이 아니다. 실제로 우리는 행동이 불확실성을 해결하는 주요 방법이라고 믿는다. 다만 통찰력이나 가능성이 나타날 때까지 인내심을 갖고 기다리는 것이 중요할 때가 있다는 점을 강조하는 것이다.

조치를 취해야 할지 인내심을 가져야 할지 어떻게 알 수 있을까? 그건 불안감에 휩쓸려 성급하게 내리는 결정이 아니라 머리와 가슴이 힘을 합쳐야 하는 결정이다.

돛에 바람을 불어넣을 이유를 찾아서

팀버랜드가 하위즈라는 회사를 인수하면서 창업 비전을 더 이상 지속할 수 없는 것으로 바꾼 후 데이비드와 클레어 히어트는 열정을 쏟을 새로운 뭔가를 찾기 시작했다. 영국 최고의 의류 브랜드 중 하나를 구축한 경험과 새로운 일을 해보고 싶다는 의욕은 있었지만, "돛에 바람을 불어넣을" 이유를 찾지 못했다고 데이비드는 회상한다. 2년 동안 그들은 기다렸다. 데이비드는 반려견과 함께 카디건 주변의 외로운 언덕을 오래 달리며 우울한 기분 속에서 앞으로 무엇을 해야 할지 고민했던 기억을 떠올린다. 얼마 후 그들은 지난 2년간 살았던 바로 그 마을인 카디건이 한때 영국의 청바지 제조 중심지였다는 사실을 알게 되었다. 하지만 20년 전 제조비용이 더 저렴한 해외로 사업을 이전하면서 공장은 문을 닫았고, 경제가 붕괴되어 숙련된 노동자들은 일자리를 잃었다. 그 순간 머리와 가슴이 하나로 모였다. 히어트 부부는 "숙련된 노동자들을 고용하고, 장인이라 부르며 그들의 기술을 존중하고, 값싼 청바지가 아니라 지속 가능한 방식으로 '평생 입을 수 있는 청바지'를 만들면 어떨까"라는 질문을 던졌다. 데이비드와 클레어에게 인내심은 히어트 데님Hiut Denim을 시작하게 된 이유를 밝혀주었다. 오늘날 의류 업계에서 세계적으로 인정받는 브랜드이자 선한 영향력을 발휘하는 데 도움이 되는 바람을 일으켜 준 것이다.

머리와 가슴이 하나로 모이면 행동할 시간이다. 그전에는 기계를 억지로 가동하지 않는 것이 현명할 수 있다. 하지만 부드럽게 앞으로 나아갈 수 있다. 어떻게 그것이 가능할까? 신뢰할 수 있는 친구나 멘토에게 조언을 구하라. 그들은 종종 당신이 알지 못하는 상황을 관찰할 수 있기 때문이다. 또한 뭔가를 제거하거나 중단하는 것이 조치를 취하는 것만큼 유익할 수 있는지 물어보라. 예를 들어, 리더들은 종종 "혁신을 지속하려면 어떻게 해야 할까?"라고 고민하지만 "혁신을 가로막고 있는 일을 중단해야 할까?"라고 묻는 경우는 드물다. 때로는 대화, 책, 강좌 등을 통해 작은 발걸음을 내딛는 것만으로도 가능성을 모색할 수 있다.

삶을 멈추지 않도록 도와주는 것

때로는 호기심이 필요할 경우도 있다. 앞에서 우리는 엘리자베스 길버트가 글쓰기에 어려움을 겪으면서 정원을 가꾸게 된 경험에 대해 언급했다. 엘리자베스 길버트는 특별히 흥미를 느끼지 못할 때는 오래된 호기심이 좋은 첫걸음이라고 말한다. "호기심은 누구나 가질 수 있어요. 열정은 천재나 신의 특별한 선택을 받은 사람만이 가질 수 있는 아득한 불꽃의 탑처럼 무섭게 느껴질 수 있지만 호기심은 더 온화하고, 더 조용하고, 더 따뜻하고, 더 보편적인 존재랍니다."

우리는 기계를 억지로 가동하는 위험성과 인내의 강점에 대해 직접적으로 배웠다. 대학원을 졸업한 후, 우리는 파리에서 3개월

간 객원 교수로 일할 수 있는 일생일대의 기회를 우연히 얻었다. 하지만 그 마법 같은 3개월이 우리에게 어떤 영향을 미칠지는 예상하지 못했다. 일상의 풍요로움, 이끼로 뒤덮인 고대 성당, 벨 에포크 양식의 아파트의 하얀 외관 등 모든 것이 마음속 깊은 곳에 울림을 주었다. 1월의 회색빛으로 물든 작은 마을의 집으로 돌아왔을 때 우리는 프랑스에 대한 향수를 느꼈다. 이유를 설명하기 어려웠고 어쩌면 완전히 이성적이지는 않았지만 우리 부부는 유럽으로 돌아가고 싶었다. 네이선은 방법을 찾기 시작했고, 운 좋게도 그해 가을 유니버시티 칼리지 런던에서 직업 강연에 초대받게 되었다.

몇 달 후, 런던 킹스크로스 근처에 있는 호텔에 체크인한 우리는 산책을 하고 현대적 외관과 석상 모양의 탑이 절묘하게 어우러진 대학 건물을 바라보며 그곳에서 생활하는 기분이 어떤 것일지 상상해 보았다. 다음 날, 네이선의 프레젠테이션은 순조롭게 진행되었고, 하루 종일 교수진과 미팅을 마친 후 네이선의 최종 면접을 담당할 예정인 교수가 길 건너편 카페에서 이야기를 나누자고 제안했다. 자리를 잡고 값비싼 쇼트브레드 쿠키를 먹으려 할 때 교수가 퉁명스럽게 말했다. "여기로 이사 오려고 하다니 미쳤소?"

"무슨 말씀이신가요?" 네이선이 혼란스러워하며 물었다.

"우리가 주는 월급으로는 네 아이와 함께 여기서 생활할 수 없어요. 런던 외곽의 조그만 아파트에서 살아야 하고, 생계를 유지하기 위해 추가 강의에 시간을 다 써야 해요. 그러면 여기서 종신 재직권을 얻을 만큼 충분한 연구를 하지 못할 테고, 우리가 쫓아내면 다른 곳에 취직하기도 어려울 겁니다. 완전히 망한 셈이죠."

네이선은 흥분이 가라앉는 동안 쿠키를 한 입 베어 물기만 했다.

교수는 계속 말했다. "그냥 지금 있는 곳에서 열심히 일하고 출판을 해야 합니다. 그런 다음에 이런 곳으로 이사하는 걸 고려해야 할 거요." 반대에 부딪히거나 희망을 파괴하는 사람들에 직면할 때 우리는 그런 조언을 무시해야 할 경우도 있다. 하지만 이 교수의 거친 말이 더 거칠게 느껴진 이유는 마음속 어딘가에서 네이선도 그 말이 옳다는 걸 알고 있었기 때문이다.

우리는 우울했지만 새로운 각오를 다지며 집으로 돌아왔다. 우리가 가진 것을 최대한 활용해야 할 때였다. 우연한 가족 모임 대신 수재너의 부모님을 정기적으로 월요일 저녁 식사에 초대하기 시작했다. 네이선은 일과가 끝나면 시간을 내어 협곡으로 하이킹을 가기 시작했다. 빠듯한 살림에도 불구하고 지역 주민 전용 할인 리프트 패스를 구입하여 토요일에는 가족이 함께 스키를 타고, 여름에는 함께 하이킹을 했다. 작은 마을에서 누릴 수 있는 모든 혜택을 만끽하며 즐겁게 지냈고, 언제 떠날지 모르지만 후회할 일이 적을 거라는 확신이 들었다.

몇 년의 시간이 흘렀지만 우리는 유럽 생활을 기다리면서 프랑스어 수업을 듣고 여러 곳에 객원 교수직을 신청하는 등 꿈을 향해 계속 나아갔다. 세 번째로 프랑스를 방문했을 때, 인시아드의 학과장이 네이선에게 프랑스로 이주할 의향이 있는지 물었다. 우리는 이 제안이 우리가 기다리던 제안인지 궁금해하며 깜짝 놀랐다. 네이선은 흔쾌히 동의했고, 우리는 몇 달 후에 다시 방문할 계획을 세우기 시작했다. 하지만 학과장이 바뀌면서 3개월 동안 아무 연락이 없었고, 새로운 학과장은 네이선에게 아직 출판물이 충분하지 않다고 통보했다. 우리는 동요 없이 최대한 즐겁게 교외 생활을 계속했다. 이듬해 봄, 네 번째로 프랑스를 방문했을 때 인시아드는 네이선에게 다시 이주할 의향이 있는지 물었다. 두 달 후 그들은 네이선에게 일자리를 제안했고, 우리는 머리와 가슴을 하나로 모았다. 드디어 때가 된 것이다!

때로는 기계를 억지로 가동하는 것이 뭔가를 너무 일찍 포기하는 결과로 이어질 수 있다. 가치 판단은 아직 맥박이 뛰고 있는 아이디어를 죽일 수도 있다. 마케팅 전문가인 듀크 스텀프^Duke Stump는 나이키와 라임 같은 기업이 이미지를 새롭게 정의하도록 도움을 주었지만, 정작 그는 자신이 일하게 될 브랜드를 잘못 정의하고 판단한 적이 있었다. 한 채용 담당자가 룰루레몬^Lululemon에 입사할 수 있느냐는 전화를 걸었을 때 그는 단호하게 거절했다. 채용 담당자가 조금만 더 밀어붙이자 스텀프는 이렇게 말했다. "절대 안 돼요! 나는 그 브랜드와 아무런 관련이 없어요! 창업자와 시끄러운 대리전이 벌어지고 있잖아요. 2015년에는 존재하지도 않을 브랜드인데 내가 왜 가겠어요?" 하지만 계속되는 요청에 스텀프는 그 자리를 승낙했다. 그는 시체 안치소에 끌려들어가는 기분이었지만, 막상 들어가 보니 반짝반짝 빛나는 행복한 사람들이었다. "저는 이렇게 생각했어요, 로마가 불타고 있다는 사실을 모르는 사람들인가? 그리고 이곳이 조만간 사라질 브랜드인가?" 하지만 놀랍게도 그곳은 외부 미디어에서 묘사된 것과는 전혀 다른 느낌의 회사였다. 그렇게 첫날을 보낸 후, 겉으로 보기에는 말이 안 되지만 '옳다고 느낀' 그는 회사에 입사하여 매주 미국 캘리포니아에서 캐나다 밴쿠버로 출퇴근했다.

아이러니하게도 스텀프는 룰루레몬에 대한 성급한 확신이 있었기 때문에 결정적인 순간에 회사를 이끌 수 있었다. 그가 합류했을 때, 이사회의 많은 사람들은 요가를 넘어 새로운 활력을 불어넣을 수 있는 사업으로 확장하기를 희망하고 있었다. 스텀프는 절박함이 있었다고 회상한다. "많은 사람들이 말했어요, 요가는 너무 유한합니다. 한계가 있어요. 우리는 대형 선수들과 계약해서 달려 나가야 합니다." 하지만 그는 팀원들에게 조용히 앉아서 목표에 집중하라고 격려했다. 그들은 기계를 억지로 가동하지 않고 조용히 앉아서 요가를 정말 잘하는 데 집중하는 것이 가장 큰 가치를 창출한다는 결론을 내렸다. 이러한 통찰력을 바탕으로 그들은 핵심 가치에 기반한 일련의 캠페인을 시작하여 회사를 살리고 요가 분야의 세계적인 리더로 자리매김하여 향후 몇 년 동안 매출을 거의 세 배로 늘릴 수 있었다.

기다리는 사람은 지지 않는다

인내심은 올바른 선택일지라도 결코 쉬운 일이 아니다. 유명한 스탠퍼드 마시멜로 실험은 지연된 만족의 이점을 보여주었지만, 기다릴 줄 아는 사람이 때때로 더 나은 결과를 경험할 수 있는 이유는 어려운 로켓 과학이 아니다. 카오스파일럿에서 제공하는 창의적 리더십 과정에는 특별한 결과를 얻기 위해서는 항상 인내심, 용기, 혁신, 그리고 그 험난한 여정에서 다른 사람들을 이끌 수 있는 능력이 필요하다는 원칙에 기반한 마지막 학습 단계가 포함되어 있다. 수강생이었던 야콥 울먼[Jakob Wolman]은 주요 요점을 이렇게 표현했다. "우리가 깨달은 것은 특별한 결과를 얻으려면 긴장을 늦추지 않은 채 조금 더 기다리고 조금 더 고통을 감내해야 한다는 사실이었습니다."

보그의 크리에이티브 디렉터이자 편집장이었던 안드레 레옹 탈리[André Leon Talley]는 불확실성 속에서 기다리던 비참한 크리스마스 방학에 대해 이야기한다. 경력 초창기였고 무명에 가까웠던 그는 메트로폴리탄 미술관의 의상 연구소에서 전설적인 패션 에

디터 다이애나 브릴랜드$^{Diana\ Vreeland}$와 함께 한 무급 인턴십을 막 마친 상태였다. 일자리도 기회도 없었고, 돈도 머물 곳도 없었다. 브릴랜드는 그에게 집으로 돌아가서 강의를 맡으면 다시는 돌아오지 못할 거라고 경고했다. "버텨요! 당신은 뉴욕에 있어야 해요." 탈리는 친구의 아파트 바닥에서 잠을 자야 했고, 돈도 없고 굶주린 상황에서 암울한 거리를 방황해야 했지만 교회에 들러 기도했고 "미래가 불확실하더라도 뉴욕에 있다는 사실에 감사했다." 휴가를 마치고 돌아온 브릴랜드는 탈리가 일자리를 찾는 것을 도왔다. "저를 대신해 패션 저널리즘의 모든 중요한 인사들에게 편지를 썼습니다. 트럼펫처럼 우렁찬 목소리로 모든 사람에게 저를 소개해줬습니다. 그녀는 저를 칭찬하는 것을 결코 포기하지 않았습니다." 탈리는 앤디 워홀의 「인터뷰$^{The\ Interview}$」 매거진의 어시스턴트로 진정한 첫 직장을 얻었고, 이는 그의 경력 전체에 중요한 기반이 되었다. 조급하게 포기했다면 며칠 후의 그 기회뿐만 아니라 이어지는 수많은 다른 기회도 놓쳤을 것이다.

인내는 미덕이다

우리의 결정이 옳다고 직감하더라도 적절한 순간까지 기다리려면 리더십과 실천이 필요하다. 시스코의 하이퍼이노베이션 리

빙랩을 창설하고, 기업의 사내 스타트업 창업을 지원하는 보스턴 컨설팅 그룹의 디지털 벤처 이니셔티브의 임원이기도 한 케이트 오키프는 이러한 인내심이 새로운 스타트업을 만드는 업무에서 중요한 부분이라고 강조한다. 그녀의 팀이 고객을 인터뷰하고, 솔루션을 프로토타이핑하고, 새로운 비즈니스 모델을 탐색할 때 섣부른 결론을 내리지 않고 통찰력과 가능성이 나타날 때까지 기다리는 것은 끊임없는 도전이다. "저는 영화 <브레이브 하트 Braveheart>의 멜 깁슨Mel Gibson이 된 것 같은 기분이 들 때가 종종 있어요. 스코틀랜드 독립 전쟁에서 스코틀랜드 군대를 이끄는 윌리엄 월리스 역을 맡은 멜 깁슨은 공격을 개시할 적절한 순간까지 스코틀랜드 군대를 통제해야 했어요. 스코틀랜드 군대가 너무 일찍 돌격하지 못하도록 '기다려. 기다려. 기다려'를 계속 외치는 거죠."

인내심이 미덕이라는 오래된 격언은 불확실한 시기에도 적용될 수 있다. 단순히 시간을 지체하는 게 아니라 능동적으로 깨어 있는 인내가 핵심이다. 라이너 마리아 릴케의 『젊은 시인에게 보내는 편지』는 바람직한 삶에 대한 지혜를 풍부하게 담고 있는 책으로 유명하며, 당연히 인내심이 주요 주제이다. 릴케는 이렇게 썼다, "친애하는 그대여, 나는 그대에게 마음속에 풀리지 않는 모든 것에 대해 최대한 인내심을 갖고 잠긴 방처럼, 아주 낯선 언어로 쓰여진 책처럼 질문 자체를 사랑해 달라고 간청하고 싶다. 그대가 살아갈 수 없기 때문에 그대에게 주어질 수 없는 대답을 구하지 말라. 핵심은 모든 것에서 살아가는 것이다. 현재의 질문 속에서 살아가라. 그러면 언젠가는 자신도 모르게 서서히 혼자서 답을 발견하며 살아가게 될 것이다." 릴케의 조언은 분명하다. 질문에 대한 답을 억지로 찾으려 하지 말고 질문에 대한 행동을 취하라는 것이다.

불확실성의 불안에서 벗어나기 위해 기계를 억지로 가동하고 싶은 유혹이 생길 수 있다. 우리 모두는 기계를 억지로 가동하다가 망가뜨린 순간을 경험한 적이 있다. 부드럽게 가동하기 위해 올바른 일이나 적절한 순간을 기다리려면 강렬한 정서적 위생과 기다리는 일이 가치 있고 가능하다는 확신이 필요하다. 이 두 가지에 대해서는 4부에서 자세히 설명하겠다. 불확실성을 더 오래 견디기 위한 통찰력과 실천을 계속 읽어보라.

1. 불확실성 균형추를 찾아라. 12장에서 설명한 불확실성 균형추는 미지의 불확실성에 대처하는 데 도움이 되는 작은 요소들이다. 통찰력이 떠오르기를 기다리는 동안에도 비슷한 원리를 적용할 수 있다. 기다리는 불안감에 균형을 잡도록 작은 위안에 몰입하라. 예를 들어, 유럽에서의 생활이 실현되기를 기다리는 동안 우리는 소파에서 규칙적인 독서, 토요일 하이킹과 같은 가족 활동, 매주 일요일 팬케이크 먹기와 같은 새로운 전통을 만들어서 미지의 불안감을 해소하는 작은 위안을 얻었다.

2. 질문에 자신을 던져보라. 릴케와 여러 철학자들은 인내심이 행동하지 않

는 걸 의미하지 않는다고 강조했다. 질문을 던지고, 탐구하고, 마음속에서 뒤집어 보라. 현재 상황에 완전히 자신을 몰입시켜 보라. 여러분이 하지 않은 것을 후회하게 될 일(새로운 지역, 경력 탐색 등)이 있는가?

3. 호기심을 키워라. 엘리자베스 길버트는 이 아이디어에 대한 놀라운 토론에서 수년간 지속된 끔찍한 우울증에 빠져 엄청난 좌절을 겪은 한 극작가의 이야기를 들려준다. 어린 딸들이 자전거 장식을 도와달라고 부탁했을 때, 그 작고 소박한 요청이 그의 관심을 끌었다. 그는 몇 시간 동안 딸과 친구들의 자전거에 별과 여러 가지 장식을 직접 그려주었다. 그 호기심이 다른 어떤 일도 하지 않던 그를 우울함에서 벗어나게 해줬다.

4. 불확실성 온도계를 다시 살펴보라. 현재 직면하고 있는 불확실성을 점검해 보면 공포 영역에 얼마나 근접해 있는지 알 수 있으며, 이 영역에서 다음 차선책을 선택하고 싶은 유혹을 받을 수도 있다. 이러한 한계점을 미리 인식하면 불안감을 분산시키고 원하는 가능성이 나타날 때까지 기다릴 수 있는 시간을 늘리는 현명한 행동으로 이어질 수 있다.

3부

실행
Do

우리가 공유하는 실행 도구는 불확실성에 직면할 때 행동에 영감을 주고 정보를 제공하기 위해 계속해서 현재 상황을 파악하도록 요구한다. 철학자 존 오도노휴[John O'Donohue]는 다음과 같이 서정적으로 주장했다. "가능성은 언제나 현실보다 더 흥미롭다. 우리는 현실에 눈살을 찌푸려서는 안 되지만, 세상은 현실로 가득 차 있다. 현실이란 이미 실현된 가능성이다. 그러나 사실이 된 모든 현실 뒤에는 실현될 수 있는 상황에 이르지 못한 7, 8, 어쩌면 500개의 가능성이 숨어 있다." 이렇게 확장된 가능성의 감각에서 불확실성을 마주할 때 실행은 상상력 있고 창조적이며 발견을 주도하는 행동이 된다.

　전자 음악과 클래식 음악을 접목시키는 현대 작곡가 맥스 리히터[Max Richter]는 음악 역사상 가장 유명한 바이올린 협주곡인 비발디의 <사계>를 재구성했을 때 이를 직관적으로 이해했다. "저는 비발디의 작품에서 항상 눈부신 순간이라고 생각했던 오프닝 모티브를 가져왔는데, 원작에서는 4마디에 불과합니다. 그래서 이 부분을 댄스 음악에서 들을 수 있는 루프처럼 잘라 붙여서 반복하고 강도를 높이면 어떨까 궁금했어요. 그리고 제 작품은 비발디의 원곡을 지우지 않아요. 그건 관점의 대화입니다. 저는 이것이 원곡을 감상하는 한 가지 방법이라고 생각합니다." 익숙한 <사계>가 수백만 명의 사랑을 받는 리히터의 새로운 음악에 영감을 줄 수 있다면, 우리도 너무나 익숙한 자신의 삶의 패턴 속에서 새로운 가능성을 만들어낼 수 있지 않을까?

다음 표에 설명된 실행 도구를 사용할 때, 앞으로 어떤 일이 일어날지는 여러분이 기꺼이 나누고자 하는 '대화'에 달려 있다는 점을 기억하라. 그리고 새로운 가능성을 만들기 위해 이미 실행된 것에 과감히 참여할 수 있는 자격을 스스로에게 부여하라. 그러면 모든 것이 새롭게 재구성될 수 있다.

도구	설명
활성화 및 잠금 해제 Activate and Unlock	위험을 관리하고 줄이려는 인간의 집착에도 불구하고, 위험을 통제하려는 시도를 멈추면 더 나은 결과를 얻을 수 있다. 여러분이 직면한 불확실성의 본질을 활성화하고 잠금 해제할 수 있는 방법을 찾아보라.
가치 대 목표 Values versus Goals	어떻게 하면 실패하지 않도록 자신을 설정할 수 있을까? 막연한 목표 대신 가치관에 따라 불확실성을 헤쳐 나갈 때, 통제할 수 없는 불안한 결과에서 벗어나 어떤 일이 일어나더라도 성공할 수 있는 토대를 마련할 수 있다.
인지적 유연성 Values versus Goals	성공적인 혁신가들은 어떤 대가를 치르더라도 집착하지 않는다. 그들은 변화하는 상황에 유연하게 대응할 수 있는 '지혜의 태도'를 함양하여 자신의 세계관에 적용해 나간다.
안개 속에서 배우기 Values versus Goals	불확실성을 탐색하는 일은 짙은 안개 속에서 길을 찾는 것처럼 느껴질 수 있다. 올바른 학습 전략을 사용하면 안개를 걷어내고 새로운 기회를 발견할 수 있다.
1만 장의 사진 10,000 Shots	검증되지 않은 천재라는 개념은 허구다. 연기, 사진, 기업가 정신과 같은 분야는 우리가 성공하기 위해서는 시도하고 또 시도해야 한다는 걸 보여준다.
브리콜라주 Bricolage	혁신가들은 행동을 취하기 위해 완벽한 상황을 기다리지 않는다. 그들은 손안에 있는 모든 것을 활용하여 시작하고, 종종 더 많은 가능성을 우연처럼 발견하게 된다.
작은 발걸음 Small Steps	성공하기 위해 모든 것을 한꺼번에 할 필요는 없다. 대부분의 승리는 천천히 산을 오르는 과정을 통해 이루어진다.
피벗 Pivot	불확실성에 대처할 때는 방향을 바꾸는 것이 불가피하다. 전환할 수 있는 권한을 스스로에게 부여하라.

18장

활성화 및 잠금 해제

"친구들이여, 매일 계산되지 않는 일을 실행하라."

― 웬델 베리^{Wendell Berry}

몇 년 전 이 연구를 시작했을 때 네이선은 혁신가들이 어떻게 불확실성을 관리하는지를 탐구하고 싶었다. 그러나 그와 이야기를 나누었던 혁신가들은 불확실성에 대해 열정을 표현했지만 관리라는 단어를 싫어했다. 그러던 중 로베르토 벌리 마르크스 ^{Roberto Burle Marx}의 연구를 접하고 나서야 우리는 비로소 적절한 단어를 발견할 수 있었다. 벌리 마르크스는 대표적인 모더니즘 조경가 중 한 명으로, 베를린의 미술 학교에 다닐 때 날카로운 통찰력을 얻었다. 그는 고국 브라질의 식물 전시회를 관람하던 중 작은 화분에서 퍼져 나오는 무지갯빛 문신 꽃과 거대한 수련 사이를 거닐다가 의문이 생겼다. "진정한 힘은 좁은 틀 속에서 뭔가를 관리하고 통제하는 것이 아니라 그 안에 내재된 잠재력을 이끌어내고 활성화하는 데 있는 게 아닐까?" 벌리 마르크스는 이 아이디어를 적용하여 리우데자네이루 코파카바나 산책로의 물결치는 흑백 디딤돌을 비롯하여 3,000개가 넘는 영감을 주는 풍경을 디자인했다. 마르크스에게서 영감을 받은 우리는 불확실성을 포함한 여러 가지 요소들 중에서 관리하기보다는 활성화하고 잠금 해제하면 더 바람직할 수 있는 것이 무엇인지 탐색하기 시작했다. 그 결과 놀랍도록 많은 것을 발견했다.

로마 의과대학을 졸업한 최초의 여성인 마리아 몬테소리는 교육 분야에서 특별한 도움이 필요한 아이들에 대해 관심을 갖게 되었다, 사회가 약물로 행동을 통제하도록 정신병원에 위탁한 아이들이었다. 그녀는 '감각과 마음을 연결하는 전인적 과정을 통해 이 아이들의 잠재된 능력을 끌어낼 수 있다면 어떨까'라고 생각했다. 그녀의 접근 방식은 매우 성공적이었고, 사회에서 소외되었던 아이들은 표준 학력 시험을 통과할 수 있을 정도로 읽고 쓰는 법을 잘 배웠다. 그 후 몬테소리는 당시에는 높은 수준의 지적 활동을 할 수 없다고 여겨졌던 저소득층 자녀들을 대상으로 실험을 반복한 결과, 아이들의 자연스러운 흥미를 자극할 때 장난감보다 학습을 선호하고 상당히 높은 수준의 성취도를 보인다는 사실을 발견했다. 아이들에게 내재된 배움에 대한 열정을 일깨우는 데 초점을 맞춘 몬테소리의 교육 방식은 이후 145개국 25,000개 이상의 학교로 확산되었다. 몬테소리는 그 공로를 인정받아 노벨 평화상 후보에 세 번이나 올랐지만 겸손하게 말했다. "저는 교육 방법을 창안한 게 아니라 그저 어린이들에게 살아갈 기회를 준 것뿐입니다."

비즈니스 세계에서도 비슷한 사례를 찾아볼 수 있다. 몇 년 전 마이크로소프트가 소프트웨어에 대한 조사를 실시했을 때, 전 세계에서 가장 많이 설치된 소프트웨어는 마이크로소프트의 윈도우즈가 아니라 텍사스에 있는 소수의 사람들이 만든 비디오 게임이라는 사실이 밝혀졌다. 윈도우즈 팀의 리더였던 게이브 뉴웰Gabe Newell은 외딴 곳에 있는 여덟 명의 사람들이 마이크로소프트의 힘, 자본, 영향력을 이길 수 있다면 비즈니스 세계가 뭔가 잘못하고 있는 거라고 결론을 내렸다. 그래서 그는 회사를 그만두고 사람들의 잠재된 지능, 창의성, 직관력을 이끌어내고 활성화하는 데 강점을 가진 소프트웨어 회사 밸브Valve를 공동 창업했다. 밸브의 직원들은 직급이나 직책이 없으며, 누구도 직원들에게 무슨 일을 하라고 지시하지 않는다. 대신 직원 핸드북에는 바퀴가 달린 책상을 가장 큰 가치를 창출할 수 있는 장소로 옮기라는 지침이 적혀 있다. 이 회사는 지난 10년 동안 세계에서 가장 창의적이고 혁신적인 인재를 채용하기 위해 노력해 왔으며, "책상에 앉아 시키는 일만 하게 되면 직원들의 가치 중 99퍼센트가 사라진다"는 신념을 가지고 있다.

연구 결과도 이런 신념을 뒷받침하는 것으로 보인다. 예를 들어, 하버드 경영대학원의 연구에 따르면 사진과 페인트 업계의 회사들이 ISO 9000과 같은 품질 관리 시스템을 도입한 결과, 품질 관리에는 성공했지만 혁신과 새로운 성장을 창출하는 능력은 오히려 감소한 것으로 나타났다. 또한 최근 하버드에서 실시한 현장 실험에서는 회의가 빈번한 회사일수록 직원들의 업무 조정 능력은 향상되었지만 혁신성은 감소한 것으로 나타났다. 반면에, 세계 최고의 요리사들을 대상으로 한 연구 프로젝트에서는 가장 혁신적인 요리사일수록 새로운 아이디어를 활성화하고 잠금 해제하기 위해 의도적으로 프로세스에 더 많은 불확실성을 도입하는 것으로 확인되었다. 불확실성을 연구하는 학자들은 내생적 불확실성endogenous uncertainty에 대해 이야기한다. 내생적 불확실성이란 불확실성을 줄이는 일반적인 접근 방식 대신 불확실성을 증가시키는 방식을 선택함으로써 새로운 기회를 창출할 수 있다는 아이디어다. 예를 들어, 블록버스터Blockbuster는 기술 변화에 대응하기 위해 검증된 전략을 사용하려다 실패한 반면, 넷플릭스Netflix는 여러 가지 새로운 전략을 모색함으로써 오히려 불확실성을 높였고, 그 결과 세계에서 가장 가치 있는 회사 중 하나가 될 수 있었다.

물론 활성화 및 잠금 해제는 다소 모호한 개념처럼 보일 수도 있다. 박물관 디자이너 아드리앙 가데르^{Adrien Gardère}는 기존 박물관을 재구성하는 자신의 작업에 대해 이미 존재하는 가능성을 이끌어내는 것이라고 설명한다. "제가 좋아하는 작업은 이미 존재하는 요소를 꺼내어 활용하는 것 이상을 할 필요가 없는 일입니다. 씨앗이 나무의 모든 유전자를 가지고 있는 것처럼 제가 잠금을 해제하는 것에는 이미 모든 가능성이 내포되어 있습니다. 이런 것을 찾아내고 풀어내는 작업은 매우 흥미진진한 일입니다." 예를 들어, 수세기 동안 건축과 파괴를 거치며 조각된 돌이 재사용되었던 프랑스 나르본의 로마 박물관을 새롭게 디자인해 달라는 요청을 받았을 때, 가르데는 스스로에게 질문을 던졌다. "어떻게 하면 조각된 돌을 자유롭게 풀어줄 수 있을까? 어떻게 하면 조각된 돌이 가지고 있던 본래의 모습을 되찾아 줄 수 있을까?" 그는 생명이 없는 돌에 작은 명판을 붙여 지루한 전시물을 하나 더 만드는 대신, 문명이 발전할 때마다 조각된 돌이 재사용되어 온 것처럼 박물관 방문객이 조각된 돌을 새로운 조합으로 재배치할 수 있는 로봇 팔이 달린 인터랙티브 벽을 디자인했다.

가르데의 접근 방식이 너무 추상적으로 들린다면, ING의 CEO였던 랄프 해머스^{Ralph Hamers}가 활력 없는 오프라인 은행을 글로벌 디지털 은행으로 전환시킨 방법과 유사하다는 점을 생각해 보라. 해머스는 이렇게 회상했다. "저는 ING를 한 세기 동안 성공으로 이끌었던 우리의 DNA로 돌아갔습니다. 혁신과 단순성이라는 두 가지의 핵심 요소를 활성화하기 위해 저는 손만 대었을 뿐인데도 모든 사람이 그 요소를 알아볼 수 있었습니다." 해머스는 활성화라는 단어를 즉흥적으로 사용했지만 이 단어를 은행의 성공적인 변화의 본질 중 하나로 꼽았다.

가장 중요한 질문은 이것이다. 여러분의 삶에서 불확실성을 관리하고 통제하는 게 아니라 활성화하고 잠금 해제한다는 것은 무엇을 의미할까? 데이비드 와이트는 해양 생물학자로 일하면서 그런 상황을 경험한 순간에 대해 이야기한다. "그해에 저는 정신없이 바빴습니다. 끝이 보이지 않는 업무의 연속으로 둘러싸여 있었죠." 어느 날 그는 마지못해 낯선 사람과 점심을 먹기로 동의했고, 그 사람은 배수갑문에 막힌 1만 년 된 연어 회귀 통로를 복원하는 것에 대해 조언을 요청했다. "오랜 세대에 걸친 화학적 기억에 의해 고향으로 돌아와 알을 낳고 죽으려던 연어들이 수문에 막혀 하천에 들어가지 못하는 모습이 갑자기 떠올라 저는 큰 충격을 받았습니다. 그의 말은 현실적인 필요성을 훨씬 뛰어넘는 수준으로 저를 감동시키는 묘한 효과를 가져왔습니다."

점심 식사 후 사무실로 가지 않고 집으로 돌아온 와이트는 종이를 꺼내어 무엇을 활성화하고 잠금 해제해야 하는지 적어보았다.

이 단계에서 우리 자신의 능력을 외면하고 다른 것에 관심을 기울이는 건 매우 쉽다. 라디오, 텔레비전, 잔디 깎는 기계, 다른 목소리, 다른 일 등등. 하지만 깊은 곳으로의 초대, 수면 아래로 내려가려는 이 도전은 무엇이 그들을 괴롭히고 있는지, 무엇이 해결되어야 하는지, 분주함의 표면 아래에 무엇이 있는지를 정말로 알고 싶어하는 모든 사람들을 위한 것이다.

그는 종이에 연어의 이름을 적은 다음 "너무 많은 밤 동안 나는 반사된 별들의 어두운 물줄기를 관통하는 연어를 상상하지 못했다"라고 썼다. 그는 계속 글을 썼고 마지막에 이르러 깨달음을 얻었다. "내 임무는 바다의 삶을 추상화하여 교육적인 문구로 포장하는 것이 아니라, 우리의 정상적인 감정이 아무런 힘을 발휘하지 못하는 현실에 맞서 나 자신과 다른 모두를 위한 글을 쓰는 하는 것이다." 수년에 걸쳐 와이트는 생물학자에서 작가와 컨설턴트로 변신하여 개인 및 대규모 조직과 함께 일했다. 그 경험을 돌이켜보면서 맥스 리히터와 마찬가지로 와이트는 그것이 갑작스러운 도약이 아니라 자신의 기존 삶과 모든 가능성 사이의 대화라고 표현한다. 하지만 그는 이 대화의 초대를 무시하지 말라고 경고한다. "직장 생활을 할 때 너무 경직되고 상상력이 없는 방식으로 규칙을 따르는 사람들은 종종 그 규칙에 질식되어 죽는 경우가 많으며, 종종 눈에 띄지 않고 애도를 받지도 못합니다."

우리가 관심을 기울이지 않는 아이디어는 활성화할 수 없다. 인접한 가능성을 찾는 것과 마찬가지로, 활성화와 잠금 해제는 잠재력을 발휘하고, 고민하고, 꿈꾸고, 상상하는 사람들에게 일어난다. 그리고 기계를 억지로 가동시키면 효과가 없다. 가치 있는 뭔가가 있다는 믿음을 주는 에너지가 필요하다. 무엇을 활성화해야 하는지 다음 질문에 스스로 답을 찾아보자.

여러분이 호기심, 관심 또는 재능이 있는 분야는 어디인가? 여러분이 충족하고자 하는 욕구는 무엇인가? 잠금 해제할 준비가 되어 있는 프로젝트가 있는가? 아니면 17장에서 논의한 것처럼 잘못된 방향으로 억지로 활성화하고 있지는 않은가?

여러분은 어디서 변화를 상상하는가? 아프리카계 미국인 사진작가이자 영화제작자 타일러 미첼$^{Tyler\ Mitchell}$은 이렇게 이야기한다. "텀블러^{Tumblr}와 함께 자란 저는 관능적이고 젊고 매력적인 백인 모델들이 자유롭고 즐겁게 뛰어다니는 이미지를 자주 접했습니다. 하지만 적어도 제가 아는 사진에서는 자유로운 흑인의 이미지를 거의 찾아볼 수 없었습니다. 제 작품은 이러한 부족함을 채워줍니다." 그는 현실을 창조함으로써 현실을 활성화하고 잠금 해제했다. "저는 흑인을 자유롭고 표현력이 풍부하고 섬세한 존재로 시각화해야 한다는 절박함을 느낍니다. 저는 흑인의 유토피아가 어떤 모습인지, 또는 어떤 모습일 수 있는지 시각화하는 것을 목표로 합니다." 미첼의 작업은 다른 사람들의 가능성을 열어주는 방식에 있어서 낙관적이고 적극적이다.

그래서 여러분은 무엇을 하고 있는가? 일상적인 활동을 향상시킬 수 있을까? 인간관계, 요리, 성생활 등 영향력을 잃은 중요한 모든 것이 활성화되기를 기다리고 있다! 작가 프리야 파커^{Priya Parker}는 직장 생활에서의 생산적인 협상과 개인 생활에서의 비생산적인 모임의 차이에 대해 궁금해지기 시작했다. "틀에 박힌 생일 파티를 계획하는 대신 사람들의 모임을 새롭게 활성화하고 잠금 해제할 수 없을까?" 그녀는 모임의 목적(결혼식, 생일 등)이 분명할수록 항상 진행되는 형식에 빠지게 될 가능성이 높다고 말한다. 파커는 『모임의 기술』이라는 책에서 이러한 이벤트를 재구성하고, 참가자들에게 활력을 불어넣고, 의미를 창조하기 위한 가이드라인을 제시한다.

불확실성을 관리한다는 것은 불확실성을 통제하고 줄이고 억제하는 것이다. 활성화 및 잠금 해제는 불확실성을 허용하고 장려하고 탐구하는 것이다. 다음은 잠금을 해제하는 방법이다.

탐색할 공간을 만들어라. 묶여 있고 통제되어 있는 상황을 어떻게 활성화할 수 있을까? 탐색할 수 있는 시간과 공간을 만들어야 한다. 밸브는 직원들에게 가치를 창출하는 방법을 자유롭게 탐구할 수 있도록 한다. 마찬가지로 넷플릭스의 창업자 리드 헤이스팅스[Reed Hastings]와 인시아드 교수 에린 마이어[Erin Meyer]는 새로운 것을 시도하고 빠르게 적용하는 데 필수적인 '규칙이 없는' 회사 문화에 대해 저술한 바 있다. 개인 생활에서도 마찬가지다. 스스로에게 탐구할 수 있는 공간을 제공하라. 인기 있는 브로드웨이 뮤지컬 <해밀턴[Hamilton]>에 대한 아이디어는 린 마누엘 미란다[Lin-Manuel Miranda]가 휴가 중에 론 체노[Ron Chernow]의 알렉산더 해밀턴 전기를 읽고 역사적 인물에 대한 랩을 쓰면서 시작되었다. 미란다는 이 곡을 1년 동안 다시 쓰면서 여러 곡으로 확장했고, 결국 수십 개의 상을 수상한 뮤지컬이 탄생했다.

바쁨을 멈춰라. 와이트는 진로를 바꿔야 한다는 사실을 깨닫기 전에는 끊임없는 업무로 인해 하루하루가 정신없이 흘러갔다고 이야기한다. 어느 날 그는 회사 회의실로 뛰어 들어가 "누구 데이비드 본 사람 있나요?"라고 물었다. 그곳에서 일하는 데이비드는 그가 유일했고, 동료들은 농담이라고 생각하며 웃었다. 하지만 와이트는 그 말의 상징적 의미, 즉 말 그대로 업무에 빠져서 자신을 잃어버릴 수도 있다는 사실을 깨달았다. 글로벌 장비 회사인 슈나이더 일렉트릭[Schneider Electric]의 최고 전략 책임자인 올리비에 블럼[Olivier Blum]은 회사가 디지털 전환의 필요성에 직면했을 때 고위 임원들에게 "에너지를 분출할 수 있는 방법"을 찾으라고 촉구했다. 그는 경영진에게 약속, 회의, 업무를 면밀히 검토하여 창의성, 통찰력, 혁신을 위한 공간을 만들라고 강조했다.

불확실성을 주입하라. 앞서 언급한 바와 같이, 연구에 따르면 혁신가들은 혁신 능력을 높이기 위해 의도적으로 상황에 불확실성을 주입하는 경우가 많다. 자신의 삶에 불확실성을 불어넣는다는 건 어떤 모습일까? 새로운 것을 시도하거나, 새로운 사람과 대화하거나, 일상을 깨트리는 걸 의미할까? 자신의 경력에서 불확실성에 도전하려는 의지를 높이기 위해 완전히 생소한 스포츠인 킥복싱을 시작한 CEO 피에트 쿨러베이Piet Coelewij를 떠올려 보라. 사상가이자 시인인 웬델 베리Wendell Berry는 의미 있는 삶을 만들고자 하는 사람들에게 이렇게 조언한다. "그러니 친구들이여, 매일 계산되지 않는 일을 실행하라."

일을 망치지 않을 거라는 믿음을 가져라. 막다른 골목과 잘못된 시작이 있을 수 있지만 활성화하고 잠금 해제하는 것은 여전히 효과적이다. 아드리앵 가르데가 설명한 것처럼, 부착, 고착, 밀착'이라는 뜻의 라틴어에서 유래한 이 기능은 이미 사물에 내재되어 있다. 탐구하고 호기심을 갖기 위해 여러분의 에너지를 투자해야 하지만, 천재가 되어 발명할 필요는 없으며 활성화하기만 하면 된다. 그렇게 하면 스트레스가 줄어들고 경청하는 능력이 향상된다.

자아를 버려라. 자아는 종종 우리의 능력을 활성화하고 잠금 해제하는 데 방해가 되는 잘못된 믿음을 만들어낸다. 예를 들어, 심리학자 셰팔리 차바리 Shefali Tsabary는 부모의 자아가 어떻게 자녀를 통제하고 과도한 스케줄을 잡게 만들었는지 설명하면서, 이는 실제로 자녀의 잠재력을 발휘하고 활성화하려는 부모의 목표에 어긋나는 거라고 말한다. 차바리는 이러한 생각을 "바꾸고 되돌릴 수 있어야" 아이들이 "자발적으로 자신을 최대한 표현하기 위해 필요한 모든 것"을 찾아낼 수 있을 거라고 주장한다. 우리의 자아는 어떤 방식으로 우리가 활성화보다는 통제를 추구하도록 이끌었을까? 별로 관심 없는 프로젝트에 '예스'라고 말했거나, 활성화 및 잠금 해제 능력을 제한하는 생활방식을 채택한 적이 있는가?

가장 쉽고, 가장 빠르고, 가장 화려한 것보다는 본질적인 것에 대해 열린 마음을 가져라. 활성화 및 잠금 해제된 기능은 이상적이거나 완벽하지 않을 수도 있다. 시간이 걸리고 예상과 다를 수도 있다. 유기농 사과를 생각해 보라. 윤기 나는 농약 사과에 비해 초라하고 작아 보이지만 맛은 정말 좋다!

때때로 우리는 잠금 해제 및 활성화되는 상황을 피하고 싶은 경우도 있다. 아일랜드의 시인이자 우리의 친구인 파레그 오투아마$^{Páraig ÓTuama}$는 뉴욕의 한 수도원에 입소하는 걸 꿈꿨다. 수년간의 준비 끝에 그는 뉴욕으로 날아갔지만 "수도원에 들어온 지 5분 만에" 자신이 그곳에 적합하지 않다는 걸 깨달았다. 낙담한 그는 이렇게 회상한다. "매일 지하철을 타고 외롭게 도시를 방황했어요. 그리고 게이 바를 향해 계속 구불구불 걸어갔습니다. 2001년 초였고 저는 게이 바에 혼자 들어가 본 적이 없었고 호기심과 두려움이 가득했던 25살이었어요."

마침내 어느 날 오후, 그는 바에 들어가 레모네이드를 주문했다. "제가 떨고 있었나 봐요. 바텐더와 이야기를 나누게 되었는데, 그는 아일랜드계 조부모를 둔 사람이었고 "뉴욕에는 무슨 일로 오셨어요?"라고 물었습니다. 저는 모든 것을 고백했어요. 사제직, 뉴욕, 4년간의 꿈, 모든 것이 한순간에 날아간 것, 아무런 계획 없음. 저는 목적 없는 방랑자였어요.

동성애를 거부하는 엄격한 종교적 환경에서 자란 오투아마는 바텐더가 친절하고 공감하는 어조로 "사랑해 본 적 있어요?"라고 묻기 전까지는 자신이 게이인지 고민하는 걸 스스로 용납하지 않았다.

오투아마는 당시의 충격을 이렇게 회상한다. "그 질문에 아무것도 준비되어 있지 않았어요. 그때까지만 해도 저는 그런 사랑은 가능하지도 않고 허용되지도 않는다고 생각했거든요. 바텐더는 저의 놀란 표정을 보면서 서두르지 않았어요. 제가 울었던 것 같은데 잘 기억이 안 나요. 수도원으로 돌아간 기억도 없습니다."

현재 오투아마는 갈등 중재자, 시인, 연설가, 사상가, 교사, 이야기꾼, 신학자로 활동하고 있으며 공개적인 게이이기도 하다. 그보다 더 사랑스럽고 공감 능력이 뛰어난 사람이나 친절한 친구를 찾기는 어려울 것이다. 그는 사람들에게 해를 끼치는 상황, 구조, 시스템(아일랜드 분쟁과 같은 국가적 투쟁, 자기혐오와 같은 개인적 투쟁)을 바로잡기 위해 노력하고 있다. 또한 자신에게 뉴욕시의 사제가 되기를 강요하는 대신 보람 있는 삶의 목표를 추구하면서 훨씬 더 행복하고 영향력 있는 사람이 되었으며, 활기차고 자유롭게 스스로를 드러내고 있다.

가치 대 목표

"좋은 삶을 사는 것만으로는 충분하지 않습니다.
당신은 비범하고 뛰어난 마크 저커버그같은 사람이 되어야 합니다.
이것은 우리가 스스로에게 가하는 일종의 고문입니다."

– 알랭 드 보통 Alain de Botton

네이선은 스페이스X가 재사용 가능한 로켓을 만드는 것과 같은 급진적 결과의 측면에서 가능성을 연구해왔다. 그는 스페이스X의 CEO인 일론 머스크와 같은 혁신가들의 업적을 연구하고 본받을 가치가 있다고 믿으며 그들을 옹호해 왔다. 하지만 인정을 거의 받지 못한 뛰어난 인물들과 수백 번의 인터뷰를 한 후, 네이선은 이러한 견해에 의문을 품기 시작했다. 이 책에 소개된 도구가 엄청난 성공을 보장한다고 장담하기 쉽지만 (많은 책이 그러하듯이) 실제로는 역효과가 날 수도 있다. 명성이나 돈과 같은 외부적 성과에 초점을 맞추면 불확실성의 단점, 즉 자신이 통제할 수 없는 특정 결과를 달성하기 위해 불안과 압박에 더 많이 노출될 수 있다. 반면에, 여러분이 통제할 수 있는 것, 즉 목표가 아닌 가치에 집중한다면 실패를 방지하고 불확실성에 맞설 수 있는 능력을 향상시킬 수 있다!

목표보다 가치에 초점을 맞추는 것은 자아실현이라는 서양의 고정관념에 젖어 있는 우리에게는 직관적이지 않은 것처럼 느껴질 수도 있다. 우리는 모든 목표가 본질적으로 나쁘다고 주장하는 건 아니지만, 명시적 또는 암묵적 목표가 돈이나 명성과 같은 자의적인 성공 지표와 연관되어 있는 경우가 많다.

목표의 자의적 성격을 이해하려면, 객관적으로 위대한 업적을 달성했지만 평생 동안 거의 인정을 받지 못한 사람들을 생각해 보라. 에이다 러브레이스^{Ada Lovelace}는 현대적 컴퓨터의 토대를 마련했지만 상대적으로 잘 알려지지 않았고, 빈센트 반 고흐는 평생 동안 끊임없이 무시당하면서 그림 한 점만 팔았으며, 니콜라 테슬라는 소셜 네트워크의 기반이 되는 무선 통신을 발명했지만 무일푼으로 세상을 떠났다(테슬라의 이름은 그의 이름을 딴 전기자동차 회사를 제외하고는 거의 알려지지 않았다). 그 외에도 얼마나 많은 사람들이 중요한 발걸음을 내디뎠지만 완전히 잊혀졌을까? 이름이 잘 알려지지 않은 로마인, 혹은 로마인들은 2천 년 전에 오늘날 우리가 만들 수 있는 것보다 더 튼튼한 (현대의 콘크리트와 달리

바닷물에서 더 오래 견디는) 콘크리트를 발명했다.

대중에게 주목받을 만한 일을 하지는 않지만 주변 사람들에게 변화를 가져다주는 개인은 어떨까? 이 책을 읽는 모든 사람들이 그런 혜택을 받고 있다. 왜냐하면 박봉에 시달리던 선생님이 우리에게 읽는 방법을 가르쳐주고 가능성의 세계를 열어주었기 때문이다. 세상을 보는 방식을 바꿔준 동료, 리더, 코치, 멘토도 마찬가지다. 희생에 대한 인정을 거의 받지 못하지만 자녀가 잠재력을 발휘할 수 있도록 헌신적으로 돕는 부모님은 어떨까? 세상을 돌아가게 만드는 것은 이 모든 일상적이고 반복적인 행동들이지, 좋은 기회에서 주목을 받은 위대한 영웅들이 아니다.

주목받는 것이 행복의 전부가 아니라는 사실을 잊지 말자. 로버트 월딩거^{obert Waldinger}는 하버드 성인 발달 연구의 책임자이며, 행복에 대한 심층적인 연구를 통해 다양한 사회 계층에서 700명 이상의 사람들을 80년 이상 추적 조사해 왔다. 젊은이들의 80퍼센트는 부자가 되는 것을 인생의 목표로 꼽았고, 50퍼센트는 유명해지는 것을 인생의 목표로 꼽았지만, 월딩거는 이렇게 말한다. "이 연구의 교훈은 부와 명성을 위해 더 열심히 일하라는 것이 아닙니다. 오랜 기간에 걸친 이 연구에서 우리가 얻을 수 있는 가장 분명한 메시지는 좋은 관계가 우리를 더 행복하고 건강하게 만든다는 사실입니다. 부와 명성은 갈등과 외로움만큼이나 인지적, 정서적, 신체적 문제를 유발하지만, 사랑스럽고 서로 연결되고 지원하는 관계는 행복, 건강, 기억력을 향상시키고 실망감을 완화시켜 줍니다."

코넬 대학교의 사회학자이자 노인학자인 칼 필레머Karl Pillemer는 미국 노인 천 명을 인터뷰한 결과를 이렇게 보고했다. "행복해지려면 원하는 것을 살 돈을 벌기 위해 최대한 열심히 일해야 한다는 데 동의하는 사람은 천 명 중 단 한 명도 없었다. 주변 사람들만큼 부자가 되는 것이 중요하고 그들보다 더 많은 재산을 갖는 것이 진정한 성공이라고 말하는 사람도 단 한 명도 없었다. 단 한 명도 미래의 수입을 기준으로 직업을 선택해야 한다고 말하지 않았다."

철학자이자 인생 학교의 설립자인 알랭 드 보통Alain de Botton은 이 문제가 누구나 무엇이든 이룰 수 있다는 '아름답지만 위험한' 생각에서 비롯된다고 주장한다. "여러분이 무엇이든 할 수 있다고 믿는 세상에서 당연히 해내야 할 일을 조금밖에 하지 못했다면 얼마나 큰 좌절감을 느끼게 될까요? 굴욕의 가능성은 이제 훨씬 더 커졌습니다. 좋은 삶을 사는 것만으로는 충분하지 않습니다. 당신은 비범하고 뛰어난 마크 저커버그Mark Zuckerberg같은 사람이 되어야 합니다. 이것은 우리가 스스로에게 가하는 일종의 고문입니다. 어떻게 우리는 99퍼센트의 확률로 평범한 삶을 살게 된다는 사실이 수치스럽고 잘못된 것처럼 느껴지는 상황을 만들어 왔을까요? 이것은 스스로 재앙을 자초하는 일입니다."

대기업과 스타트업의 임원부터 학교 교사, 환경미화원에 이르기까지 모든 사람이 가치에 대해 더 폭넓게 생각한다면 어떤 일이 일어날까? 지금 하는 일에 더 만족할 수 있을까? 더 많은 위험을 감수할까? 감사할 일들이 우리를 행복하게 해준다는 사실을 깨닫고 자발적으로 감사하고 소중히 여길까? 이 중 어느 것도 쉽지 않다. 네이선은 자신의 업무가 더 큰 영향력을 발휘하고 더 잘 알려지기를 바라면서 경력 내내 이러한 관련성의 사다리와 씨름해 왔다. 하지만 현실적으로 이러한 결과 기반의 성공은 짧은 시간 동안만 지속되는 경우가 많다. 회사에서 수억 달러를 벌어들인 페이팔^{PayPal}의 창업자 중 한 명은 그다음으로 창업한 스타트업에서 책상 밑에서 잠을 잤던 것으로 유명한데, 그 이유는 최대한 많은 시간을 일하면서 그 벤처가 페이팔보다 더 큰 기업이 되기를 원했기 때문이다. 정말 그렇게 되었을까? 아니다. 설사 그랬다고 해도 그 정도로는 만족할 수 있었을까? 아마도 아니었을 것이다. 프로젝트의 성공을 위해 모든 것을 희생했는데 프로젝트가 성공하지 못하면 어떻게 될까?

지금쯤이면 여러분은 우리가 루비 온 레일즈와 베이스캠프의 창시자인 데이비드 하이네마이어 한슨을 존경한다는 것은 이미 알고 있겠지만, 우리가 그의 스타트업보다 더 좋아하는 건 일에 대한 그의 관점이다. 그는 목표를 달성하기 위해 모든 걸 희생해야 한다는 관점을 거부한다. "저는 지난 20년 동안 인터넷 스타트업, 회사, 앱 관련 일을 해왔지만 결코 제 삶을 소모하는 방식으로 진행하지 않았습니다." 하이네마이어 한슨은 불확실성에 직면했을 때 결과 기반 목표를 무시하라고 대담하게 말한다. "첫째, 목표는 헛소리입니다. 둘째, 그것들은 억압적이에요. 셋째, 그것들은 제대로 작동하지 않아요. 천만 달러 매출을 달성하든 못하든 그건 목표로 설정했기 때문에 일어나는 일이 아닙니다." 그는 목표에 집중하는 것이 상황을 통제할 수 있다는 착각만 불러일으킬 뿐이며, 불안감이 커지고 우리가 가장 중요하게 생각하는 것들을 포기할 가능성이 높아진다고 주장한다.

반면에, 목표가 아닌 가치에 중점을 두고 프로젝트를 추진하면 불확실성에 더 잘 대처할 수 있고, 프로젝트에 어떤 일이 일어나더라도 그 가치를 달성할 수 있기 때문에 결과에 더 만족할 수 있다. 하이네마이어 한슨은 새로운 스타트업 프로젝트를 선택할 때 경험을 통해 배우고, 좋은 소프트웨어를 만들고, 직원을 잘 대우하고, 시장과의 상호작용에서 윤리적으로 행동하는 것과 같은 가치에 중점을 둔다고 설명한다. "저는 시장의 선호도를 크게 고려하지 않는 접근 방식을 채택하고 싶습니다. 그러면 시장이 좋아하지 않더라도 이 제품을 개발하는 데 들인 2년의 시간과 수백만 달러의 비용을 되돌아보며 만족감을 느낄 것입니다." 한슨은 자신이 통제할 수 있는 것에 집중함으로써 실패할 수 없는 상황을 만든다. "세상에 뭔가를 내놓는 일은 본질적으로 두렵고 당황스럽고 실망스러운 결과로 이어질 수 있지만 저는 담담하게 받아들입니다."

아이러니하게도 가치에 기반하여 업무를 수행하는 사람들은 종종 특별한 성과를 거둔다. 점점 더 많은 경험적 연구가 업무의 목적을 파악하는 것의 중요성을 강조하고 있다. 장학금 모금을 담당하는 콜센터 직원들을 대상으로 한 연구에서, 장학금 혜택을 받은 학생과 5분간 직접 대화한 직원들은 전화 시간이 2배, 모금 금액이 3배 가까이 증가했다. 마찬가지로 인명 구조 요원들을 대상으로 한 연구에서 생명을 구하는 것에 대한 이야기를 들은 사람들은 구조 요원이 되는 것의 개인적 혜택에 대한 이야기를 들은 사람들보다 40퍼센트나 더 많은 시간을 자원봉사에 참여했다.

창업자와 기업가가 개인적인 이유에 의해 동기를 부여받으면 성공이 뒤따르는 경우가 많다. 기업가 데이비드 히어트[David Hieatt]는 이렇게 설명한다.

대부분의 브랜드는 자신의 판매 전략에 문제가 있다고 생각합니다. 하지만 실제로는 문화적인 문제가 숨어 있습니다. 외부에서 바라보는 브랜드는 그럴듯해 보입니다. 하지만 내부를 들여다보면 텅 비어 있습니다. 내부에 있는 사람들은 그걸 느끼지 못합니다. 따라서 고객도 그걸 느끼지 못합니다. 기업가로서 여러분의 임무는 직원과 고객이 여러분에게 주는 시간에 의미를 부여하는 것입니다. 우리가 사랑하는 브랜드는 변화를 위해 일하고 있습니다. 그리고 결과적으로 변화는 우리가 기꺼이 시간을 할애할 수 있는 일입니다. 소중한 시간을 할애하여 관심 없는 일을 하는 것은 엄청난 스트레스입니다.

처음부터 가치관에 따라 직업을 선택하는 교육자, 예술가, 제작자의 삶에서 자신이 하는 일을 신뢰하는 것의 장점이 더욱 두드러진다. 이 책을 집필하기 전에 우리는 진정성을 바탕으로 일하며 살아가는 사람들을 찾아내고 싶었다. 우리는 열정의 도그마에 갇힌 10대들이 자신이 좋아하는 한 가지에 모든 것을 투자하면 제2의 스티브 잡스가 될 수 있다는 생각과 스트레스에 시달리는 모습을 보며 낙담했다. 우리는 그 생각으로 인한 불안과 그 생각의 오류를 모두 볼 수 있었다. 우리는 정말로 진지하고 열정적으로 일하는 사람들을 찾고 있었다. 이 프로젝트를 통해 우리는 세계 곳곳을 방문했다. 리버풀의 문학 축제, 영국 레이크 지역의 도보 여행, 파리의 베이커리와 레스토랑, 투스카니의 태피스트리 직조공과 장난감 제작자의 마법 같은 세상, 영국의 은세공인, 금세공인, 바구니 제작자, 텍사스 샌안토니오의 시인, 사진작가, 철학자가 있는 멕시코 레스토랑, 멜버른의 도시 계획가, 시드니의 응급구조대원, 영화 제작자, 작가 등등. 이렇게 진지한 방식으로 일하는 사람들을 만나면서 우리는 모두에게 가능성이 있다는 확신을 갖게 되었다. 우리가 가치관에 따라 어떤 일이든 성실히 수행할 때, 그 일이 아무리 평범하거나 대중의 변덕스러운 눈에 과소평가되더라도 지속적인 차이와 위대함을 만들어낸다.

비록 우리가 승자독식의 사고방식을 찬양하는 세상에 살고 있지만, 우리의 이야기와 삶 속의 영웅들은 모든 것을 혼자 다 차지하지 않는다. 그건 악당들이 하는 짓이다. 영웅들은 자신뿐만 아니라 다른 사람들에게도 기회를 만들어 준다. 마지막으로, 우리는 성실한 친구 중 한 명인 팔레스타인계 미국 시인 나오미 시하브 나이[Naomi Shihab Nye]가 명성에 대한 통념을 뒤집는 방식을 좋아한다. 그녀는 <명성>이라는 시에서 이렇게 이야기한다.

"나는 유명해지고 싶다. 느릿느릿 길을 건너며 미소 짓는 어른들에게, 마트에 줄지어 선 아이들에게, 미소로 답하는 사람으로 나는 유명해지고 싶다. 도르래나 단추구멍이 유명하듯이 뭔가 대단한 일을 해서가 아니라 자신이 할 수 있는 일을 결코 잊지 않았기 때문에."

나이가 이야기하는 명성은 우리 모두가 추구할 수 있는 순수한 모습의 차별화이다.

자의적인 목표가 아니라 자신의 가치관에 따라 불확실성에 맞서면 실패할 수 없다. 그러면 안심하고 최선을 다할 수 있다. 여러분의 가치관은 자신이 감당할 가치가 있는 불확실성으로 이끌 것이고, 그 결과물은 궁극적으로 더 만족스럽고 더 성공적일 수 있다. 가치관을 통해 생각해보는 몇 가지 방법은 다음과 같다.

1. 불확실성 선언문을 다시 살펴보라. 9장의 불확실성 선언문 도구를 기억하는가? 아직 자신만의 선언문을 작성하지 않았다면 지금이 여러분의 가치관과 철학을 정의하기에 좋은 시점이다.

2. 편지를 작성하라. 여러분에게 영감을 준 사람에게 편지나 이메일을 써서 가치관 정립을 시작하라. 그들의 관심과 배려가 여러분을 어떻게 변화시켰는지 알려줘라.

3. 명성을 정의하라. 나이가 이야기하는 방식으로 이미 유명해졌거나 여러분이 유명해지고 싶은 모습의 목록을 작성해 보라. 가장 빨리 용서하는 사람,

가장 사려 깊은 직장 동료, 가장 공감 능력이 뛰어난 상사, 가장 의미 있는 선물을 주는 사람, 물컵의 절반이 채워졌다는 긍정적인 관점을 가진 사람 등.

4. 의무에 집중하라. 아이데오^{IDEO}의 전직 디자이너였던 엘 루나$^{Elle\ Luna}$는 의무와 당위성의 차이에 대해 강조했다. 의무가 진정한 가치와 연결된 일이라면, 당위성은 삶의 일부에 불과한 여러 가지 일들을 의미한다. 루나는 결정을 내릴 때 각 범주 별로 라벨을 붙이라고 제안한다. 각각의 범주에 해당하는 결정의 의무와 당위성 목록을 적어라. 의무에 해당하는 것은 무엇이든 프로젝트를 앞으로 나아가게 하는 나침반이 된다.

5. 청중을 상상해 보라. 마감일이나 프로젝트를 위해 작업할 때 그것에 목적을 불어넣어줄 개인적인 가치를 자주 떠올려 보라. 아직 알려지지 않은 반 고흐, 테슬라, 러브레이스 같은 상상 속의 독자들에게 글을 써서 그들이 진지한 작업을 추구하도록 격려할 때 우리는 불확실성의 긍정적인 측면을 더 진정성 있게 전달할 수 있다. 불확실성에 당당하고 용기 있게 맞설 수 있도록 독자들의 잠재력을 일깨우는 것이 우리가 이 책을 쓰는 이유이다.

20장

인지적 유연성

"변화는 삶의 일부입니다.
우리는 그것을 받아들이고 앞으로 나아가야 합니다."

— 빌 게이츠^{Bill Gates}

1949년 8월 4일 미국 몬태나 주에서 일어난 만굴치 화재는 번
개에 의해 시작되었고, 비행기에서 낙하한 15명의 삼림 소방대
원들은 다음날 아침까지 화재를 진압할 수 있을 거라고 생각했
다. 그들은 간단히 저녁 식사를 마친 후 협곡으로 향했지만, 산불
은 거센 바람을 타고 산등성이를 뛰어넘어 10미터 높이의 화염
벽이 되어 강으로 내려가는 길을 막고 있었다. 대원들이 경사 76
도의 가파른 산등성이를 올라가는 동안 팀장인 와그너 닷지^{Wagner}
^{Dodge}는 대원들에게 도구를 버리고 마른 풀밭에 맞불을 피우고 잿

더미 뒤에 엎드리라고 소리쳤다. 항상 도구를 소지하라는 원칙에 어긋나는 지시였기 때문에 대원들은 닷지의 말을 무시했다. 초속 180미터의 불길이 순식간에 그들을 덮쳤고, 사망 시각인 오후 5시 56분에 그들의 시계를 녹여버렸다. 불길이 너무 강력해서 5일 동안 450명의 소방관이 더 투입되었고 간신히 진화에 성공했다.

조직 이론가인 칼 바이크^{Karl Weick}는 이 비극을 되돌아보며 이렇게 말했다. "삼림 소방대원들과 마찬가지로 사람들은 시공간에서 상황이 질서정연하게 전개되는 것처럼 행동합니다. 그러다가 갑자기 상황이 더 이상 합리적이고 질서 있는 시스템이 아니라고 느껴지는 순간에 사고가 발생합니다. 이런 상황 변화가 충격적인 이유는 현재 일어나고 있는 일에 대한 감각과 그 감각을 되살릴 수단이 모두 함께 붕괴되기 때문입니다."

바이크에 따르면 이러한 불확실한 상황에서 해결책은 지혜로운 태도를 취하는 것이다. 현명한 사람은 유동적인 상황에서 지금 벌어지고 있는 일을 경험해 본 적이 없기 때문에 자신이 상황을 정확히 이해하지 못한다는 걸 알고 있다. 따라서 현명한 사람은 자신이 알고 있는 것을 행동을 취할 수 있을 정도로만 믿으면서 다른 목소리를 고려할 만큼 충분히 의심한다. 반면에 자신이 알고 있는 것을 과신하는 사람은 상황의 대부분을 파악하고 있다고 생각하기 때문에 호기심을 피하고, 지나치게 신중한 사람은 불확실성을 심화시킬까 봐 호기심을 피한다.

다섯 개의 스타트업을 통해 10억 달러 이상의 가치를 창출한 마이크 캐시디^{Mike Cassidy}는 이러한 지혜의 태도가 실제로 어떻게 적용되는지 생생하게 보여준다. 캐시디는 게이머가 아니었지만 1인칭 슈팅 비디오 게임 <둠^{Doom}>과 <퀘이크^{Quake}>의 세계 챔피언 트레시^{Thresh}와 힘을 합쳐 얼티밋 아레나^{Ultimate Arena}를 만들었다. 얼티밋 아레나는 플레이어가 돈을 걸고 게임을 벌인 후 승자가 모든 것을 가져가는 서비스였다. 캐시디와 트레시는 벤처 자금을 조달하여 사이트를 구축했고, 수많은 게이머를 끌어모았다. 하지만 캐시디는 사이트 사용자가 50만 명에 달한 후에 뭔가 잘못되었다는 걸 감지했다. 데이터를 분석해 보니 신규 사용자의 홍수 속에 숨겨져 있던 엄청난 이탈률, 즉 기존 플레이어가 사이트를 빠르게 이탈하는 현상이 드러났다. 캐시디가 팀원들과 데이터를 공유했을 때, 놀랍게도 많은 팀원이 방향 전환에 반대했다. 장기적인 지속가능성을 고려할 때 캐시디는 어쩔 수 없이 변화를 강행해야 했고, 저항하는 사람들에게 떠나도록 권유하고 팀을 재구성하여 새로운 방향을 추구하기 위해 엑스파이어^{Xfire}라는 회사를 설립했으며, 이 회사는 1억 달러가 넘는 금액으로 비벤디^{Vivendi}에 매각되었다.

캐시디는 자신의 경험을 되돌아보며 다른 사람들은 변화의 필요성을 느끼지 못했는데 왜 자신은 변화할 수 있었는지 파악하려고 노력했다. 우선, 캐시디는 광범위하고 다양한 학문적 배경을 가지고 있었다. 버클리 음대에서 재즈를 전공한 후 매사추세츠 공대에서 항공우주공학 석사학위를 받았고 하버드에서 MBA를 취득했다. 캐시디가 세상을 바라보는 방법은 항상 다양했고 해결책도 많았다. 그는 얼티밋 아레나의 경험을 되돌아보며 변화를 가로막는 장애물은 아이러니하게도 팀원들의 열정과 재능이었다고 말한다. 변화를 거부한 사람들은 모두 재능 있는 엔지니어였지만 상황에 대한 다른 관점을 인정하지 않았다. 만약 다른 관점으로 바라보았다면 그들은 변화의 필요성을 깨달았을지도 모른다. 네이선과의 인터뷰에서 캐시디는 이렇게 강조했다. "제가 가장 두려워하는 사람은 자신이 옳다고 확신하는 사람입니다. 왜냐하면 그들은 절대 변하지 않기 때문입니다."

이 인터뷰에서 영감을 얻은 네이선은 이 아이디어를 떠오르는 태양광 발전 산업에 시험해 보았다. 다양한 배경을 가진 기업가들이 뛰어들면서 투자자들은 누구에게 투자해야 하는가라는 어려운 문제에 직면했다. 과학 분야에서 평생을 보낸 박사? 여러 번 성공을 거뒀지만 과학적 전문지식이 거의 없는 인터넷 기업가? 연구 결과, 과학자라는 사실 자체는 좋은 것도 나쁜 것도 아니지만, 한 업계에서 평생을 보낸 창업자들은 자신이 옳다는 걸 증명하려고 집착하여 진화하는 업계에서 뒤처지는 경향이 있는 것으로 나타났다. 반면에 다양한 산업에 걸쳐 폭넓은 경험을 쌓거나 창업 경험이 있는 사람들은 변화하는 환경에 훨씬 빠르게 적응하고 더 큰 성공을 거두었다. 네이선은 인지적 유연성, 즉 데이터 변화에 따라 생각의 지도를 업데이트할 수 있는 능력이 불확실한 환경에서 성공하는 데 필수적이라는 결론을 내렸다.

흥미롭게도 리보핵산^{RNA}을 분리시키는 획기적인 발견에서 노벨상 수상 기회를 놓친 저명한 과학자들을 대상으로 한 안타까운 실수에 대한 연구에서도 비슷한 관찰 결과를 얻었다. 해당 주제의 선도적인 연구자였던 과학자들과 인터뷰한 결과, 그들은 자신의 데이터에서 이상 징후를 인식하지 못했고, 기존 패러다임에서 벗어난 해결책을 시도하는 것을 거부했으며, 궁극적인 해결책의 열쇠를 쥐고 있는 다른 분야의 사람들과 소통하는 데 실패했다. 다시 말해서 그들은 지혜로운 태도를 취하지 않았고 생각의 지도를 업데이트할 수 있는 인지적 유연성을 갖추지 못했다. 이것이 우리에게 의미하는 바는 무엇일까? 불확실성에 직면했을 때 지혜로운 태도를 취하고 새로운 데이터를 통합할 수 있는 인지적 유연성을 키울 수 있다면 민첩성과 적응력이 향상되고 성공할 수 있다. 우리는 특정한 가능성에 집착하여 데이터를 자신의 생각에 끼워 맞추기보다는, 호기심 많고 열린 마음을 가진 과학자가 가설을 대할 때처럼 자신의 생각을 데이터에 맞춰나가야 한다. 현대 무용의 혁신을 이끈 머스 커닝햄$^{Merce\ Cunningham}$은 작곡 과정에서 인지적 유연성의 정신을 잘 보여주었다. "새로운 작품을 작업할 때면 모퉁이 너머가 보이지 않는 것처럼 항상 뭔가를 놓치고 있다는 확신이 듭니다. 내가 이해하지 못하는 다른 뭔가가 있다는 걸 깨닫고 이 방법만이 유일한 길은 아니라는 걸 인정해야 합니다."

이와 마찬가지로 선도적인 반도체 장비 회사 ASML의 최고 기술 책임자 마틴 반 덴 브링크[Martin van den Brink]는 매우 다른 환경에서 인지적 유연성의 훌륭한 사례를 보여준다. 그는 극자외선을 이용한 반도체를 만들기 위해 10년 동안 수십억 달러 규모의 혁신을 주도하는 과정에서 엄청난 불확실성에 직면했다. 그 과정에서 반 덴 브링크는 반대와 격려, 장애물과 성공에 직면했다. 반 덴 브링크는 돌파구를 찾기 위한 힘든 여정을 되돌아보며 이렇게 말했다. "저는 제 선택을 절대로 확신하지 않습니다. 지금 결정을 내리고 한 시간 후에 바꾸더라도 편안함을 느낄 수 있습니다. 진실을 감당할 수 없는 사람은 실수를 인정하지 못하기 때문에 눈을 가린 채 절벽으로 향합니다. 하지만 절벽을 바라보며 접근할 수 있는 다양한 방법을 찾는 것이 훨씬 더 흥미롭지요. 다른 기회를 찾을 수 있다면 틀려도 괜찮습니다. 그래서 저는 제가 옳다고 주장하지 않습니다. 오히려 제 생각의 결함을 말해달라고 요청합니다."

인지적 유연성을 어떻게 향상시킬 수 있을까? 자신감, 낙관주의, 새로운 경험에 대한 개방성 등 여러분의 타고난 성향에 따라 다르게 접근해야 할 수도 있다. 네이선은 킥스타트 펀드와 협력하여 학생들에게 스타트업 투자 과정을 가르치면서 이 사실을 직접 배웠다. 놀랍게도 투자에 대한 탄탄한 커리큘럼에도 불구하고 학생들은 위험만 바라보는 비관론자와 기회만 바라보는 낙관론자라는 두 그룹으로 나뉘는 경향이 있었다. 네이선은 학생들이 기회와 위험을 모두 인식하고 위험 때문에 투자를 포기하는 대신 위험을 창의적으로 해결할 수 있는 현실주의자가 되도록 돕는 것이 자신의 임무라는 사실을 깨달았다. 여러분도 그렇게 할 수 있는 몇 가지 방법을 소개하겠다.

1. 현실주의자가 되라. 자신을 분류해야 한다면 여러분은 낙관주의자 또는 비관주의자 중 어느 그룹에 속하는가? 낙관주의자 그룹에 속한다면, 위험의 존재가 아이디어를 추구하지 말아야 한다는 의미가 아님을 깨닫고 반대 의견에 좀 더 개방적인 태도를 취할 필요가 있다. 실제로 투자자 제리 노이만[Jerry Neumann]은 위험이 오히려 강력한 경쟁자의 모방으로부터 아이디어를 보호하기 때문에 좋은 거라고 주장한다. 성공한 기업가들은 문제를 하나씩 해결해

나가면서 위험을 극복한다. 비관론자 그룹에 속한다면 부정적인 목소리에만 귀를 기울이면서 앞으로 나아가지 못할 수 있으므로 긍정적인 의견을 가진 사람들을 부지런히 찾아야 한다. 현실주의자가 되려면 위험을 "들어가지 말라"는 신호가 아니라 테스트해야 할 가설로 바라봐야 한다.

2. 자신의 아이디어에 대해 이야기하라. 현재 진행 중인 아이디어(사업 구상, 이직, 업무 전환, 인간관계 등)의 다른 의견이나 관점에 대해 열린 자세로 임했는지 생각해 보라. 긍정론자와 회의론자의 의견을 들어보라. 회의론자들의 의견에 좌절하지 말고 프로젝트를 바라보는 새로운 관점으로 활용하라. 긍정론자의 의견은 앞으로 나아가기 위한 동력으로 활용하라.

3. 반대 의견에 귀를 기울여라. 다른 관점과 반대 의견을 경청하고 학습 능력을 키워라. 폭넓게 읽고, 질문을 많이 하고, 다른 생각을 가진 사람들과 대화하라. 다른 사람의 생각을 경청하면 마음의 문을 열고 우리의 생각을 바꿀 수 있게 된다. 최초의 인터넷 혐오 사이트의 회원이었던 데릭 블랙[Derek Black]은 대학에서 정통 유대교 신자인 매튜 스티븐슨[Matthew Stevenson]을 만났다. 스티븐슨은 블랙을 안식일 저녁 식사에 초대했고 시간이 지나면서 두 사람의 대화는 우정으로 발전했다. 블랙은 자신이 물려받은 혐오 이데올로기를 의심하기 시작했다.

4. T자형 관점을 개발하라. 점점 더 많은 공과대학에서 한 분야에 깊이가 있

고 여러 분야에 걸쳐 폭이 넓은 (또는 서로 다른 학문과 관점을 연결하여 통합할 수 있는) T자형 인재를 양성하려 노력하고 있다. 지식은 T자형 관점의 기초를 형성하고, 호기심과 공감에서 T자형 관점이 시작된다. 다른 분야에 대해 연관성을 파악하고 다큐멘터리를 보고 강의를 들을 정도의 관심을 갖는 것만으로도 깊이 있고 폭넓은 관점을 키울 수 있다.

안개 속에서 배우기

"저는 당신이 전문가이기 때문에 투자하는 게 아닙니다.
특별한 이론이 있어서 투자하는 것도 아닙니다.
내가 투자하고 싶은 사람, 즉 돈이 아니라 열정에 의해 동기를 부여받고
불확실성에 직면했을 때 창의력을 발휘하는 사람이라는 걸
당신이 증명했기 때문에 당신에게 투자하는 것입니다."

– 데이비드 호닉David Hornik

반도체 제조 분야에서 가장 파격적인 혁신을 이끈 마틴 반 덴 브링크는 불확실성을 헤쳐나가는 일이 어려운 상황에서 자동차를 운전하는 것과 비슷하다고 말한다. "안개가 자욱하고 어둡습니다. 앞에는 빨간불이 켜진 차들이 몇 대 있는데, 여러분은 점점 속도를 내기 시작해서 앞차를 앞지르게 됩니다. 이제 더 이상 불빛이 없고 어떻게 해야 할지 전혀 알 수 없습니다. 안개 속을 어떻게 헤쳐나갈 수 있을까요?"

진화 생물학, 전략, 혁신 분야에서는 불확실한 상황을 설명하

기 위해 안개에 가려진 '기회 지형'이라는 비유를 사용하기도 한다. 언덕과 계곡으로 가득한 3D 지형도를 상상해 보라. 안개에 가려진 지형에 대한 지식이 없다면 지금 서 있는 곳이 위험한 절벽인지, 커다란 언덕인지, 아니면 흥미로운 기회인지 어떻게 알 수 있을까? 연구에 따르면 안개 속을 통과하는 가장 좋은 방법은 빠른 사이클, 간단한 규칙, 접근방식 전환 등 일련의 학습 기술을 채택하여 최대한 빨리 상황을 파악하고 언덕 위에서 망설이거나 어둠 속에서 맹목적으로 헤매면서 시간을 낭비하지 않는 것이다.

빠른 사이클

스타트업 엑셀러레이터Startup accelerator는 불확실한 상황에서 빠르게 학습하는 방법에 대한 단서를 얻을 수 있는 좋은 환경이다. 창업자는 어떤 시장을 공략할지부터 계약 협상 방법에 이르기까지 수많은 미지의 영역에 직면하게 되는데, 액셀러레이터는 이러한 창업자를 지원하기 위해 만들어진 새로운 유형의 조직이다. 기간을 정하지 않고 사무실을 제공하는 스타트업 인큐베이터와 달리 액셀러레이터는 일정 기간(일반적으로 3개월) 동안 스타트업 그룹(클래스)을 수용하여 지분을 대가로 라면 머니(라면을 먹고 살 수 있는 돈)를 지급한 후 외부 투자자에게 펀딩을 요청하는 최종

데모데이$^{\text{demo day}}$까지 이들을 코치한다. 예를 들어, 와이 콤비네이터$^{\text{Y Combinator}}$는 매주 참가자들을 위한 만찬을 개최하여 성공한 기업가들이 자신의 경험을 설명하고, 합격한 창업자들에게 멘토와 고객을 소개하는 자리를 마련한다. 현재 수천 개의 스타트업 액셀러레이터가 있으며, 졸업한 기업으로는 에어비앤비^{Airbnb}, 드롭박스^{Dropbox}, 깃허브^{GitHub} 등이 있다.

최근 8개의 주요 액셀러레이터를 대상으로 한 학술 연구에서 다음과 같은 질문을 던졌다. 창업자들이 최대한 빨리 배울 수 있도록 액셀러레이터를 설계하는 가장 좋은 방법은 무엇일까? 프로그램을 표준화하거나 각각의 스타트업에 따라 맞춤화해야 할까, 멘토와의 상호작용을 압축하거나 속도를 조절해야 할까, 비밀을 보호하거나 창업자들이 서로 공유하도록 요구해야 할까? 연구자들은 창업자들이 직면하는 가장 큰 문제는 17장에서 설명한 것처럼 수많은 불확실성 속에서 기계를 억지로 가동하는 (차선의 확실성에 안주하는) 함정이라는 사실을 발견했다.

훌륭한 액셀러레이터는 창업자들이 자발적으로는 하지 않을 일을 하도록 압박함으로써 이러한 경향에 대응한다. 창업자는 첫 달에 200명에 달하는 수많은 멘토와 고객을 만나게 되므로, 초기 직감을 굳히기 전에 더 많은 기회 환경에 노출될 수 있다. 처음에는 많은 창업가들이 아이디어를 도용당할까봐 자신의 아이디어를 설명하는 데 주저하지만 훌륭한 액셀러레이터는 사람들에게 이야기하도록 압박한다. 여학생들의 엔지니어링 기술 육성을 위해 설립된 회사인 골디블록스^{GoldieBlox}의 창업자 데비 스털링^{Debbie Sterling}은 이렇게 설명한다. "종이에 스케치한 대략적인 아이디어만이라도 공유하기 시작하는 것은 결코 너무 이르다고 생각하지 않습니다. 정말로요. 아직까지 제 반쪽짜리 아이디어가 다른 사람에게 도용되거나 제가 했던 것보다 더 잘 실행된 경험은 없습니다." 그녀는 레스토랑에서 웨이터와 아이디어를 공유한 것이 계기가 되어 「애틀랜틱^{The Atlantic}」의 편집자인 웨이터의 이모를 소개받았고, 이모는 골디블록스에 대한 호의적인 기사를 작성하여 사업을 시작하는 데 도움을 주었다.

또한 최고의 스타트업 액셀러레이터는 창업자들이 서로 발표하고 진행 상황을 공유하도록 압박한다. 많은 창업자들은 자신의 아이디어를 도용당할까 봐 다른 창업자들과 공유하는 것을 꺼리지만, 공동의 문제를 해결하는 방법이나 도전에 접근하는 새로운 방법을 발견함으로써 얻는 이점이 걱정했던 위험보다 훨씬 크다는 사실을 지속적으로 발견한다.

훌륭한 액셀러레이터는 스타트업이 관련성 있는 좁은 그룹의 사람들뿐만 아니라 다양한 사람들과 만나 대화를 나누도록 유도한다. 예를 들어, 사회적 목적을 위한 소프트웨어를 개발하는 한 창업자는 액셀러레이터가 플레이보이^{Playboy}의 마케팅 부사장과 미팅을 주선했을 때 망설였다. 하지만 놀랍게도 플레이보이 부사장은 독실한 기독교 신자였고 훌륭한 아이디어를 가지고 있었다. 창업자는 여름 동안 참가했던 회의 중 최고였다며 감탄했다. 때때로 최고의 통찰력은 멀리 떨어진 곳에서 나오기도 한다. 기업가 데이비드 히어트는 이렇게 설명한다. "다른 사람들이 생각하는 곳에서 답을 찾다 보면 우리는 곧 다른 사람들처럼 생각하게 됩니다. 독창성에는 약간의 기발한 요소가 필요합니다."

간단한 규칙

연구에 따르면 과거 경험을 바탕으로 한 빠르고 유연한 휴리스틱(자기발견 학습)과 같은 간단한 규칙도 안개 속에서 길을 찾는 데 도움이 될 수 있다. 지나치게 복잡한 계획에 의존하거나 즉흥적으로 결정하는 대신 간단한 규칙을 사용하면 과거 경험에서 얻은 교훈과 유연성을 결합하여 의사 결정을 개선할 수 있다. 자세히 살펴보면 세상 어디에서나 간단한 규칙이 작동하는 걸 확인할 수 있다. 개미의 뇌는 인간의 뇌보다 4만 배나 작지만 '일을 찾는' 간단한 규칙 덕분에 수백만 마리의 개미가 복잡한 분업을 개발하고, 복잡한 공급망을 만들고, 독립적으로 작업을 변경할 수 있다.

인텔은 웨이퍼 당 수익에 따라 제조 공간을 할당하는 간단한 규칙을 통해 중간 관리자가 고위 경영진의 지시 없이 메모리 제조에서 마이크로프로세서 제조로 전환하여 회사를 혁신할 수 있었다. 마찬가지로, 아마존이 맘마미아 DVD를 30달러에 100만 장 이상 선판매한 후 경쟁업체가 같은 DVD를 10달러에 판매하겠다고 발표하자 아마존 경영진은 고객 우선이라는 간단한 규칙을 통해 제프 베조스의 지시 없이 60초 만에 가격 조정(2천만 달러의 매출 손실)을 결정할 수 있었다.

스탠퍼드 대학교의 연구진(그중에는 네이선도 있었다)은 기업가들이 불확실한 환경에서 어떻게 간단한 규칙을 개발하는지에 대한 광범위한 연구를 수행했다. 연구진은 성공한 기업가일수록 과거의 경험을 바탕으로 무엇에 집중할지, 어떻게 실행할지에 대한 규칙을 개발한다는 사실을 발견했다. 서로 협력하는 방법을 배우면서 가장 효과적인 팀은 진출할 지역의 우선순위를 정하는 방법 등 다양한 기회의 시점, 순서에 대한 더욱 정교한 휴리스틱을 개발한다. 반면에 덜 효율적인 기업가들은 간단한 규칙에 대해 생각하고 소통하는 시간을 할애하지 않고 과거의 실수를 반복한다.

스타트업 투자자 데이비드 호닉은 불확실성에 대해 이렇게 말한다. "막연한 정보보다는 휴리스틱에 기초해 의사 결정을 내리는 사람이 불확실성에 훨씬 더 잘 대처할 수 있습니다. 휴리스틱은 새로운 정보에 따라 변화하기 때문에 정보가 변한다는 사실에 대해 걱정할 필요가 없습니다." 호닉은 스타트업 투자에 '인간 중심의 의사 결정'이라는 간단한 규칙을 적용한다. "저는 당신이 전문가이기 때문에 투자하는 게 아닙니다. 특별한 이론이 있어서 투자하는 것도 아닙니다. 내가 투자하고 싶은 사람, 즉 돈이 아니라 열정에 의해 동기를 부여받고 불확실성에 직면했을 때 창의력을 발휘하는 사람이라는 걸 당신이 증명했기 때문에 당신에게 투자하는 것입니다."

접근방식의 전환

마지막으로, 다양한 학습 전략이 있으며 직면한 문제에 맞게 전략을 변경할 필요가 있다는 점을 인식해야 한다. 소비자 드론 (아마추어가 조종하는 비행 장치가 머리 위를 윙윙거리며 날아다니는 것)을 만들기 위한 경쟁을 생각해보라. 이 새로운 산업을 만든 기업가들은 가장 좋은 아키텍처가 무엇인지, 드론을 어떤 용도로 사용할 수 있는지, 즉시 비행할 수 있는 드론을 만드는 방법이 무엇인지 등 세 가지 주요 과제에 직면했다. 드론 산업을 연구하는 스탠퍼드 연구원들은 「와이어드[Wired]」 편집자였던 크리스 앤더슨[Chris Anderson]이 창업한 3DR과 프랭크 왕[Frank Wang]이 대학원생 시절에 창업한 DJI를 비교했다. 최적의 아키텍처라는 비교적 간단한 문제를 해결하기 위해 3DR은 크라우드소싱, 즉 많은 사람들에게 제안을 받는 방식이 가장 효과적이라는 사실을 입증했다. 잘 알려지지 않은 한 사용자가 1950년대의 쿼드로터 설계를 제안했고, 이 설계는 프랭크 왕의 독창적인 헬리콥터 설계를 기반으로 한 반복적 접근 방식을 빠르게 앞질렀다.

헬리콥터 설계에 실패한 후 드론의 용도를 찾는 더 복잡한 문제에 직면한 왕은 접근 방식을 바꿔 문제를 해결하는 방법을 배우기로 결심했다. 프랭크 왕은 소방관, 스포츠 애호가, 농부 등 다양한 사용자와 대화를 나누며 실험을 병행하다가 한 파일럿을 만나 영화 스튜디오가 항공 영상에 얼마나 많은 돈을 지불하는지에 대해 설명을 들었다. 드론이 이 시장을 공략할 수 있지만, 안정적으로 동영상을 촬영할 수 있는 정교한 장치인 고품질 짐벌을 제작해야 했다. 이 문제를 해결하기 위해 왕은 다시 전략을 바꿔 소프트웨어, 기계, 전기 엔지니어로 구성된 협업 팀을 만든 후 빠른 실험 주기를 통해 짐벌을 개발하여 결국 1억 달러 이상의 수익을 올렸다. 반면 3DR은 쿼드로터를 발견할 때 효과가 있었던 커뮤니티 기반 접근 방식을 고수했다. 커뮤니티 구성원들은 짐벌의 필요성을 파악했지만 짐벌을 만들기 위해 적극적으로 협력할 수는 없었다. 기업가들이 마지막 주요 과제인 즉시 비행할 수 있는 드론을 설계할 때 3DR 커뮤니티는 다시 한번 조율에 어려움을 겪었지만, 왕의 팀은 전체적 아키텍처와 개별 구성 요소 설계를 병행하는 전략을 채택했다. 한 엔지니어는 이렇게 설명했다. "우리는 덕트 테이프를 붙이고 지퍼로 묶어서 드론이 작동하는 모습을 보여준 다음, 매주 20개의 새로운 프로토타입을 만들어서 더 나은 부품으로 계속 교체했습니다." 수백 번의 빠른 사이클을 거친 후 DJI는 즉시 비행이 가능한 드론을 만들어냈고 드론 시장의 77%를 점유했다. 왕은 억만장자가 되었으며 3DR을 크게 앞질렀다. 스탠퍼드 연구진은 단순한 문제는 독립적으로 해결할 수 있고, 복잡한 문제는 협력이 필요하며, 통합된 문제는 둘 다 필요하다는 결론을 내렸다. 이러한 연구 결과는 "내가 직면한 문제는 무엇이며, 어떤 학습 전략이 문제를 더 빨리 해결하는 데 도움이 될 수 있을까?"라는 질문을 던짐으로써 학습에 대한 접근 방식을 전환하는 것이 중요하다는 사실을 보여준다.

안개 속에서 학습하려면 빠른 학습 주기를 채택하고, 간단한 규칙을 개발하고, 상황에 따라 학습 전략을 변경해야 한다. 시작하는 방법은 다음과 같다.

1. 자신만의 액셀러레이터를 만들어라. 자신의 아이디어에 대해 최대한 많은 사람들과 최대한 빨리 이야기하도록 압박하는 등 자신만의 액셀러레이터 경험을 만들어 보면 어떨까? 로빈 체이스^{Robin Chase}는 자신이 창업한 차량 공유 스타트업인 집카^{Zipcar}를 설명할 적절한 방법을 찾던 중, 색인 카드에 아이디어를 적어 두었다가 만나는 모든 사람에게 테스트해 보았다. 얼마 후 그녀는 사람들이 집카 서비스를 이용하도록 설득하는 비결이 바로 이 서비스를 설명하는 데 사용한 단어, 즉 '원할 때 운행하기'에 있다는 걸 발견했다!

2. 과거 경험을 바탕으로 빠르고 효율적인 휴리스틱과 같은 간단한 규칙을 개발하라. 여러분은 거의 모든 생활 영역에서 간단한 규칙을 만들 수 있다. 하고 싶은 일에 따라 간단한 규칙을 만들거나 조정하라. 자신만의 규칙을 신중하게 개발하되 유연성을 유지하라. 규칙은 정신적 에너지를 자유롭게 해주기 때문에 불확실성의 균형을 잡아주는 역할을 할 수도 있다. 예를 들어, 자

비로운 인도주의자의 간단한 규칙은 요청하는 모든 사람에게 15분의 시간을 주는 것일 수 있고, 영리한 미술품 수집가의 간단한 규칙은 머리, 마음, 가격표를 따르는 것일 수 있다.

상상력을 발휘할 수 있는 간단한 규칙의 몇 가지 예는 다음과 같다. 직원 채용: 채용은 천천히, 해고는 빠르게. 식사: 디저트를 주말에만 먹고 평일에는 먹지 않기. 예산: 커피를 사서 마시지 말고 집에서 만들어 마시기. 사회생활: 나를 살아있다고 느끼게 해주는 사람들과 시간을 보내기. 휴가: 예전에 좋아하던 곳과 새로운 장소를 방문하는 것의 균형 맞추기. 파트너와의 관계: 잠자리에 들기 전에 항상 (또는 자신에게 맞는 방식에 따라 수시로) 의견 불일치를 해결하기.

가장 중요한 것은 자신에게 맞는 규칙을 채택하는 것이다. 소설가이자 어니스트 헤밍웨이, F. 스콧 피츠제럴드, 앙리 마티스 등의 멘토였던 거트루드 스타인Gertrude Stein의 재미있는 일화가 있다. 그가 사랑하는 반려견 바스켓이 세상을 떠났을 때, 한 친구는 똑같은 품종의 개를 구해 바스켓이라고 부르라고 제안했다. 하지만 파블로 피카소는 같은 품종의 개를 키우면 잃어버린 개를 떠올리게 할 뿐이라며 반대 입장을 취했다. 상충되는 두 가지 간단한 규칙에서 스타인은 어떤 선택을 했을까? 한동안 그녀는 두 가지를 결합하여 "같지만 같지 않은 것"을 추구했다. 하지만 결국 같은 품종의 개를 키우기로 결정하고 바스켓이라고 이름을 지었다. 그녀는 이렇게 말했다. "과거의 개와 새로운 개 사이에 혼란이 생기지만 저는 그 이름이 편안해요."

3. 문제와 학습 기법을 일치시켜라. 기술적 문제에 직면하면 전문가의 조언을 구하라. 고객 수요 문제에 직면하면 사용자와 대화하라. 생각에 도전하고 싶다면 반대 의견과 대화하라. 사고의 폭을 넓히고 싶다면 새로운 분야의 사람들과 대화하라. 대화보다는 책을 읽는 경향이 있더라도 불편한 일을 감수하고 밖으로 나가 사람들과 대화하라. 문제에 따라 스타일을 바꿔보라.

4. 최선의 방법을 찾는 것보다 실행에 우선순위를 둬라. 많은 경우에 프로젝트는 최선의 방법을 찾는 것보다 시작하는 데 더 많은 노력이 필요하다. 우리가 한 걸음 내딛을 때마다 더 많은 기회의 풍경이 드러난다. 수익적인 측면에서는 DJI의 성공을 인정할 수 있지만, 3DR은 실패한 게 아니라 드론 애호가 커뮤니티를 비롯한 다른 시장의 요구에 계속 부응하고 있다는 점을 기억할 필요가 있다.

1만 장의 사진

"나는 1만 번 실패한 게 아니라
실패할 수 있는 1만 가지 방법을 성공적으로 찾아냈다."

– 토머스 에디슨Thomas Edison

유명 데이팅 사이트 매치닷컴의 경영진은 어두운 외부 회의
실에 앉아 세계 최초로 재사용 가능한 로켓을 바다에 띄운 바지
선에 착륙시키려던 스페이스X의 영상을 지켜보고 있었다. 무사
히 착륙하려는 순간, 로켓이 왼쪽으로 너무 많이 기울어졌고, 이
를 과도하게 수정하자 반대 방향으로 휘청거리며 화염과 연기를
내뿜으면서 추락했다. 영상이 끝나자 매치닷컴의 CEO 샘 야건은
모인 팀원들에게 물었다. "방금 우리가 무엇을 본 겁니까?" 잠시
침묵이 흘렀고, 최고 마케팅 책임자가 손을 들어 "로켓 착륙 실패

입니다."라고 말했다. 야건은 잠시 멈칫하며 혼자 생각했다. "그녀가 실패라는 말을 해서 정말 다행이군." 왜냐하면 이 미팅의 목적인 '실패 없이는 위대한 일을 성취할 수 없다'는 교훈을 깨닫는 데 도움이 될 것이기 때문이었다.

야건은 다시 불을 켜고 최고 마케팅 책임자에게 감사를 표한 다음 "화성까지 가는 도중에 실패하지 않고 갈 수 있을까요?"라고 물었다. 그녀는 무슨 말인지 알아차린 듯 미소를 지으며 "아니, 당연히 실패할 겁니다."라고 대답했다. 야건은 팀원들을 돌아보며 무엇이 그들을 가로막고 있는지 핵심을 파악했다. "실패 없이는 위대한 업적을 달성할 수 없습니다. 실패하지 않고 해낼 수 있다면 그건 힘든 일이 아니지요. 그러므로 위대한 일을 이루려면 반드시 실패해야 합니다." 그 후 매치닷컴 팀은 새로운 비즈니스 모델을 만들기 위해 17번이나 시도하고 실패했지만, 더 많은 실험과 반복 끝에 업계를 뒤흔들고 6배나 많은 사용자를 끌어모으며 이 분야의 새로운 패러다임이 된 틴더Tinder를 개발할 수 있었다.

그러나 실패가 불확실한 일을 시도하는 것의 일부라는 건 이야기의 절반에 불과하다. 나머지 절반은 실패를 두려워하기 때문에 큰 혁신이 일어날 수 있는 불확실한 상황을 너무 자주 회피한다는 것이다. 우리는 물속에 발가락을 담그는 순간에도 뭔가 잘못될까봐 예민하게 반응하여 첫 징후가 보이면 재빨리 뒤로 물러난다. 하지만 실패를 반복하는 것이 작업의 일부가 되어버려서 실패를 반복하는 데 익숙해진 사람들도 있다. 배우 댈러스 로버츠와 하이킹을 하면서 우리는 실패를 회피하는 반응이 얼마나 문제가 될 수 있는지 깨달았다. 아름다운 녹색 평원 위의 울창한 나무숲을 오르면서 대화의 주제는 새로운 일을 할 때 발생하는 불확실성을 헤쳐나가는 것으로 바뀌었다. 우리의 이야기를 주의 깊게 듣던 로버츠는 이렇게 말했다. "어쩌면 사람들은 더 많은 시도를 해야 할지도 모릅니다. 대부분의 배우들은 100번의 오디션에 도전하고 실패한 후에야 하나의 배역을 맡을 수 있게 됩니다."

여러분은 어떤 일을 100번은 고사하고 두 번 이상 시도해 본 적이 얼마나 있는가? 그러기 위해서는 기꺼이 어려운 상황에 뛰어들 의지가 필요하다. 로버츠는 자신에게 영감을 준 한 가지 사례를 들려주었다. "예전에는 내셔널 지오그래픽이 사진 촬영을 위해 사진작가를 파견할 때 모든 프레임을 촬영할 수 있는 1만 장 분량의 충분한 필름과 지침을 함께 보냈습니다. 그중에 소수만 사용하게 되지만, 몇 개의 훌륭한 작품을 얻기 위해서는 그 1만 장의 사진이 필요했습니다." 더 자주 시도하라는 그의 말에 영감을 받아 우리가 실제로 찾아본 결과, 내셔널 지오그래픽은 일반적으로 12장의 사진을 게재하기 위해 사진가들에게 2만 장에서 6만 장의 사진을 찍어 달라고 요청하는 것으로 나타났다. 놀랍지 않은가!

여기서 얻을 수 있는 교훈은 불확실성에 직면했을 때 평소에 하던 것보다 더 많은 노력이 필요하다는 것이다. 새로운 아이디어를 개척한 사람들에 관한 책 『오리지널스』에서 조직 심리학자 애덤 그랜트는 우리 대부분이 바보처럼 보일까 봐 시도하는 것을 두려워한다고 주장한다. 대다수의 사람들(85퍼센트)은 가장 중요한 아이디어에 대해 의견을 말하기보다는 침묵을 지켰다고 답했다. 그랜트는 "여러 분야를 살펴볼 때 가장 위대한 개척자는 가장 많이 시도하고 가장 많이 실패하는 사람"이라고 말한다. 그는 다윈이 처음에는 진화가 한 생애 내에 일어난다는 잘못된 주장을 펼쳤다고 지적한다. 현재 우리는 진화가 여러 생애에 걸쳐 일어난다는 사실을 알고 있다. 그러나 다윈의 일기를 살펴보면 포기하지 않고 자신의 아이디어를 개선하고 발전시키기 위해 계속 노력한 결과 현대 생물학에서 가장 중요한 이론 중 하나를 탄생시켰음을 알 수 있다. 그랜트는 클래식 작곡가들 사이에서 성공을 예측하는 가장 좋은 지표 중 하나는 작곡의 양이라고 강조한다. "더 많은 결과물을 만들어낼수록 더 많은 다양성을 얻을 수 있고 진정으로 독창적인 것을 발견할 가능성이 높아집니다. 클래식 음악의 3대 거장인 바흐, 베토벤, 모차르트조차도 소수의 걸작을 만들기 위해 수백, 수천 곡의 음악을 작곡해야 했습니다."

도전하는 과정에서 많은 실패가 있을 수 있다. 스페이스X를 다시 한번 살펴보자. 그들은 우주 산업을 혁신하기 위해 재사용

가능한 로켓을 만드는 과정에서 여러 번 실패했다. 첫 번째 팰컨 로켓은 이륙 후 33초 만에 폭발했고, 2007년 두 번째 발사는 궤도 진입에 실패했으며, 나사[NASA]의 장비를 실은 로켓은 바다에 추락했고, 선박에 착륙하려던 네 번의 시도는 모두 폭발로 끝났다. 그 외에도 수많은 폭발, 실패, 실수가 있었다. 하지만 CEO 일론 머스크는 실패 없이 성공할 거라고 생각하지 않았다. 머스크는 한 인터뷰에서 이렇게 말했다. "실패할 줄 알았기 때문에 처음에는 친구나 투자자들로부터 자금을 받지 않았습니다."

마찬가지로 아마존은 사업적인 성공으로 유명하지만, 파이어폰, 대시 버튼, 아마존 탭 등 수많은 실패를 겪었다. 베조스는 이렇게 말했다. "저는 아마존에서 말 그대로 수십억 달러의 실패를 경험했습니다. 그 실패들 중 어느 것도 즐겁지 않았지만 중요하지도 않았습니다. 왜냐하면 기업과 사람은 도전을 중단하면 결국 절망적인 상황에 처하게 되기 때문입니다. 대담한 베팅을 하려면 실험을 해야 하고, 실험의 성공 여부를 미리 알 수 없습니다. 실험은 본질적으로 실패하기 쉽습니다."

그 밖에도 여러 번 실패를 거듭한 끝에 확고한 기반을 마련한 사람들의 사례가 많이 있다. 아동문학 작가인 닥터 수스[Dr. Seuss]의 첫 번째 책은 27개 출판사에서 거절당했다. 어느 날 아침 그는 뱅가드 출판사의 아동 도서 부문에서 일을 시작한 대학 친구 마이크 맥클린톡[Mike McClintock]을 우연히 만났고, 오후에 출판 계약을 체결했다.

마찬가지로 역사상 가장 성공적인 중국 기업 중 하나인 전자 상거래 플랫폼 알리바바의 창업자 마윈은 "초등학교 입학시험에서 두 번, 중학교 입학시험에서 세 번, 대학교 입학시험에서 두 번 떨어졌습니다."라고 고백한다. 수학 시험에서는 120점 만점에 1점을 받았다. 방과 후 일자리를 구하기 위해 공안 경찰에 지원했지만 실력이 없다는 이유로 떨어졌고, 켄터키 프라이드 치킨 중국 지사는 지원자 24명 중 23명을 채용했지만 마윈만 탈락시켰다. 하버드대에 10번이나 지원했지만 입학하지 못했고, 처음 두 번의 벤처 사업도 실패했으며, 알리바바Alibaba에서도 많은 실수를 저질렀다. 마윈은 자신의 경험을 되돌아보고 웃으며 말한다. "저는 알리바바를 1,001번의 실수라고 부릅니다. 하지만 포기하지 않는다면 여전히 기회가 있습니다. 포기하는 것이 가장 큰 실패입니다."

마지막 예로, 위대한 발명가인 토머스 에디슨 역시 수많은 실수를 저질렀다는 사실을 기억하라. 그는 자동 투표기, 전자펜, 축음기, 말하는 인형, 광석 제분기, 홈 서비스 클럽(축음기의 넷플릭스), 가정용 영사기 키네토스코프 등 수십 개의 발명품에 막대한 돈을 쏟아 부었지만 실패했다. 에디슨을 돋보이게 한 것은 다시 해보겠다는 그의 의지였다. 전기 작가 레오나드 디그래프Leonard DeGraaf는 이렇게 말한다. "에디슨은 한 가지 아이디어나 발명품이 실패하더라도 이를 만회할 수 있는 다른 기회가 있다는 걸 알고 있었습니다." 내셔널 지오그래픽 사진작가들이 몇 장의 멋진 사진을 얻기 위해 1만 장의 사진을 찍는 것처럼, 에디슨은 이런 유명한 말을 남겼다. "나는 1만 번 실패한 게 아니라 실패할 수 있는 1만 가지 방법을 성공적으로 찾아냈다."

1만 번의 시도는 우리 모두를 자유롭게 할 수 있다. 심리학자 앤젤라 덕워스Angela Duckworth가 강조한 것처럼, 끈기는 재능을 뛰어넘는 노력과 열정과 인내가 결합된 것이다. 끈기 있는 사람은 포기하지 않기 때문에 목표를 성취할 수 있는 더 많은 기회를 얻게 된다. 그들은 현재의 수준, 성적, 혈통, 주변 사람들의 평가에 상관없이 계속 노력한다.

천재에 대한 우리의 생각은 왜곡되어 있다. 작가 말콤 글래드웰^{Malcolm Gladwell}에 따르면 천재는 연습과 1만 시간의 노력으로 탄생한다. 우리가 존경하는 영웅들은 많은 연습을 하고 다양한 방법으로 시도한다. 첫 번째 결과가 좋았더라도 그 다음 시도를 통해 최종 결과를 더욱 풍요롭게 확장할 수 있다. 그 과정에서 고려할 수 있는 몇 가지 아이디어는 다음과 같다.

1. 진화 심리학자들에 따르면 거절에 대한 인간의 두려움은 과거 수렵채집 시절까지 거슬러 올라간다. 부족에서 배제되는 것은 사형선고와 같았기 때문에 인간은 부족에 남아 생존하기 위해 거절을 두려워하고 순응하는 법을 배웠다. 하지만 오늘날에는 상황이 달라졌다. 새로운 일을 하고 역동적인 환경에 적응하는 법을 배우는 것이 성공의 열쇠가 되었다. 우리는 불확실성과 실패에 대한 이러한 유전적 반응을 다시 프로그래밍할 수 있다. 이에 대해서는 26장에서 자세히 설명하겠다.

2. 우리는 열심히 여러 번 시도하는 것을 나약함의 신호라고 생각하는 경향이 있다. 캐롤 드웩^{Carol Dweck}의 성장 대 고정된 사고방식에 관한 연구를 참조

하라. 누군가에게 거절당하거나 다시 처음으로 돌아가라는 말을 들었을 때, "나는 아직 생각했던 것만큼 성공하지 못했지만 더 발전할 기회가 있어!"라는 식으로 상황을 재구성해 보라. 다양한 방법으로 열심히 노력하는 것은 우리의 끈기와 지능, 진화, 최적화, 정교함을 향상시킨다.

3. 스스로에게 더 많은 시도를 허용하려면, 심지어 1만 번의 시도를 허용하려면 어떻게 해야 할까? 아마도 더 일찍 시작하고, 한 번의 시도에 투자하는 것을 줄이고, 일이 잘 풀리지 않을 때에도 계속 시도할 수 있도록 허용해야 할 것이다. 흥미롭게도 많은 학문 분야에서 기술에 대한 이야기의 핵심에 바로 이 조언이 있다. 예를 들어, 글쓰기에 관한 책을 정독해 보면 대체로 동일한 조언을 들려준다. 우리가 좋아하는 두 권의 책은 앤 라모트[Anne Lamott]의 『새의 노래[Bird by Bird]』와 윌리엄 스태포드[William Stafford]의 『호주 크롤링 글쓰기[Writing the Australian Crawl]』이다. 첫 번째 결과는 대부분 초라하지만 계속 시도하는 것이 중요하며, 글쓰기를 단일한 성취로 생각하지 말고 조금씩 발전해야 한다. 이 조언은 대부분의 목표와 프로젝트, 가치관에 적용된다.

4. 여러분이 너무 빨리 포기한 것은 무엇인가? 내려놓았던 목표 중 다시 돌아봐야 할 것이 있는가? 아직은 시기상조라고 판단한 프로젝트, 우정, 재능, 기술이 있는가? 거절당할까봐 두려워서 하고 싶은 일을 포기한 적이 있는가? 그렇다면 이제 다시 시작할 때이다.

브리콜라주

"가장 놀라운 발견은
우리가 이미 알고 있었던 것들이라고 생각하는 것입니다."

– 닐스 보어^{Neils Boor}

때때로 우리는 필요한 자원이 부족하다고 생각하여 실행을 미루기도 한다. 하지만 성공적인 혁신가들은 조건이 완벽해질 때까지 기다리지 않고 자신이 가진 것에서부터 시작하고 실행한다. 브리콜라주^{bricolage}는 만지작거리다, 땜질하다라는 뜻의 중세 동사에서 유래한 프랑스 단어로, 사회학자들은 혁신가들이 가지고 있는 걸 활용하여 뭔가를 실행하는 방법을 설명할 때 이 단어를 사용한다.

브리콜라주는 기업가들이 성공하는 방식에 대한 가장 유명한 설명 중 하나인 효율화^{effectuation}라는 프로세스와 밀접한 관련이 있으며, 기본 원칙은 다음과 같다. 첫째, 비행기를 조종하라(미래에 영향을 미침으로써 자신만의 기회를 만들어라). 둘째, 손안의 새를 활용하라(브리콜라주처럼 가진 자원을 활용하라). 셋째, 레몬으로 레모네이드를 만들어라(발상을 전환하라). 넷째, 크레이지 퀼트^{crazy quilt}를 수용하라(다양한 파트너십에서 가치를 찾아라). 브리콜라주와 효율화는 약간의 차이가 있지만(브리콜라주는 자원 논리이고 효율화는 의사결정 논리라고 주장하는 사람들도 있다.) 기본적으로 같은 말이다. 가진 것을 최대한 활용하여 일단 시작하라는 것!

지속 가능한 풍력 에너지 산업을 만들기 위한 미국과 덴마크 기업 간의 경쟁을 예로 들어 보자. 덴마크 기업들은 "가능한 것부터 시작하자"는 접근 방식을 채택하여, 트럭에서 빼낸 기어와 목재 패널로 풍력 터빈을 조립하고 현장에 프로토타입을 신속하게 배치하고 시행착오를 반복하는 과정을 시작했다. 또한 엔지니어들이 서로 만나 문제 해결을 돕고, 고객과 함께 무엇이 효과가 있는지 상의하고, 터빈의 안전성을 확보하기 위해 규제기관과도 적극적으로 협력하는 등 협업의 정신으로 모든 일을 진행했다. 덴마크인들은 자신들의 발전을 비밀에 부치는 대신 대화하고 소통하면서 정보와 설계를 서로 공유했다. 놀랍게도, 조잡했던 그들의 풍력 터빈은 북해에서 불어오는 일정한 바람의 에너지를 활용하는 더욱 정교한 터빈으로 발전했다.

풍력 터빈을 만드는 덴마크의 브리콜라주 접근 방식과 달리, 미국 기업들은 덴마크의 단순한 방식을 뛰어넘을 수 있는 돌파구를 마련하기 위해 첨단 과학 기반의 접근 방식을 채택했고, 실험실에서 항공 역학과 구조 역학 분야의 최신 이론을 활용했다. 많은 미국 엔지니어들은 덴마크의 어설픈 풍력 산업을 비웃었다. 미국 엔지니어 중 한 명은 이렇게 회상한다. "우리는 그들의 접근 방식이 너무 단순하고 충분히 도전적이지 않다고 느꼈습니다." 미국 엔지니어들은 아이디어를 도용당할까 봐 협업을 기피했고, 구식 터빈의 설계와 작동에 대한 경시 풍조가 만연해 있었기 때문에 고객으로부터 제품에 대한 피드백을 거의 받지 않았다. 현장이 과학에 무슨 도움이 될 수 있을까?

결국 미국 기업들은 몇 가지 획기적인 발전을 이루긴 했지만, 덴마크 터빈이 이미 앞서 있거나 너무 빨리 따라잡아 대등한 수준이 된 경우가 많았다. 하지만 덴마크 풍력 터빈의 가장 중요한 장점은 미국의 터빈보다 훨씬 저렴하고 안정적이었다는 사실이다. 덴마크 기업들은 브리콜라주와 시행착오를 통해 가장 어려운 기술적 문제를 해결했고 새로운 풍력 에너지 산업을 지배했다. 덴마크의 브리콜라주를 폄하했던 미국 엔지니어는 이렇게 반성했다. "우리는 미국의 첨단 기술 수준을 너무 신뢰했고, 어려운 문제를 해결할 수 있다고 자만했습니다. 우리가 매우 현명해서 무엇이든 해결할 수 있다고 느꼈습니다. 전형적인 미국 방식이 덴마크의 느린 접근 방식을 하룻밤 사이에 쓸모없게 만드는 획기적 돌파구를 찾아낼 거라고 생각했습니다."

혁신과 도약의 역사를 자세히 살펴보면 놀라운 브리콜라주가 숨어 있는 경우가 많다. 1947년 벨 연구소[Bell Labs]가 트랜지스터를 발명했을 때 많은 사람들은 부피가 크고 불안정한 진공관의 단점을 해결하고 전자 제품을 혁신할 수 있는 잠재력을 인정했다. 하지만 초창기의 트랜지스터는 너무 약해서 미국인들이 구매하려는 대형 텔레비전과 라디오에 전원을 공급하는 진공관을 대체하기에는 역부족이었다. 그럼에도 불구하고 TV와 라디오의 선두주자였던 RCA 빅터는 트랜지스터의 엄청난 잠재력을 인식했고 진공관을 트랜지스터로 대체하기 위해 1억 달러를 연구와 개발[R&D]에 투자하는 획기적인 결정을 내렸다. 하지만 지구 반대편에 위치한 일본의 신생 기업 TTK는 전혀 다른 접근 방식을 채택했다. 그들은 R&D에 돈을 쏟아붓는 대신 트랜지스터를 사용하여 소형 휴대용 라디오를 만들기로 결정했다. 트랜지스터가 너무 약해서 라디오의 음질은 RCA에 비해 떨어졌지만(소리가 작고 약했다), 돈이 부족한 사람들과 집 밖으로 나가 로큰롤을 듣고 싶어하는 청소년들은 이 라디오를 좋아했다. TTK는 수만 대의 라디오를 생산하고 판매할 때마다 품질을 개선했고, 트랜지스터가 상당히 강해져서 TV를 만드는 데 사용할 수 있다는 사실을 깨달았다. RCA는 이미 고급 시장을 겨냥한 대형 컬러 TV를 만들고 있었고, TTK

는 작은 흑백 TV만 만들고 있었지만, 대형 TV를 살 돈이 없는 사람들에게 큰 인기를 끌었다. 한때는 작은 회사였지만 지금은 소니Sony라는 이름을 가진 이 회사는 더 저렴하고 안정적인 컬러 TV와 라디오를 만들어서 RCA의 주요 시장을 혼란에 빠트리며 수만 대의 TV를 판매했고, 브리콜라주를 거듭할 때마다 발전했다. RCA는 훨씬 더 많은 자본금으로 시작했지만 소니의 브리콜라주 방식을 이기지 못했다.

브리콜라주의 힘은 여러 사례를 통해 거듭 확인되고 있다. 한 농부는 쓸모없어 보이는 메탄을 포집하여 연소시켜 전기를 만들어서 지역 전력회사에 판매했다. 또한 그 열을 이용해 수경 재배 채소 사업에 필요한 물을 데우고 물고기를 기르는 데 사용할 수 있다는 사실을 발견했다. 브리콜라주는 더 많은 첨단 기술 분야에서도 활용될 수 있다. 아폴로 13호 우주비행사들은 산소 탱크가 폭발한 후에 브리콜라주를 활용하여 사각형 구멍에 맞는 원형 필터를 만들었기 때문에 무사히 귀환할 수 있었다!

누구나 브리콜라주의 힘을 활용할 수 있다. 브리콜라주는 우리가 상상하는 것보다 더 가난하고 자원이 부족한 상황에서도 도움이 되는 것으로 입증되었다. 말론 파커Marlon Parker는 남아프리카 공화국 케이프타운의 케이프 플랫츠 지역에 알랩스RLabs를 설립했다. 이 지역은 주민의 95퍼센트 이상이 고등학교를 졸업하지 못하고 청년 실업률이 50퍼센트를 넘는 곳이었다. 많은 주민들이 절망적이라고 표현하는 이곳에서 파커는 브리콜라주를 활용하여 지역사회 교육기관을 구축했다. "우리가 함께 일한 사람들은 대부분 갱단 조직원이었고 신용이 낮은 사람들이었기 때문에 아무도 우리에게 자금을 지원해주려고 하지 않았습니다."

15장에서 자원의 재활용에 대해 논의할 때와 마찬가지로 파커는 "우리에게 풍부한 것은 무엇일까?"라고 스스로에게 물었다. 그는 실직자가 매우 많기 때문에 사람들을 가르치거나 배우는 데 사용할 수 있는 자유 시간이 풍부하다는 사실을 깨달았다. 파커는 사람들이 희망을 느낄 수 있는 환경을 조성하기 위해 지역 기업의 낡은 컴퓨터를 수거한 다음, 사용하지 않는 창고에서 서로를 가르칠 의향이 있는 14명의 지역 주민을 모집했다. 파커는 사람들이 가지고 있는 재능을 기부하고 서로에게 부족한 컴퓨터 기술을 가르치도록 독려했다. 기본적인 IT 기술을 배우고 미래가 더 나아질 수 있다는 희망을 품게 되자 사람들은 하나둘씩 일자리를 구하기 시작했다.

활력이 생기고 입소문이 퍼지기 시작했다. 다른 커뮤니티에서 성공할 수 있는 방법을 묻는 방문객들이 알랩스에 찾아오기 시작했다. 대부분의 사회적 벤처 기업이 실패하는 이유는 한 곳에서 성공한 방식이 다른 곳에서는 통하지 않기 때문이다. 하지만 알랩스는 브리콜라주를 적용하여 이러한 문제점을 극복하고 수십 개의 도시로 확장하여 9만 개의 일자리를 창출하고 희망을 불어넣었다. 파커는 새로운 알랩스 허브 설립을 도울 때마다 창업자에게 필요한 것을 써달라고 요청한 다음 "정말 필요한가요?"라고 묻는다. 그는 이렇게 설명한다,

> 우리는 항상 대안을 찾으라고 말합니다. "여러분이 구매해야 한다고 생각하는 물건을 정말로 구매해야 할까요? 다른 방법은 없을까요? 그 물건을 가지고 있는 사람을 알고 있나요?" 그런 다음, 적은 예산으로 주변에 있는 물건과 사람을 잘 활용하도록 안내합니다. 새로운 방법을 찾을 때마다 우리는 문제를 해결했다는 성취감을 느낄 수 있습니다.

알랩스는 가장 절망적인 상황에서도 브리콜라주가 효과가 있다는 사실을 증명했다. 닭을 키우는 농부이자 탄자니아 알랩스 그룹의 창립자인 유수프 세상가^{Yusuf Ssessanga}는 이렇게 설명한다. "우리는 현재 우리가 가진 자원을 활용하여 우리의 땅에서 뭔가를 시작하는 방법을 배웠습니다. 그게 바로 변화가 일어나는 방식이죠. 우리가 가진 것을 살펴보면서 스스로 뭔가를 할 수 있다는 자신감을 얻게 됩니다. 그건 우리에게 존엄성을 부여합니다. 도움이 필요하거나 희생자가 되는 것과는 정반대로요."

양질의 재료

브리콜라주(자신이 가진 것을 활용하는 것)에 대해 이야기할 때, 재료의 품질이 꿈꾸는 가능성을 창조하는 데 중요한 역할을 하는 경우가 있다는 점에 유의하라. 버지니아 울프^{Virginia Woolf}는 『자기 만의 방^{A Room of One's Own}』에서 여러 시대에 걸쳐 여성 작가들이 직면한 엄청난 장애물을 생생하게 묘사하고 있다. 예를 들어 그녀는 남자 대학과 여자 대학의 식사를 비교한다. 남자 대학에서 학자들과 함께 먹은 식사는 크림소스로 만든 생선 요리, 신선한 야채샐러드, 동전보다 얇게 썬 감자, 로즈버드처럼 잎이 달린 새싹, 진한 로스트비프, 달콤한 푸딩과 함께 고급 화이트와인과 레드와인이 끊임없이 제공된다. 반면에 여자대학의 저녁 식사는 싸구려 소고기와 채소로 만든 거친 식사와 말린 자두가 와인이 아닌 물과 함께 제공된다. 그녀는 "싸구려 소고기와 말린 자두로는 척추의 등불이 켜지지 않는다"고 강조한다.

울프는 "여성이 소설을 쓰려면 돈과 자기만의 방이 있어야 한다"고 결론을 내리면서, 때로는 최고의 가능성에 도달하기 위해 양질의 입력이 필요하다는 점을 지적한다. 우리 모두는 다른 사람보다 더 많은 제약에 직면하고 있으며, 브리콜라주는 이러한 제약에도 불구하고 행동을 취하는 것이다. 그렇다고 입력에 많은 비용을 들일 필요는 없다. 아름다운 음악과 영감을 주는 글귀를 무료로 활용할 수 있다. 하지만 불확실성을 헤쳐나가기 위해서는 삶의 어떤 영역에서 입력의 질을 유지해야 가능성을 창출할 수 있는지 고민할 필요가 있다. 어떤 입력은 벽을 칠하거나 공간을 꾸미는 것처럼 단순한 것일 수도 있다. 니코 알러리와 사라 무쇼는 홀리벨리를 만들 때 아파트 비용을 절약했지만, 식재료의 품질이나 레스토랑의 행복한 분위기는 타협하지 않았다. 26장에 소개되는 우리 동료 중 한 명은 치료사로서 많은 돈을 벌지는 못하지만, 집 근처 스키 리조트의 비싼 회원권을 구매했을 때 갑자기 활력이 넘쳐 침대에서 벌떡 일어나고 예전에는 느끼지 못했던 불꽃을 느꼈다고 말한다. 요약하자면, 자기 내면의 등불을 밝히는 일이나 위안을 우선시해야 할 때가 있다.

닭을 키우는 농부이자 알랩스 참여자인 세상가로부터 영감을 얻어 보라. 언젠가는 필요한 모든 자원을 이용할 수 있는 날이 오겠지만, 그때까지는 현재 가지고 있는 것으로 시작하고 배우면서 보람과 재미를 느낄 수 있다. 브리콜라주는 무에서 유를 창조하는 데에도 활용할 수 있다.

런던에서 활동하는 작가이자 예술가인 샬롯 코리Charlotte Cory는 BBC로부터 작가 샬롯 브론테 탄생 200주년 기념행사를 기획해달라는 요청을 받았다. 여러 가지 방법을 고민하던 중 코리는 한 가지 아이디어를 떠올렸다. 과거부터 지금까지 변하지 않은 존 소안John Soane경의 박물관에서 브론테가 살았던 시대와 실제로 시간을 보낸 공간의 전시회를 개최하면 어떨까? 코리는 브론테의 서명을 찾기 위해 오래된 방문자 기록을 검색하기 시작했다. 브론테의 서명을 찾을 수 있을지도 모른다는 생각에 설레는 마음으로 서명란을 샅샅이 훑어보았다. 하지만 몇 시간이 지나도 아무것도 찾지 못했다. 낙담한 코리는 집으로 향하던 중 새로운 생각이 떠올랐다. "가슴이 뛰었어요. 샬롯 브론테가 소안 경을 방문하지 않은 것 같지만 200주년 기념일에 그녀를 이곳으로 데려오는 건 어떨까? 그녀는 오지 않았지만 이곳에 왔어야 했어. 그녀를 런던으로 데려와 도시가 제공하는 최고의 모습을 즐길 수 있는 기회를 주자. 오랜 세월을 견뎌온 작가에게 이보다 더 좋은 200번째 생일 선물이 있을까?"

브리콜라주는 때로는 불가능해 보이는 목표를 달성하는 데에도 도움이 될 수 있다. 시작하는 데 유용한 몇 가지 접근 방식은 다음과 같다.

1. 지금 당장 작업을 시작할 수 있는 창의적인 방법이 있는지 스스로 물어보라. 전체 프로젝트에 필요한 자원이 없을 수도 있지만, 지금 가지고 있는 자원으로 무엇을 할 수 있을까? 예를 들어, 네이선은 학생들에게 아이디어를 그림으로 그려서 고객에게 보여주고 무료로 피드백을 받으라고 권장한다. 마찬가지로, 여러분도 지금 바로 시작할 수 있다. 온라인이나 도서관에서 많은 자원을 무료로 이용할 수 있다.

2. 프로젝트에 대해 생각만 하는 것이 아니라 직접 실행해보면서 배울 수 있는 방법이 없을까? 실행을 통해 배우는 것은 매우 효과적이다. 우리가 인터뷰한 어떤 요리사는 미슐랭 스타 레스토랑에서 일한 경력이 있지만, 자신이 정말 셰프가 되고 싶은지 확인하기 위해 지역 레스토랑에서 자원봉사를 시작했다. 우리는 시도를 통해 가장 많이 배울 수 있기 때문에 저렴한 비용으로 시도할 수 있는 방법을 찾아볼 필요가 있다.

3. 네이선의 동료 중 한 명은 세계에서 가장 가난한 나라에서 기업가 정신을 가르치고 있다. 수업은 학생들이 돌덩이를 더 좋은 물건과 교환하고, 이를 더 좋은 물건과 교환하는 거래 게임으로 시작된다. 여러 번의 거래 끝에 한 기업

가는 돌을 닭으로 바꾸었고 닭은 판매할 수 있는 계란을 낳았다. 우리 중 많은 사람들이 운이 좋게도 더 가치 있는 것을 다른 것과 교환할 수 있다. 앞에서 언급한 요리사처럼 여러분도 오늘 배움을 시작하기 위해 시간을 거래할 수 있는가?

4. 코리의 브리콜라주 사례는 무에서 유를 창조했다는 점에서 신선하고 획기적이다. 우리도 그녀의 브론테 전시회에서 영감을 받아 비슷한 효과를 낼 수 있는 뭔가를 찾아낼 수 없을까? 우리는 이 책에 가상의 추천사("스티브 잡스가 읽었다면 좋아할 책", "엘리자 해밀턴이 획기적인 고아원을 설립하는 데 영감을 준 책")를 쓰는 아이디어를 떠올렸다. 이와 비슷한 창의적 활동을 통해 여러분의 상상력을 자극해 보라.

작은 발걸음

*"가장 쉬운 문장부터 쓰세요.
한 번 쓰기 시작하면 나머지는 쉽습니다."*

— 스티븐 킹Steven King

성공한 어떤 일을 돌이켜보면 하룻밤 사이에 거둔 승리처럼 보일 수도 있다. 포켓몬 고가 단 두 달 만에 5억 건의 다운로드를 기록하고 인앱 구매와 광고로 하루에 수백만 달러를 벌어들이자 대부분의 사람들은 포켓몬 고가 즉각적인 성공을 거둔 것으로 생각했다. 하지만 포켓몬 고의 기원은 사실 수십 년 전으로 거슬러 올라간다. 1994년 멀티플레이어 게임을 만들기 시작한 존 행크John Hanke는 온라인 지도와 사진을 실험하던 중 2004년 구글이 인수한 프로젝트를 구글 어스로 발전시켰다. 구글에 입사한 행크는 구글 스트리트 뷰를 개발한 후 지도와 연동되는 멀티플레이어 게임을 만들었다. 2014년 만우절 농담으로 구글이 포켓몬 마스터의 위치를 발표하는 동영상이 입소문을 타자 행크는 궁금해졌다. 포켓몬과 지도 게임을 결합할 수 없을까? 2016년에 포켓몬 고를 출시했고 2020년에는 연간 10억 달러의 매출을 올렸지만, 그 목표를 달성하는 데 20년이 걸렸다. 포켓몬 고의 사례에서 보듯이, 혁신은 큰 도약이 아니라 하루하루 작은 실험을 통해 이뤄지는 경우가 많다.

최근 스탠퍼드에서 수행된 연구는 작은 단계의 가치를 강조한다. 연구진은 8개의 스타트업(각 산업에서 두 개씩 비교한 사례)을 비교하여 기업가들이 스타트업을 구축하는 데 필요한 작업을 한꺼번에 처리하는 것이 더 효과적인지, 아니면 한 번에 하나씩 처리하는 것이 더 효과적인지 조사했다. 예를 들어, 온라인 마켓플레이스 구축 경쟁을 벌이고 있던 경쟁업체 자알리Zaarly와 페인트젠Paintzen을 비교했다. 자알리는 로스앤젤레스 스타트업 위크엔드에서 1위를 차지하여 1,500만 달러의 자금을 조달했고, 마이크로소프트의 창업자 빌 게이츠, 이베이와 휴렛팩커드 CEO였던 멕 휘트먼Meg Whitman, 기술 투자자 애쉬튼 커처Ashton Kutcher의 지지를 받는 등 모든 것이 잘 풀리는 듯 보였다. 자알리는 단 11주 만에 엔지니어링 팀을 성공적으로 구성하고 강력한 기술을 구축했으며, 두 개의 사무실을 열고 여러 개의 특허를 출원하여 시장에 출시했다고 주장했다. 반면에 페인트젠은 이제 막 시작 단계에 접어든 것처럼 보였고, 좁은 페인트 시장을 공략하고 있었으며, 이제 막 견적 도구 테스트를 시작했을 뿐이었다. 시장 출시는커녕 페인트를 칠하는 직원이나 고객도 없었다. 대신 견적 도구가 자리를 잡은 후에 이러한 문제를 하나씩 해결해 나가기로 계획했다. 여러분이 투자를 해야 한다면 어디에 돈을 투자하겠는가? 결국 자알리의 팀은 너무 많은 일을 벌이다가 지쳐서 아무런 성과를 내지 못했다. 자알리의 CEO는 이렇게 인정했다. "우리는 많은 일을 잘못하고 있었습니다. 처음에는 성공 가능성이 높아 보였지만, 핵심적인 요소에 집중하지 않고서는 더 많은 성공을 보장할 방법이 없었습니다." 반면에 페인트젠은 한 번에 한 걸음씩 작은 단계를 밟아나감으로써 이지페인트^{EasyPaint}나 아마존 홈서비스^{Amazon Home Services}와 같은 풍부한 자금력을 갖춘 경쟁업체를 제치고 강력한 플랫폼을 구축할 수 있었다.

위대한 요리사처럼 작은 발걸음 내딛기

스탠퍼드 연구진은 불확실한 환경에서 새로운 프로젝트를 추진하는 가장 좋은 방법은 한 번에 모든 것을 해결하려고 하기보다는 여러 가지 요구사항을 고려하면서 작은 단계를 밟는 거라고 결론지었다. 연구진은 완벽하지는 않더라도 충분히 좋아질 때까지 가장 중요한 영역에 집중한 후에 그 다음으로 중요한 영역으로 전환할 것을 제안한다. 이는 요리를 만드는 것과 비슷하다. 훌륭한 셰프는 모든 냄비를 동시에 저어주거나, 한 가지 요리를 완벽하게 완성한 후에 다음 요리를 시작하지 않는다. 그들은 일련의 작은 단계로 여러 요리를 병행한다. 가장 중요한 요리는 앞 버너에, 덜 중요한 요리는 뒷 버너에 배치하고, 앞 버너의 요리가 (완성이 아니라) 충분히 끓었을 때 뒷 버너를 다루는 방식으로 전체 요리를 완성해 나간다.

애시 벨[Aashi Vel]과 스테프 로렌스[Step Lawrence]는 작은 단계들을 병행하면서 여행자와 현지 호스트를 연결하는 성공적인 요리 스타트업 트래블링 스푼[Traveling Spoon]을 창업하는 작은 발걸음을 내디뎠다. 트래블링 스푼의 아이디어는 멕시코 여행에서 시작되었다. 벨은 "창문 너머로 부엌에서 저녁을 만드는 한 여성의 모습"을 보고 "멕시코 현지 여성과 함께 직접 만든 음식을 먹고, 그녀의 이야기를 듣고, 그녀의 문화에 대해 배우고 싶다"는 강렬한 호기심을 느꼈다. 벨과 로렌스는 진정한 문화 체험을 주최할 수 있는 새로운 플랫폼을 만들기 위해 힘을 합쳤고 앞으로 나아갈 수 있는 최선의 방법에 대해 토론했다. 최근 파리에서 같은 사업을 시작한 경쟁업체가 모든 것을 한꺼번에 처리하며 그들보다 앞서나가고 있는 것처럼 보였기 때문이다.

그럼에도 불구하고 벨과 로렌스는 한 번에 작은 단계씩 진행하기로 결정했다. 예를 들어, 가능한 한 많은 사람들과 대화를 나눈 후에 훌륭한 호스트가 게스트를 유치하고 향후 성장을 촉진하는 열쇠라는 사실을 깨달았다. 로렌스는 이렇게 회상한다. "인도와 몇몇 아시아 국가에서 2년을 보내면서 호스트가 원하는 것이 무엇인지 파악했습니다. 그 과정에서 일부 생각이 틀렸다는 걸 알게 되었습니다. 우리는 시골 마을의 여성들에게 자신이 좋아하는 일을 하면서 돈을 벌 수 있는 기회를 제공할 거라고 생각했지만, 영어를 구사하고 인터넷에 접속할 수 있어야 한다는 조건 때문에 호스트가 중상위 소득층에 속한다는 사실을 알게 되었습니다."

작은 단계에 집중해 하나씩 밟아나가는 것은 영어를 구사하고 인터넷에 접속할 수 있는 호스트를 선택하는 것 같은 간단한 규칙을 개발하는 데 도움이 되었고, 중요하지 않은 영역을 파악하여 시간과 비용을 절약할 수 있었다. "우리는 무엇이 최선인지 몰라서 수만 달러를 들여 시스템을 구축하는 시행착오를 겪지 않아서 너무 기뻤습니다. 여행자에게 무엇이 필요한지 1단계에서 결정할 수 없었습니다."

훌륭한 요리사처럼 호스트에 대한 이해도가 충분히 높아지는 학습 단계에 도달하자, 벨과 로렌스는 그 다음 중요한 활동으로 전환했다. 이번에는 집중해야 할 적절한 지역을 찾는 것이었다. 이 작은 단계를 탐색하는 데 시간을 보낸 후, 이들은 '파티 장소

피하기'와 같은 간단한 규칙과 호스트를 가장 잘 모집할 수 있는 방법에 대한 아이디어를 떠올렸다. 벨과 로렌스는 순차적으로 작업을 진행하면서 충분히 개선될 때까지 한 가지씩 문제를 해결하고, 가장 중요한 교훈을 체득한 후에 그다음 큰 문제로 관심을 돌렸다. 결국 트래블링 스푼은 60개국 180개 이상의 도시에서 음식 체험을 제공하는 수익성 있고 지속 가능한 회사로 성장했다. 반면에, 파리에 본사를 둔 음식 관광 스타트업은 모든 것을 한꺼번에 진행하려다가 실패했고, 창업자들은 한꺼번에 너무 많은 일을 하느라 집중력을 발휘하지 못했다고 후회했다.

트래블링 스푼과 페인트젠은 완전히 다른 시장에 있지만, 한 번에 모든 것을 진행할 필요가 없다는 교훈은 변하지 않는다. 작은 단계를 밟아나가면 더 많은 발전을 이루고 더 효과적으로 학습할 수 있다. 완벽에 도달할 필요도 없다. 정점을 기다리지 않고 고원에서 잠시 멈춰서 다른 중요한 요소에 효과적으로 집중할 수 있다. 우리는 하룻밤 사이에 성공하는 이야기에 매료되지만, 천천히 산을 오르는 것이 더 좋은 결과를 가져오는 경우가 훨씬 더 많다.

실험을 통해 작은 발걸음

작은 단계 하나하나를 실험이라고 생각하면 한 걸음씩 나아갈 때마다 기회에 대한 안개를 걷어내고 자신감을 키울 수 있다. 마스터카드^Mastercard의 최고 혁신 책임자인 켄 무어^Ken Moore가 설명한 것처럼, 작은 실험은 미지에 대한 수많은 가정에서 벗어나 이를 알려진 것으로 바꾸는 작업을 수행하는 데 도움이 된다. 예를 들어, 무선 맥박 산소 측정기를 사용하여 유아의 산소 수치를 모니터링하고 밤에 호흡 문제를 부모에게 경고하는 베이비 모니터를 만들고자 했던 네이선의 학생들은 미지의 숲에 직면했다. 하드웨어는 복잡하고 비싸고, 유통 채널은 대기업이 장악하고 있으며, 이들은 경험이 부족한 학부생이었다. 네이선은 모든 불확실성을 한꺼번에 해결하려고 하기보다는 가장 중요한 미지의 영역에만 집중하도록 독려했다. 고객이 그걸 원할까? 부모님들과의 초기 대화가 유익한 것으로 판명된 후, 그들은 연기와 거울로 제품의 기능을 보여주는 동영상을 만들었다. 이 동영상은 언론 매체에 소개되었고, 부모들로부터 당장 판매해 달라는 수만 건의 문의가 이어졌다.

고객 수요에 대한 불확실성이 해결된 후, 그들은 다음으로 해결되지 않은 불확실성, '우리가 그걸 만들 수 있을까?'라는 질문에 주목했다. 그들은 엔지니어링 기술이 제한적이었지만 프로토타입을 개발할 수 있다는 사실을 깨달았다. 단 2,000달러로 기능적인 프로토타입을 제작하여 아이디어가 효과가 있음을 입증했지만, 쉽게 벗겨지는 발목 모니터를 꼭 맞는 양말로 바꿔야 한다는 중요한 설계 결함도 발견했다. 기술적인 불확실성이 해결된 다음에는 고객에게 얼마의 가격을 책정할 수 있을지가 가장 큰 관건이었다. 이 문제를 해결하기 위해 30개의 유아용품 매장에 전화를 걸어 부모들이 아기 모니터에 지불하는 가격을 조사했고, 당시에는 그 정도 가격이면 수익성이 충분했다. 얼마 후 그들은 최적의 가격을 더 정확하게 파악하기 위해 웹사이트에서 고객이 다양한 가격으로 구매 예약할 수 있는 A, B 테스트를 실시했다.

그러던 중 이 팀은 장치에 알람 기능을 포함할 경우 복잡한 FDA 승인 절차가 필요하다는 사실을 알게 되었다. 하지만 포기하지 않고 이런 질문을 던졌다. 부모들은 알람 기능이 없어도 훌륭한 데이터를 제공하는 베이비 모니터를 구매하지 않을까? 이런 미지의 영역에 대한 실험을 위해 자사 제품과 경쟁사 제품 세 가지의 사진을 인쇄하여 유아용품 매장 앞에서 부모들에게 "어떤 제품을 사시겠습니까?"라고 물었다. 그들은 많은 부모들이 그들의 제품을 가장 원한다는 사실에 깜짝 놀랐고 기뻤다.

또한 이 팀은 구글, IDEO, MIT의 졸업생이 설립한 팀 등 많은 경쟁자들과 마주했다. 하지만 설립자 커트 워크맨[Kurt Workman]은 이렇게 말한다. "우리는 실험을 통해 부모님들이 가장 원하는 것은 데이터가 아니라 아기의 상태를 잘 파악하는 제품이라는 사실을 경쟁사보다 더 잘 알고 있었습니다." 수백 번의 작은 단계를 거쳐 올렛[Owlet] 팀은 아기 모니터를 상용화하는 데 성공하여 동종 업계 1위로 올라섰고, 10억 달러의 기업 가치를 인정받아 주식시장에 상장했다.

실험은 혁신가의 전유물이 아니다

실험은 혁신가만이 할 수 있는 것처럼 보일 수도 있지만, 우리는 오히려 그 반대로 '기꺼이 실험하는 것이 혁신가를 만들어낸다'라고 주장한다.

2001년, 대학을 졸업하고 첫 직장에서 데이터 스토리지를 판매하기 위해 고군분투하던 한 남성이 어느 날 스스로에게 물었다. "48시간 동안 완전히 다른 방식으로 일을 해보면 어떨까?" 그는 다른 직원들처럼 낮에 고객들에게 전화를 거는 대신 아침과 저녁에 전화를 걸기 시작했고, 대본을 따라가기보다는 자유롭게 고객에게 질문하기로 결심했다. 여유가 생긴 낮 시간에는 데이터 스토리지의 기술적 세부사항을 공부하여 영업 사원이라기보다는 엔지니어처럼 보이도록 했다. 스트레스가 덜한 업무 외 시간에 고객을 만나 질문을 던진 결과, 다음 분기에는 경쟁사의 전체

판매량을 앞질렀다. 오늘날 인기 작가가 된 그 말단직원 팀 페리스[Tim Ferriss]는 당시의 경험을 회상하며 이렇게 강조한다. "성공은 어떻게 정의하든 현장에서 검증된 올바른 신념과 습관을 통해 이룰 수 있습니다."

움직여라 계속 움직여라

알버트 센트-기예[Albert Szent-Gyögyi]는 제1차 세계대전 당시 한 무리의 헝가리 병사들이 알프스 산맥에서 눈보라에 휩쓸려 길을 잃었던 이야기를 들려주었다. 놀랍게도 그들은 며칠 후 캠프에 살아 돌아왔다. 어떻게 길을 찾았느냐는 중위의 질문에 병사들은 배낭에서 발견한 지도 덕분이라고 대답했다. 하지만 중위가 지도를 확인해보니 알프스가 아닌 피레네 산맥의 지도였다! 이 이야기는 모든 정보를 확보하는 것보다 일단 시작하는 것이 더 중요하다는 교훈을 일깨워준다.

유럽에서 가장 빠르게 성장하는 보험 회사 중 한 곳의 공동 창업자인 찰스 고린틴[Charles Gorintin]은 이렇게 강조한다. "결정을 미루는 것보다 결정을 내리는 것이 더 강력한 경우가 많기 때문에 우리는 리더들에게 데이터의 70퍼센트를 가지고 의사 결정을 내리라고 권장합니다. 잘못된 결정을 내리더라도 일단 시작하면 실수를 파악하고 수정할 시간이 있기 때문입니다.”

　창작자와 혁신가들은 시작하는 것의 중요성과 이를 지속할 수 있는 환경을 조성하는 것의 중요성을 한결같이 강조한다. 만화가 스콧 애덤스[Scott Adams]는 직장에 출퇴근하는 것이 싫어서 새벽 4시에 일어나 그림을 그리는 일상을 선택했고, 그 결과 큰 인기를 얻은 만화 <딜버트[Dilbert]>가 탄생했다고 이야기한다. 작가 브래드 모들린[Brad Modlin]은 밤에 글쓰기에 집중할 수 있도록 일부러 가정용 인터넷 서비스에 가입하지 않았다. 크리에이티브 전문가 제시카 아벨[Jessica Abel]은 이렇게 강조한다. “다락방 속의 굶주린 예술가, 위스키를 손에 들고 물감을 칠하는 화가라는 통념은 사람들이 창의성을 생각하는 방식에 있어서 매우 비현실적입니다. 창의성은 그 일을 반복해서 마주하고, 그 일에 자신을 맡기고, 조금씩 앞으로 나아갈 때 발휘됩니다. 그렇게 해서 위대한 작품이 완성되는 것입니다.”

어려운 결정

　실험하는 것은 어렵지만, 그렇다고 해서 회피하지 말라. 전직 수영 선수 안네마리 오설리반[Annemarie O'Sullivan]은 지역 병원에서 코디네이터로 일하던 중 바구니 짜기 강좌를 수강하게 되었다. 그녀는 버드나무 가지를 손에 쥐는 것만으로도 즐거웠다. "다시 수영하는 것 같았어요, 너무 행복했어요. 저는 정말 이 일을 하고 싶었어요." 자신의 목표를 파악했음에도 불구하고 그녀는 점점 흥미를 잃어가는 병원 일을 계속했다. 몇 달 후, 스트레스와 좌절에 빠진 그녀에게 남편 톰은 "당신은 공예를 할 때 정말 차분하고 행복해 보여."라고 말했다. 그러자 안네마리는 남편에게 말했다. "당연하지! 이게 내가 정말 하고 싶은 일이니까."

톰은 침착하게 대답했다. "당신은 할 수 있어." 안네마리는 깜짝 놀랐다. 두 가지 일을 병행하는 중이었고, 어린 두 아들을 키우고 있었다. 그게 가능할까? 하지만 사려 깊고 너그러운 톰은 함께 앉아서 계획을 세웠다. 톰은 생활비를 충당할 수 있는 조경 사업을 시작했다. "제 열정은 아니었지만, 그 덕분에 아내가 공예를 시작할 수 있었습니다." 그 이후로는 아주 작은 발걸음의 연속이었다고 그녀는 회상한다. "정말 힘든 과정이었어요. 그리고 일이 잘못될 것에 대비해야 했죠." 하지만 바구니 주문이 조금씩 들어오기 시작했고, 어느 날 샌프란시스코의 유명한 부티크에서 엄청난 주문이 들어왔다. 톰은 조경 사업을 접고 아내와 함께 일하기 시작했다. 지금도 두 사람은 함께 일하고 있으며, 전통 방식으로 가보 품종의 버드나무를 사용하여 만든 그들의 바구니는 각종 전시회와 갤러리에 출품되었고 「뉴욕타임스」에도 소개되었다.

웨스 앤더슨^{Wes Anderson}은 우리 시대 가장 독특하고 영향력 있는 영화 제작자 중 한 명이다. 그의 경력은 기꺼이 실험을 해보겠다는 마음에서 시작되었다. 그는 처음에는 질문을 던지는 것 외에는 앞으로 나아갈 길이 없었다고 회상한다. "이렇게 하면 어떨까? 이게 그 렌즈일까? 그리고 이게 그 장면일까? 이게 그 각도일까? 이게 그런 느낌일까?" 성공은 한 번에 한 걸음씩 다가왔다. 어떤 실험은 성공했고 어떤 실험은 실패했다. 친구인 루크^{Luke}와 오웬 윌슨^{Owen Wilson}과 함께 만든 13분짜리 단편영화는 비평가들의 찬사를 받았다. 이 단편영화를 바탕으로 장편영화를 제작하기 위해 자금을 지원받았지만, 그 결과물인 <보틀 로켓^{Bottle Rocket}>은 실패로 돌아갔다. 앤더슨은 이 경험을 신데렐라 스토리의 반전으로 묘사하며, 마지막에 평범한 호박으로 돌아간다는 점을 강조한다. 하지만 그는 실험을 계속했고, 결국 수많은 상을 받은 영화를 만들었다.

성공에도 불구하고 그는 계속해서 실험을 이어가고 있다. 비엔나 미술사 박물관에서 전시회를 기획해 달라는 요청을 받았을 때, 그는 파트너인 주만 말로프^{Juman Malouf}와 함께 이탈리아 왕관과 고전 악기 케이스 등 귀중한 물건들을 위한 (물건 자체는 없는) 빈 휴대용 상자로 가득한 방과 에메랄드 그린 색상의 물건이 들어 있는 방을 디자인했다. 전시물을 개발하는 건 쉽지 않았다. 큐레이터들에게 에메랄드 그린 색상의 물건 목록을 요청하자 큐레이터들은 눈을 동그랗게 떴을 뿐이었다. 몇몇 평론가들은 전시회를 혹평하기도 했지만, 많은 사람들은 수십 년 동안 창고에 갇혀 있던 물건들을 감상할 수 있는 계몽적인 전시였다고 평가했다. 앤더슨은 이렇게 생각했다. "우리의 실험이 실패하더라도 최소한 특정 가설을 배제하는 데 도움이 될 것이고, 시행착오라는 과학적 과정을 통해 미술사의 방법을 발전시킬 수 있을 거야." (이 경우에는 대부분 착오였다.)

앤더슨처럼 실패한 실험에서도 중요한 교훈을 얻을 수 있다는 사실을 깨닫는다면 더 적극적으로 실험을 시도할 수 있다. 또한, 복잡하고 비용이 많이 드는 것을 포함하여 거의 모든 것을 실험으로 전환할 수 있다. 스페이스X는 팔콘 로켓의 프로토타입을 배치하여 팀이 미리 변화를 실험해 볼 수 있도록 한다. 아이데오는 리모델링을 위해 벽을 허물기 전에 골판지 모형으로 건물 레이아웃 변경을 테스트하는 방식을 선호한다. 실험을 시작하기 전에 스스로에게 몇 가지 질문을 던질 필요가 있다.

1. 어떤 의사 결정, 프로젝트, 아이디어를 실험으로 전환할 수 있을까? 어떻게 더 작고 빠른 테스트로 세분화할 수 있을까?

2. 테스트해야 할 중요한 가설은 무엇인가? 저비용 실험을 통해 그 가설이 맞는지 확인하라. 예를 들어, 제니퍼 하이먼[Jennifer Hyman]과 제니 플레이스[Jenny Fleiss

는 런웨이를 빌려준다는 아이디어를 테스트할 수 있는 가장 중요한 질문을 떠올렸다. 여성들이 고급 드레스를 10분의 1 가격으로 빌려 입을 의향이 있을까, 그리고 좋은 상태로 반납할까? 이 질문을 테스트하기 위해 그들은 미지의 상황을 빠르고 저렴한 실험으로 세분화했다. 그들은 큰 무도회를 앞두고 드레스를 빌려 하버드 기숙사에 대여실을 설치했다. 하이먼과 플레이스는 부스를 방문한 여성 중 34퍼센트가 드레스를 대여하고 96퍼센트가 양호한 상태로 반납하는 걸 관찰했다. 이 결과가 고무적이었기 때문에 처음에는 키오스크에서 드레스를 눈으로 볼 수는 있지만 입어보지는 못하게 하고, 나중에는 키오스크를 건너뛰고 단순히 대여용 드레스를 홍보하는 이메일을 보내는 방식으로 실험을 여러 번 반복했다. 실험을 거듭할 때마다 기회를 발견할 수 있었고, 수백 번의 실험을 거친 그들의 드레스 대여 사업은 현재 1억 달러 이상의 매출을 올리고 있다.

3. 직업을 바꾸고 싶다면 새로운 기회가 어떤 것인지 더 잘 파악할 수 있는 실험 방법은 무엇일까? 새로운 직업을 탐색하기 위해 파트타임으로 자원봉사를 해보면 어떨까? 휴가 기간 동안 새로운 자리에서 일주일 정도 인턴십을 해보면 어떨까? 새로운 일을 시도하는 동안 기존 직장으로 복귀할 수 있는 옵션을 설정할 수 있는가? 다른 조직이나 직장에서 일하는 사람들과 커피를 마시며 대화해 보면 어떨까?

4. 인생의 진로를 바꾸고 싶은가? 실험으로 미리 확인해보는 건 어떨까? '단

방향 문'을 '양방향 문'으로 바꾸는 아이디어를 포함하고 있는 후회 최소화에

관한 7장을 다시 읽어보면 도움이 될 것이다.

피벗

사람들은 피벗^{pivot}, 경로를 변경하는 것을 종종 부끄럽게 여긴
다. 네이선은 회의실 뒤쪽에 서서, 회의실 앞쪽에 있는 최고 디지
털 책임자가 리모콘을 손에 들고 디지털 팀이 시장 테스트에서
발견한 내용을 바탕으로 제품 로드맵을 변경하고 있다고 사과하
는 모습을 지켜보던 순간을 떠올린다. 직원 몇 명은 고개를 돌리
며 씁쓸한 표정을 지었다. 이를 본 네이선은 "와우"라고 외치며 박
수를 치기 시작했다. 그리고는 이렇게 말했다. "이것은 여러분이
올바른 방향으로 가고 있다는 뜻입니다. 새로운 일을 하고 있다면

그 과정에서 경로를 바꿀 수도 있다는 걸 예상해야 합니다." 회의실에 모인 사람들은 그의 과장된 말투에 웃음을 지었지만, 이것은 그가 그곳에서 가르친 메시지인 불확실성의 세계에서는 상상하는 것의 일부가 필연적으로 바뀌어야 한다는 것의 일부였다.

경로는 자주 바꿔도 괜찮다

혁신으로 유명한 클레이튼 크리스텐슨^{Clayton Christensen} 교수는 스타트업의 93퍼센트가 전략을 바꿔야 한다고 주장했다. 맥스 레프친이 페이팔을 공동 창업하기까지의 길고 험난한 여정을 생각해 보라. 레프친이 스탠퍼드 대학교에서 암호학 강의를 들으러 갔을 때 강의실에는 단 6명만 있었고, 그 중 한 명이 피터 틸^{Peter Thiel}이라는 헤지펀드 매니저였다. 두 사람은 함께 팀을 이루어 필드링크^{Fieldlink}를 창업하기로 합의했다. 필드링크는 향후에 등장할 휴대용 전자기기로 IT 네트워크에 쉽게 접속할 수 있도록 소프트웨어 라이브러리를 만드는 스타트업이었다. 레프친은 이렇게 회상한다. "조만간 수백만 명의 사람들이 휴대용 전자기기에 대한 보안을 요구하게 될 거라고 생각했습니다. 하지만 그런 일은 일어나지 않았어요."

그래서 그들은 소프트웨어 라이브러리 개발에서 실제 소프트웨어 개발로 방향을 전환했다. 비즈니스 용어로는 배운 내용을 바탕으로 무게중심을 이동한 것이다. 몇몇 사람들이 관심을 표명했지만 실제 고객으로 이어지지는 않았다. 그래서 다시 방향을 전환하여 회사 이름을 컨피니티^{Confinity}로 바꾸고 전자 지갑을 제공했다. 이번에도 고객이 나타나지 않아서 그들은 팜파일럿^{Palm Pilots} 간에 송금하는 것으로 방향을 전환했다. 이 아이디어는 적어도 소수의 투자자를 유치했고 수천 명의 사용자를 끌어모으는 데 성공했지만 성장은 더디기만 했다. 레프친은 팜파일럿이 없는 사람들을 위해 이메일 주소로 송금할 수 있는 방법을 만들자고 제안했다. 뜻밖에도 사용자들이 이메일 결제 부분으로 몰려들기 시작했고, 여기에는 이베이^{eBay}라는 엉성한 새로운 온라인 플랫폼의 사용자도 포함되었다. 이메일 결제 사용자 수가 150만 명을 넘어서자 (팜파일럿 사용자는 12,000명에 불과했다) 레프친은 다시 방향을 선회하여 회사명을 페이팔^{PayPal}로 변경했다. 페이팔의 초창기 최고 운영 책임자이자 훗날 링크드인^{LinkedIn}을 창업한 리드 호프만^{Reid Hoffmann}은 당시를 회상하며 이렇게 말했다. "저는 로드맵을 그릴 수 없었습니다. 우리는 즉흥적으로 미래를 발견했습니다."

피벗은 쉽게 적응할 수 있는 소프트웨어 스타트업이든, 화학 테스트 실험실을 칩 크기로 축소한 플루다임^{Fluidigm}과 같은 첨단 과학 기업이든 거의 모든 기업이 해야 하는 일이다. 아이디어가 회사의 성공으로 이어지는 과정에서 플루다임의 창업자 가우스 워싱턴^{Gajus Worthington}은 고도로 기술적이고 복잡한 이 회사를 세 가지 큰 변화로 이끌어야했다. 미세 가공된 배관 칩에서 생명공학 응용 분야의 미세 유체 장치로, 그리고 여러 산업 분야에 적용 가능한 미세 유체 칩으로, 마지막에는 상업용 제조업체로 전환시켜야 했다. 각각의 전환에는 엄청난 조직적, 개인적 변화가 필요했다. 워싱턴은 당시를 회고하며 이렇게 말한다. "적응할 수 있는 사람들은 학습과 자기계발, 회사의 목표에 대한 충성심을 가지고 있습니다."

피벗의 중요성

피벗은 목표를 포기하는 것이 아니라 배운 걸 활용하여 경로를 조정하는 것이다. 피벗이라는 용어를 대중화한 기업가 에릭 리스^{Eric Ries}는 이러한 맥락에서 "피벗은 더 성공하기 위해 배운 것을 바탕으로 조정함으로써 실패를 만회하는 것"이라고 말했다. 페이팔은 많은 혁신을 추구했지만 항상 보안과 결제를 중심으로 발전해왔다. 마찬가지로 플루다임은 실험 프로세스를 소형화하기 위해 다양한 방법을 시도했다. 여기서 얻을 수 있는 교훈은 불확실성을 헤쳐나갈 때 방향을 바꾸는 것이 일반적이라는 사실이다.

가장 중요한 피벗은 개인의 변화를 가능하게 하는 피벗이다. 이러한 피벗은 피곤하고 어색한 단계를 거쳐야하지만 결국 개인이 자신을 최대한 표현하며 살아갈 수 있게 해준다. 크리스토프 바세르Christophe Vasseur는 프로방스의 멋진 여름 저녁을 기억하고 있다. 밀과 라벤더 밭에 해가 낮게 깔렸을 때 아버지의 친구가 그들을 특별한 레스토랑으로 데리고 갔다. 오래된 주방에서 클레앙 브루노Cléent Bruno는 20명을 위한 요리를 준비했다. 체즈 브루노Chez Bruno는 간판도 메뉴판도 없는 레스토랑이었지만 주인은 "두 팔을 벌리고 노래하는 목소리"로 손님들을 맞이했다. 여름 오후가 어스름해지자 브루노는 맛있는 요리를 하나씩 내놓았다. 바세르는 이렇게 회상한다. "올리브 오일로 숙성시키고 신선한 허브로 맛을 낸 라비올리에 이어 코냑 불꽃으로 그을리고 샴페인으로 헹궈낸 가재 요리가 등장했어요. 너무나 황홀했어요!"

제빵사의 꿈을 이룬 유명 디자이너

그 경험은 그를 완전히 바꿔놓았다. "다시는 그런 놀라움을 경험하지 못했어요. 즐거운 저녁 식사 이상의 인생의 교훈을 얻었지요. 당시 저는 열여섯 살이었고, 브루노의 이야기와 열정, 신념이 제게 길을 열어주었어요." 바세르는 학업을 계속하여 아시아와 유럽의 패션 업계에서 10년 동안 매일 정장과 넥타이를 입고 지칠 때까지 일했다. 마침내 자신의 꿈을 추구할 때가 되었다고 판단한 그는 제빵 과정에 등록했다. "빵 반죽을 처음 만졌던 순간이 기억나요. 반죽과 대화를 나누며 교감하는 기분이었지요."

바세르는 경력을 바꾸고 싶었지만, 이직하는 동안 어떻게 생계를 유지할 수 있을지 고민했다. 그는 파리의 한 비즈니스 스쿨에 연락하여 집세를 감당할 수 있는 강사 자리를 구했다. 그리고 제빵 수업을 듣기 시작했다. 바세르는 이렇게 말한다. "제 경력의 전환 과정은 길고 어려움으로 가득 차 있었어요. 기존 경로에서 벗어난 길은 화려하지 않았고, 생계를 유지하는 것도 어려웠어요." 그는 인내심을 갖고 4년 동안 비즈니스 스쿨에서 강의하면서 전통적인 제빵 기술에 대한 레시피를 시험해 보았고, 마침내 자신의 베이커리를 시작할 준비가 되었다고 느꼈다.

"저는 롤러블레이드를 신고 파리 거리를 누볐어요. 눈에 띄는 빵집은 모두 들렀지요. 마르세유 거리와 이브 투딕 거리의 교차로에는 사람이 한 명도 없었고, 가죽 도매상과 모퉁이에 있는 이 빵집만이 늘 그곳에 있었던 것 같은 인상을 주었죠." 제과점 인수에 대해 문의했을 때, 바세르는 그 제과점이 지난 7년 동안 세 번이나 파산했고, 반경 300미터 이내에 경쟁 제과점이 다섯 개나 있으며, 거리의 유동인구가 거의 없다는 사실을 알게 되었다. "이 빵집에서 밝은 미래를 본 사람은 정말 저뿐이었습니다. 이런 장애물에도 불구하고 놀랍게도 은행은 파산 위기에 처한 빵집을 인수하겠다는 저의 제안을 받아들였어요."

피벗이 가져다 주는 기쁨

바세르는 베이커리 이름을 '빵과 아이디어'라는 의미인 듀빵에데지데^{Du Pain et des Idés}로 바꿨다. 그는 역사적인 유리 천장과 비스듬한 거울을 그대로 유지했고 고풍스러운 베이킹 통과 빵을 담을 수 있는 넉넉한 바구니로 장식했다. 바세르는 실험을 계속하면서 "미친 듯이 일"해야 했던 기억을 떠올린다. 한 가지 프로젝트는 오븐이 식으면서 빵이 구워지는 전통적 방식의 드롭 소성 기술을 되살리는 것이었다. 바세르는 이 빵에 '친구의 빵'이라는 이름을 붙였다. 몇 주 후, 한 노신사가 베이커리에 들어왔다. 그는 아내가 '친구의 빵'을 사다 주었다며 "봉지를 열었을 때 할아버지의 빵집에서 7살짜리 어린아이였던 자신의 모습을 발견했다"고 이야기했다. 노인은 어린 시절의 추억과 갑자기 세상을 떠난 사랑하는 사람에 대한 기억을 떠올리며 울기 시작했다. 바세르도 눈물을 흘렸다. "그분은 제가 올바른 길을 가고 있고 인내해야 한다는 확신을 주었습니다. 이제 듀빵에데지데는 파리에서 가장 유명한 베이커리 중 하나가 되었지만 그 어떤 찬사보다 그분의 메시지가 저에게 깊은 감동을 주었습니다."

과거를 돌이켜보면서 그는 열여섯 살 때는 준비가 되지 않았었다고 인정한다. "저는 제빵사가 되겠다는 꿈을 명확하게 정립하지 못했고 이 직업 세계를 나만의 것으로 만들고 예술로 승화시키는 데 필요한 확고한 신념을 키우지 못했어요." 하지만 때가 되었을 때, 바세르는 기꺼이 방향을 전환하여 일련의 작고 점진적인 단계를 통해 큰 변화를 이끌어냈다. 바세르는 자신의 여정을 되돌아보며 이렇게 말한다. "아이가 걸음마를 배울 때처럼 처음에는 사업을 제대로 진행하지 못하고 실패하는 게 정상입니다. 실패한다고 해서 죽는 건 아니지만 시도하지 않으면 죽을 수도 있습니다." 그는 주저하는 사람들에게 이렇게 조언한다. "자신의 열정을 받아들이고 그 열정에 몸을 던지세요. 마음이 여러분에게 말하는 것에 귀를 기울이세요. 직업과 인생의 경로를 바꾸는 것은 지금도 결코 늦지 않았습니다."

마법 같은 만찬의 30년 뒤

오늘날 바세르는 파리 남쪽에서 베이커리와 제빵 학교를 운영하고 있다. 또한 프로방스에서의 마법 같은 만찬이 있은 지 30년 후, 바세르는 클레앙 브루노로부터 셰 브루노로 다시 초대하는 편지를 받았다. 현재 미슐랭 스타 셰프인 브루노는 요리 쇼에서 바세르를 본 적이 있었다. 프로방스에서 반가운 재회를 한 후 셰 브루노는 듀빵에데지데의 고객이 되었고 수십 년 전 바세르의 열정에 불꽃을 피웠던 바로 그 레스토랑에서 '친구의 빵'을 제공하고 있다.

피벗은 불확실성을 헤쳐나가는 데 있어 필수적인 과정이다. 굴곡과 안개와 장애물 없이 앞으로 곧게 뻗어 있는 명확한 길은 거의 없다. 그리고 경로나 장애물이 확실하다고 느껴지더라도 때로는 순식간에 바뀔 수 있다. 1980년 대 후반 뉴욕타임스 기자로 서베를린에 거주하던 크리스타 티펫Krista Tippett은 동독의 친구를 방문했던 일을 회상한다. 마거릿 애트우드Margaret Atwood의 소설 『시녀 이야기The Handmaid's Tale』를 읽은 친구는 아파트의 도청 마이크가 자신의 기쁨을 포착하면 체포당할 수도 있는 위험을 무릅쓰고 이렇게 말했다. "100년 후의 상황을 상상해 봐. 동독은 그저 과거의 일이 될 거야!" 티펫은 친구에 대한 연민을 느꼈다고 회상한다. "독일 분단이라는 역사적 결정의 총체성과 완결성은 한 세기가 지나도 변화를 상상할 수 없을 정도로 압도적이었어요." 하지만 불과 3년 후, 한 '어리석은 관료'가 동독 주민의 여권 신청을 허용할 거라고 잘못 발표하면서 베를린 장벽이 무너졌다. "사람들이 들은 것은 가능성이었어요. 그리고 얼마 후 도시 전체 주민들이 한꺼번에 아파트에서 나와 베를린 장벽의 검문소를 향해 걷기 시작하면서 공포가 마침내 사라지기 시작했어요. 장벽은 이 거대한 인류의 발걸음을 결코 막을 수 없었어요."

티펫의 경험은 불가능해 보이는 거대한 변화가 이루어질 수 있다는 사실을 일깨워준다. 피벗은 작은 방향 수정이든 180도 전환이든, 이러한 변화를 돕는 도구이다. 피벗은 과거로부터 배운 것(지나치게 비관적인 사람들이 실패라고 부를 수도 있는 것)을 다음 단계로 나아가기 위한 귀중한 교훈으로 삼으면서 현재 상황을 극복하는 것이다. 또한 피벗은 심연으로의 무모한 도약이 아니기 때문에 변화를 더 안전하게 느낄 수 있도록 해준다. 농구 선수가 공을 올바르게 패스하기 위해 한 발을 계속 땅에 딛고 있어야 하는 것처럼, 피벗은 현재의 위치에 기반을 두고 앞으로 나아가는 변화이다. 바세르가 어느 날 갑자기 직장을 그만두고 빵집을 시작한 게 아니라는 점을 기억하라. 그는 패션 업계에서 계속 일하고 지역 비즈니스 스쿨에서 강사직을 맡으면서 제빵 수업을 들었고, 마침내 제빵사가 되기 위한 발걸음을 내디뎠다.

여러분의 인생에서 피벗에 대해 생각해 볼 수 있는 몇 가지 방법은 다음과 같다.

1. 변화가 불가능하다고 느껴질 수도 있지만, 직장이나 개인 생활에서 변화를 주면 더 효과적인 상황이 있는지 잠시 생각해 보라. 특정한 문제나 열망이 반복적으로 나타나서 여러분에게 변화를 요구하고 있지는 않은가? 간단한 피벗을 위한 첫 단계로 어떤 실험을 시도해 볼 수 있을까?

2. 여러분은 변화가 필요하다는 걸 알고 있지만 습관적으로 일을 하고 있지는 않은가? 피벗(휴식, 다른 아이디어 탐색, 관련된 사람들과의 대화)을 통해 이러한

습관을 벗어나 솔직하게 행동할 용기를 얻을 수 있지 않을까?

3. 피벗이란 여러분의 삶에서 더 이상 필요하지 않은 것을 없애는 작업일 수도 있다. 어린아이와 침팬지를 대상으로 사탕을 얻기 위해 일련의 단계를 수행하는 연구에서 침팬지는 불필요한 단계를 건너뛰는 법을 배웠지만, 아이들은 지시를 따르도록 배웠기 때문에 그 단계를 지켰다. 여러분이 물려받은 삶의 경로에서 어디로 방향을 전환해야 할까?

4. 과거에 방향을 전환했던 경험이나 존경하는 사람을 떠올리는 것이 도움이 될 수 있다. 그 경험에서 무엇을 배웠는가? 또는 변화를 원하는 다른 사람에게 여러분의 경험을 공유해 줄 수도 있다.

4부

지속성
Sustain

음식과 수분이 우리 몸을 유지해주는 것처럼, 지속성 영역에서는 불확실성의 단점을 극복할 수 있도록 영양을 공급하는 도구를 제시한다. 후회, 불안, 슬픔, 자기 의심, 당혹감은 불확실성을 헤쳐나가는 데 커다란 장애물이 될 수 있다. 여러분이 불확실성을 선택했든 선택하지 않았든 장애물이 항상 존재한다는 사실을 기억하라. '지속하다^{sustain'}라는 동사에는 이러한 도구의 개념을 설명하는 다섯 가지 중요한 의미가 있다.

1. 육체적 혹은 정신적으로 강화하거나 지원하다
2. 부러지거나 넘어지지 않고 (물체의 무게를) 견디다.
3. (불쾌한 일, 특히 부상을) 겪거나 고통을 받다
4. 오랜 기간 동안 중단 없이 진행되도록 하다.
5. 정의 또는 타당성을 지지, 확인, 승인하다

지속성의 상징으로 우리는 파리의 엠블럼, '흔들리지만 가라앉지 않는다^{fluctuat nec mergitur'}는 라틴어 표어와 함께 격렬한 파도 위에 떠 있는 배를 채택했다. 가로등, 기둥, 학교, 다리, 아치형 통로, 하수도 덮개 등 파리 곳곳에서 이 엠블럼이 사용된다. 전염병, 포위 공격, 전쟁, 대량 학살, 굶주림, 편견, 잔인함 속에서도 파리는 언제나 아름답고 자유로우며 영감을 주는 도시라는 것을 상기시켜 준다. 그 모든 역경에도 불구하고, 어쩌면 그 모든 역경 때문에 파리는 언제나 빛의 도시로 남아 있다.

사랑받는 서점 OFR의 창업자이자 기업가인 알렉상드르 투메렐[Alexandre Thumerelle]은 코로나19로 인해 유명한 카페가 문을 닫고 번화한 거리가 침묵했을 때 파리의 불변하는 특성에 대해 이렇게 설명했다. "파리에서는 모든 것이 가능합니다. 돈이 없어도 우리는 가능성에 도전하고, 질문을 던지고, 수천 가지를 시도합니다. 우리는 모래 속에서 머리를 내밀어 모두가 꿈꾸는 영화, 책, 부티크, 카페, 콘서트를 만듭니다. 잡지, TV 채널, 예술 축제를 만듭니다. 시대를 초월해 꺼지지 않는 파리는 얼마나 놀라운 기적인가요!" 지속성은 우리의 꿈과 가치, 그리고 우리 자신을 포기하지 않는 것이다.

지속성 도구와 다른 도구 사이에는 중요한 차이점이 있다. 지속성 도구는 위기의 순간에 가장 유용하다. 여러분이 기억하기 쉽도록 하기 위해 우리는 지속성 도구를 세 가지 범주(정서적 위생, 현실 점검, 마법의 힘)로 분류했으며, 각각의 범주에는 고유한 장이 있고 여러 가지 도구가 포함되어 있다. 이러한 도구의 활용을 더욱 장려하기 위해 우리는 각 도구에 어울리는 역할(조산사, 상담가, 예술가)을 짝지어 놓았다.

도구	설명
정서적 위생 Emotional hygiene은 우리의 정서적 자아를 일관되고 능숙하게 돌보는 것이다. 자신이 추구하는 가능성을 실현할 수 있도록 도와주는 조산사가 되는 연습을 해보라.	
파도타기	감정은 고점과 저점이 있는 파도처럼 밀려온다. 이러한 주기는 누구나 느끼는 자연스러운 현상이다. 지금 여러분이 최저점에 있다면 앞으로 더 좋은 시기가 올 것이다!
희망 활성화	희망은 그냥 생기는 것이 아니라, 어려운 상황에서도 꿈을 실현할 수 있다고 믿는 능동적인 선택이다.
연결과 공동체	풍요로운 공동체는 우리를 지원해준다. 자신의 상황을 이해해 주거나 낙관주의를 심어줄 수 있는 사람들과 함께하라. 교훈을 배울 수 있는 사람들과 연결하라.
편안함	우리의 감각은 피곤한 뇌를 우회하여 즉각적인 위안을 가져다준다. 집이나 직장에서 안식처를 만들고 괴로울 때 마음을 추스를 수 있는 감각을 활용하라.
현실 점검 Reality check은 이성적으로 실제 상황을 파악하는 것이다. 현실적인 해결책이나 선택을 찾고 배울 수 있는 교훈을 소중히 여기면서 스스로 현명한 상담자가 되는 연습을 해보라.	
인간다움을 포용하라	인간이 가진 본능적 두려움이 인류의 생존을 도왔다는 사실을 기억하라. 그런 다음 불안과 불확실성에 대해 보다 의미 있는 태도로 전환하라.
학습된 낙관주의	좌절은 일시적인 현상이고 상황과 무관하며, 전적으로 내 잘못은 아니라고 생각함으로써 좌절감을 극복하라. 승리를 축하하고 부정적인 믿음에 의문을 제기하면 다시 시도할 수 있는 더 많은 에너지를 얻을 수 있다.

좌절 관리	일정 기간 동안 좌절감을 느끼더라도 재구성 기법을 사용하여 좌절감을 해소할 수 있다. 좌절은 불확실성과 가능성의 피할 수 없는 부분이다.
아는 것과 모르는 것의 구분	아는 것과 모르는 것을 구분하면 불안감을 줄이고 부족한 부분을 채울 수 있는 정보를 얻을 수 있다. 비유를 활용하여 미지의 것을 이해하면 좀 더 확고한 기반을 마련할 수 있다.
대안과 확률	우리는 너무 자주 성공과 실패에 집착하고 이분법적으로 생각한다. 하지만 실제로 인생에는 우리가 상상하는 것보다 훨씬 더 많은 가능성이 존재한다. 더 넓은 선택지를 보고 확률의 관점에서 생각하면 불확실성에 대한 스트레스를 줄일 수 있다.
창조적 경쟁	경쟁의 이점을 놓치지 말라. 우리는 경쟁을 통해 최고의 성과를 낼 수 있다. 경쟁자에게서 무엇을 배울 수 있을까? 어떻게 영감을 받을 수 있을까? 창의적인 협력은 경쟁의 딜레마에서 벗어날 수 있는 좋은 방법이다.
최악의 시나리오	최악의 시나리오에 집착하는 것은 무력감을 줄 수 있다. 최종 결과를 살펴보면 '침대 밑의 괴물'이 우리가 걱정했던 것만큼 끔찍하지 않다는 사실을 알 수 있다.
최적화된 성공 신화	모든 일에 가장 좋은 방법은 없다. 최적의 결과라는 고정관념에 집착하면 여러분이 진정으로 추구했던 목표를 놓칠 수도 있다.

마법의 힘은 우리를 변화시키고 영감을 주는 통찰력, 연결, 우연의 도약을 의미한다. 우리는 마법을 통제할 수는 없지만 마법을 위한 공간을 더 많이 만들 수 있다. 예술가처럼 관심을 기울이면 우연과 영감을 얻을 확률이 높아진다.

피카레스크 소설	자신이 계획한 대로 살아가는 사람은 거의 없다. 인생의 여정을 따라가라. 너무 심각하게 상황을 받아들이지 말라. 정원을 가꾸고 이미 그곳에 있는 마법을 발견하라.
마치 그런 것처럼	뭔가 이미 현실인 것처럼 살아가는 것은 철학자와 정치 활동가들이 행동과 변화를 불러일으키기 위해 사용하는 기법이다. 가능성이 존재하는 것처럼 살아가는 것은 실현될 확률을 높이고 가능성을 기다리는 동안 인내하는 데 도움이 될 수 있다.

다른 사람을 돕는다는 것	공감, 연민, 봉사는 주는 사람과 받는 사람 모두에게 보상을 안겨 준다. 힘들거나 스트레스를 받을 때 다른 사람들을 친절하게 대할 수록 고통은 줄어들고 희망은 커진다.
메멘토 모리	라틴어로 "기억하라, 당신이 반드시 죽는다는 사실을"이라는 뜻 의 이 격언은 시간이 한정되어 있다는 사실을 일깨우고 주어진 날 들을 더욱 활기차고 기쁨으로 채우는 데 도움이 될 수 있다.
삶에 필요한 기술	기술을 '삶에 활용되는 모든 현상'으로 정의한다면 여러분은 어떤 기술을 활용하고 있으며 그 이유는 무엇인가? 철학, 예술, 시, 음악 과 같은 "하이테크"를 의도적으로 추가하면 마법의 힘을 발휘할 공 간이 더 넓어진다.

정서적 위생

> "젊음은 한때의 시간이 아니다.
> 그것은 열정, 의지력, 상상력의 결과이며, 소심함에 대한 용기의 승리이며,
> 편안함에 대한 애착을 넘어서는 짜릿한 모험이다."
>
> – 더글라스 맥아더

감정을 불행한 진화의 부산물 혹은 피해야 할 나약함의 징후로 생각하고 싶을 수도 있다. 하지만 감정은 삶과 불확실성에서 무시해서는 안 되는 중요한 역할을 한다. UC 버클리 그레이터 굿 과학 센터Greater Good Science Center, GGSC의 책임자인 에밀리아나 사이먼–토마스 박사Emiliana Simon-Thomas는 이렇게 강조한다. "감정은 우리에게 무엇이 중요한지, 다음에 무엇을 해야 하는지, 어떻게 해야 하는지, 누구와 함께 해야 하는지에 대해 중요한 정보를 제공합니다." 불확실성에는 감정이 수반되며, 고통이나 걱정으로 충

동적인 행동하지 않으면서 이러한 감정을 인식하고 관찰하고 검증하는 방법을 배우는 것은 자신을 유지하는 데 필수적인 부분이다.

불확실성과 함께 찾아오는 감정의 동요를 어떻게 하면 더 잘 극복할 수 있을까? 심리학자 폴 에크먼^{Paul Ekman}은 감정에 대한 '과학'을 발전시킨 획기적인 연구로 유명하다. 그는 딸인 이브 에크먼^{Eve Ekman} 박사와 함께 인간의 모든 감정을 분노, 혐오, 즐거움, 두려움, 슬픔이라는 다섯 가지의 보편적 범주로 분류하는 '지도책'을 만들었다. 이 프레임워크는 유발 요인, 반응, 강도, 무의식적 반응의 부정적인 결과 등 감정의 이면에 있는 메커니즘에 대한 인식을 높이기 위해 설계되었으며, 무형의 감정 뒤에 숨어 있는 유형의 알고리즘과 감정을 무시하지 않고 관심을 기울이는 것의 중요성을 강조한다.

역사적으로 우리 조상들은 신체 위생에 큰 관심을 기울이지 않았기 때문에 수명이 짧아지고 육체적 고통이 가중되었다. 손씻기 등 간단한 신체 위생 수칙이 도입되면서 인류의 기대수명은 두 배로 늘어났다. 육체적 건강에 위생이 필요한 것처럼 우리의 정서적 건강에도 위생이 필요하다. 하지만 오늘날 우리는 여전히 감정 관리에 소홀히 하고 있으며, 이는 의심할 여지없이 우리의 정서적 고통을 가중시키고 있다. 뉴욕대학교에서 임상 심리학 박사 학위를 받은 작가이자 심리학자인 가이 윈치^{Guy Winch}는 우리가 정서적 위생을 무시함으로써 상황을 개선하지 못하고 오히려 악화시키는 경우가 많다고 주장한다. 윈치는 이러한 역학 관계를 한 여성의 사례를 통해 설명한다. 그녀는 20년간의 괴로운 결혼 생활을 끝내고 마침내 용기를 내어 첫 데이트를 하러 나간다. 고급 바에서 서로 만난 지 10분 만에 데이트 상대인 남성은 자리에서 일어나면서 "저는 당신에게 관심이 없습니다"라고 말한다. 실망한 여성은 친구에게 전화를 걸었고, 친구는 이렇게 말한다. "그럼 뭘 기대했니? 넌 엉덩이만 크고 재미있는 말도 못하잖아. 그렇게 잘생기고 성공한 남자가 왜 너 같은 패배자와 사귀겠니?" 충격을 받았는가? 물론 실제로 그런 악담을 할 친구는 없을 것이다. 그건 여성이 스스로에게 한 말이다.

감정적으로 스스로를 다치게 하는 것은 어리석은 일이지만 대부분의 사람들은 감정적 혼란에 직면할 때 그렇게 행동한다. 윈치가 지적하듯이, 여러분은 칼을 들고 자신의 팔에 상처를 내면서 "그래, 알겠어. 얼마나 더 깊게 찌를 수 있는지 확인해보자."라고 말하지는 않을 것이다. 하지만 불확실성에 대처할 때 우리는 자신의 용기 부족을 비판하고, 실수를 비난하고, 잘 해결되지 않는 위험을 감수하는 것에 대해 부끄러움을 느낀다. 윈치는 이런 사고방식이 우리의 능력을 약화시킬 수 있다고 경고한다. "만약 당신의 마음이 '나는 아무것도 할 수 없어'라고 속삭이고 당신이 그 말을 믿는다면 무력감을 느끼고 너무 빨리 포기하고 아예 시도조차 하지 않을 것입니다. 많은 사람들이 자신의 잠재력을 제대로 발휘하지 못하는 이유는 어딘가에서 한 번의 실패로 인해 성공할 수 없다고 생각하고 계속 그렇게 믿었기 때문입니다."

우리는 심리학자가 아니며, 감정적 상처로 인해 치료가 필요한 경우에는 전문가의 도움을 받기를 진심으로 권장한다. 하지만 우리는 창작자, 기업가, 혁신가들이 강력한 정서적 안정을 통해 불확실성의 여정을 견뎌내는 방법을 관찰해 왔다. 정서적 위생이라는 긴급한 과제를 해결하기 위해 여러분은 스스로의 불확실성 조산사가 되어야 한다. 조산사는 출산과 같은 중요한 경험을 하는 동안 신체적, 정신적, 정보적 지원을 제공하는 사람이다. 선사 시대의 벽화에 조산사가 일하는 모습이 그려져 있을 정도로 조산사는 오랜 역사적 전통을 갖고 있다. 현대적 연구에 따르면 조산사는 출산 과정에서 불안감, 분만 시간, 과도한 의료 개입을 줄이고 산모와 아기의 정서적 유대감을 향상시키는 데 도움을 줄 수 있는 것으로 나타났다. 조산사는 면허를 소지한 의료 전문가는 아니지만 매우 효과적인 역할을 하기 때문에 세계보건기구 WHO에서는 모든 산모에게 조산사를 둘 것을 권장하고 있다. 조산사는 환자의 두려움을 완화시키고 가장 중요한 희망을 상기시켜 주며, 스트레스를 받거나 예기치 않은 상황이 발생했을 때 차분하게 대응하도록 안내한다.

안타깝게도 수재너가 네 명의 아기를 낳을 때 우리 부부는 조산사에 대해 잘 알지 못했다. 우리는 가능성의 탄생과 불확실성의 극복을 도와주는 조산사가 있으면 좋겠다는 이야기를 나누다가 이런 생각을 했다. '불확실성을 가능성으로 바꾸기 위해 지속적으로 도움을 줄 수 있는 사람이 있다면 어떨까? 우리 스스로가 자신의 조산사가 되어 가능성을 실현할 수 있도록 지원하고, 충고하고, 자신감을 불어넣고, 지혜를 제공하면 어떨까?'

우리는 진행했던 인터뷰들을 되돌아보면서 많은 혁신가들이 스스로 해결 방법을 찾아내고 있다는 사실을 깨달았다. 예를 들어, 데이비드 하이네마이어 한슨은 새로운 비즈니스를 창출한 광범위한 경험에도 불구하고 새로운 일을 할 때 여전히 스트레스와 불안을 느낀다고 인정했다. 그는 자신을 비난하기보다는 이런 감정을 인간적이고 정상적인 반응으로 받아들이면서, 부정적인 영향을 줄이기 위해 특정한 기술을 사용해 왔다. 우리가 인터뷰한 또 다른 혁신가들은 자신의 삶에 조산사 역할을 해줄 사람들을 초대하여 교류하고 있었다. 멘토, 상담사, 치료사, 연인, 친구 등이 모두 이러한 특별한 조력자 역할을 수행하여 최상의 결과를 얻을 수 있도록 도와줄 수 있다.

고통스러운 시기에 여러분을 지원해주고, 가장 중요한 일이 무엇인지 상기시켜주며, 최선의 결과를 얻을 수 있도록 안내해줄 누군가가 곁에 있다고 생각해 보라. 여러분의 삶에 활기를 불어넣어줄 수 있는 사람이 곁에 있다고 상상해 보라! 그들은 여러분이 스스로에게 심각한 상처를 줄 수 있는 가장 취약한 순간에 조언해주고, 스스로에게 하는 이야기의 다른 면을 볼 수 있도록 도와주며, 자신을 비난하는 게 아니라 자신을 격려하는 이야기를 선택할 수 있도록 이끌어준다. 이는 강력한 아이디어이며 즉시 실행할 수 있는 방법이다. 조산사(정서적, 신체적, 정보적 도우미)가 없다면 해결되지 않은 정서적 문제로 인해 여러분의 회복탄력성이 더 약화될 수 있다. 스스로 불확실성 조산사 역할을 하든, 다른 사람에게 그 역할을 맡기든, 중요한 것은 여러분이 추구하는 꿈을 더 차분하고 행복하게 탄생할 수 있도록 돕는 것이다.

파도타기

조산사가 효과적인 이유 중 하나는 분만 단계에 대한 노련한 경험이 있기 때문이다. 조산사는 출산이라는 중대한 사건에 대하여 희망과 기쁨, 경외심을 수반하는 불안, 좌절, 고통, 탈진의 자연스러운 주기를 잘 이해하고 있다. 불확실성에 수반되는 감정 또한 최고점과 최저점이 반복적으로 발생하는 주기적 패턴을 따른다. 기업가들은 거의 보편적으로 자신의 경험이 롤러코스터를 타는 것과 같으며, 때로는 같은 날에 엄청난 최고점과 엄청난 최저점이 반복된다고 이야기한다. 불확실성 조산사는 감정의 파도가 여정의 정상적인 부분임을 상기시키고, 수반되는 감정을 이해하도록 도와주며, 여러분이 스스로를 지원할 수 있는 방법을 제시해준다.

루카 벨피에트로^{Luca Belpietro}는 평생의 꿈을 이룬 지 불과 몇 달 만에 예상치 못한 어려움에 처했지만 이러한 감정의 순환 주기를 이해함으로써 상실감에서 회복할 수 있었다. 루카는 어린 시절부터 아프리카에서 살아가는 인생을 꿈꿨다. 네 살 때 그는 이탈리아에 있는 가족의 포도밭에서 반려견들과 함께 야영을 하며 사파리에 갈 준비가 되었다는 걸 보려주려고 애썼다. 고등학교 졸업 후에는 케냐의 나이바샤 호수에서 농부들과 함께 살았고, 대학에서는 관광, 야생동물 보호, 지역사회의 공존을 위한 아이디어를 바탕으로 지속 가능한 생태계와 새로운 보존 모델에 관한 논문을 썼다.

이 꿈을 이루기 위해 그는 금융 서비스 회사를 설립하여 10년 동안 일했고, 1995년에 아내인 안토넬라와 함께 케냐의 츄룰루 언덕으로 이주했다. 킬리만자로산 아래 평원에서 700만 명 이상의 주민들에게 식수를 공급하는 이 푸르고 활기찬 풍경은 어니스트 헤밍웨이의『아프리카의 푸른 언덕』에 영감을 불러일으킨 곳이다. 하지만 벨피에트로 부부가 도착했을 때는 건물, 통신, 식수, 도로 등 사회 기반시설이 아무것도 없었다. 그들은 2년 동안 텐트에서 마사이 부족과 함께 생활했다. 캄피야 칸지를 건설하고 현지 주민들의 신뢰를 얻기까지는 수년간의 노력과 좌절, 엄청난 용기가 필요했다. 마침내 그들은 지역사회를 지원하는 지속 가능한 생태 관광 시설을 만드는 데 성공했다.

하지만 어느 날 밤, 전기 합선으로 인해 화재가 발생하여 시설 전체가 잿더미가 되었다. 수십 년 동안 꿈꿔왔던 일이 폐허로 변한 현실을 바라보며 루카는 가슴이 무너져 내렸다. "아무것도 남지 않았고 말 그대로 모든 것을 잃었습니다. 슬픔과 절망은 어떤 말로도 표현할 수 없었어요." 어린 자녀들과 함께 이탈리아로 돌아온 안토넬라는 루카에게 귀국을 고려해보라고 제안했다. 그들은 캄피야 칸지에 모든 것을 쏟아부었지만 이제는 삶의 방향을 바꾸고 가족의 포도밭에 노력과 관심을 기울일 때가 되지 않았을까?

루카의 결정은 자신이 감정적으로 최저점에 있다는 사실을 인식하는 데 달려 있었다. 대학 시절에는 꿈이 그저 희망에 불과했다면, 이제 그는 그 꿈이 실현가능하다는 걸 알게 되었다. 이 사실을 깨달은 후 그는 다시 시작할 용기를 얻었다. 그가 시설을 재건할 의지를 마사이족에게 알렸을 때, 그들은 그가 어떻게 반응할지 지켜보고 있었다고 말했다. 그의 용기를 알게 된 마사이족은 땅을 무상으로 임대해주고, 재건을 완료할 때까지 임금 없이 함께 일하기로 했다. 또한 루카의 헌신적인 모습을 지켜보던 한 친구는 10만 달러를 기부했다. 루카는 장기적이고 지속 가능한 지역사회 기반 생태관광의 선도적인 사례 중 하나를 차분하게 재건했다. 그때를 회상하며 루카는 더글러스 맥아더 장군의 오래된 명언을 떠올린다. "젊음은 한때의 시간이 아니다. 그것은 열정, 의지력, 상상력의 결과이며, 소심함에 대한 용기의 승리이며, 편안함에 대한 애착을 넘어서는 짜릿한 모험이다."

불확실성을 돕는 조산사가 되기 위해서는 감정의 최고점과 최저점이 여정의 정상적인 부분임을 인정하는 것 외에도 문제점을 예측하고, 목표 의식을 잃을 수 있는 힘든 수축기에 대비하고, 상황에 맞는 적절한 관리를 적용하는 것이 필요하다.

연구에 따르면 거의 모든 변화의 여정에는 감정의 롤러코스터가 존재한다. 예를 들어, 처음에는 감정적으로 낯선 경험을 하고 그다음에 환멸과 적응이 뒤따른다. 우리는 프랑스에 도착한 후 바게트, 궁전, 초콜릿, 식료품 시장이 학교 왕따, 조급한 제빵사, 우울한 겨울, 혼란스러운 시스템(물건을 고르고 계산대에서 지불한 뒤에 다시 물건을 가지러 가야 한다)으로 바뀌는 걸 직접 경험했다. 조직 변화 전문가들은 혁신의 감정적 주기에 대해 이야기한다. 초기에 최고점에 달한 후 환멸을 느끼는 기간이 지나고, 그 다음에는 활동을 장려하고, 성공의 증거를 확인하고, 마지막으로 조직이 새로운 정상 상태에 도달할 때까지 소통해야 한다고 강조한다. 창작자, 예술가, 디자이너들은 새로운 프로젝트를 시작할 때의 설렘에 이어 영감과 의심, 고된 작업과 혼란이 반복되는 어두운 숲이 이어지다가 프로젝트가 완성되고 승리를 거둘 때까지의 과정을 이야기한다. 이러한 기쁨과 고통의 주기가 정상적이고 보편적인 과정임을 인식하는 것은 도움이 될 수 있지만, 적절한 정서적 위생을 통해 고통과 괴로움을 가능성의 여정에서 극복할 수 있고 관리가능한 장애물로 바꿔야 한다.

코로나19 대유행은 다면적인 상실감으로 인해 많은 심리학자들이 슬픔의 단계와 비교하는 감정적 주기를 만들어냈다. 심리학자 엘리자베스 퀴블러-로스Elisabeth Kubler-Ross가 정의한 슬픔의 단계는 부정, 분노, 타협, 우울, 수용의 다섯 단계이다. 적절한 감정적 위생을 통해 감정의 파도를 더 원활하게 헤쳐나갈 수 있기 때문에 사회학자이자 치료사인 마사 벡Martha Beck은 각각의 슬픔의 단계에서 악영향에 대응하기 위한 구체적인 아이디어를 제시했다. 부정에는 정확한 정보와 타인과의 소통이 필요하고, 분노와 우울에는 정서적 지원이 필요하며, 타협과 수용에는 가능한 일에 대한 창의적 접근이 필요하다. 벡은 이렇게 강조한다. "난기류를 겪을 때마다 여러분은 점점 더 높은 곳에 도달할 수 있습니다. 열린 마음은 무엇이든 할 수 있지만 닫힌 마음은 발전할 수 없습니다."

감정적으로 우울할 때가 가장 힘든 시기이며, 이때야말로 자신을 돌보는 것이 가장 필요한 시기이다. 우울한 감정은 절망의 늪에서 길을 잃은 것처럼 느껴질 수 있다. 네이선은 진로에 대해 고민할 때 이렇게 썼다.

"나는 감정의 파도를 겪으면서 계속 머리를 비우려고 노력한다. '다 잘 될 거야. 직로를 바꾸고 싶다면 곧 좋은 기회가 올 테니 계속 노력하자.'라는 생각과 '내가 하고 싶은 일이 아닐 수도 있잖아. 왜 진작에 이런 상황을 더 분명하게 보지 못했을까? 이제 어떻게 해야 할까? 이 상황을 어떻게 수습할 수 있을까?'라는 불확실성의 혼란에 휩싸인다. 숨이 막힐 지경이다. 진실은 무엇일까? 나는 지금 좋은 기회를 열어줄 올바른 길을 가고 있는 걸까, 아니면 잘못된 길을 가고 있는 것일까?"

조산사는 긴장된 순간에 환자에게 분명한 목표를 상기시켜 준다. 여러분도 자신의 이야기, 가치관 혹은 자신이 추구하고 있는 인접한 가능성으로 돌아가서 같은 일을 할 수 있다. 어떤 주기는 우리의 정체성을 변화시킬 정도로 매우 중요하고 변혁적인 경우도 있다. 벡은 이런 상황을 날개 달린 생명체로 변신하기 전에 말 그대로 세포의 덩어리가 되는 애벌레와 비교한다. 그녀는 이렇게 강조한다. "자아에 대한 정의를 바꿀 만큼 심각한 변화는 생활방식과 사고방식의 작은 조정이 아니라 전면적인 혁신이 필요합니다."

연쇄 혁신가인 케이트 오키프는 감정의 최저점에 도달했을 때 이렇게 하라고 충고한다. "때로는 기다리면서 기대치를 낮추고 이겨내야 할 때도 있습니다. 살아남는 것만으로도 충분합니다."

살아남기 위해서는 자신에게 친절하게 대하고, 지원 네트워크를 활용하고, 불확실성의 균형을 맞추는 도구를 활용하고, 다음 순간의 명확함이나 기쁨을 기다리는 동안 다른 정서적 위생 도구를 실천하는 것이 필요하다. 이를 위한 몇 가지 방법은 다음과 같다.

첫 번째, 지금 여러분이 감정의 최저점에 있는 것 같다면 잠시 시간을 내어 "내가 감정의 파도에 휩쓸려 있는 게 아닐까?"라고 자문해 보라. 대답이 "그렇다"라면, "내가 전에 이런 감정의 주기를 느꼈거나 다른 사람에게서 목격한 적이 있는가?"라고 스스로 물어보라. 그런 상황이 어떻게 진행되었는가? 무엇이 효과가 있었고, 여러분이나 상대방은 어디에서 막혔는가?

두 번째, 현재 감정 기복의 단계와 기간을 고려하라. 지난주에 여러분의 기분은 어땠는가? 지난달은 어땠는가? 현재의 물결이 앞으로 어디로 향할까? 조산사는 문제의 지점을 예측하고, 목표 의식을 잃을 수 있는 어려운 수축기에 대비하고, 그 순간에 적절한 관리를 적용하는 데 도움이 된다는 점을 기억하라. 지금 스스로를 위해 어떻게 그렇게 할 수 있을지 생각해 보라.

세 번째, 여러분의 감정적 파도가 어느 단계에 있는지를 고려할 때, 어떤 전략을 적용하는 것이 적절할까? 예를 들어, 감정의 파도가 밀려올 때는 자신의 이야기, 즉 변화해야 하는 이유를 기억하고 스스로를 격려하는 것이 중요하다. 프랑스로 이주한 후 겨울에 감정이 최저점에 도달했을 때, 우리는 매일 우리가 이주한 이유와 언젠가는 상황이 나아질 거라는 희망을 스스로에게 상기시켜야 했다. 그러는 동안 아침에는 페이스트리를 많이 먹고, 밤에는 핫초콜릿을 마시며 소소한 재미로 기운을 북돋았다.

네 번째, 어떤 변화 과정 중에도 (우리가 5장에서 언급한) 커트 르윈의 해동-변화-재해동 모델과 같은 영향력 있는 변화 모델에 대한 간단한 글을 읽거나 슬픔의 5단계 모델을 기반으로 한 퀴블러-로스의 변화 곡선에 더 익숙해지면 여러분 자신이나 다른 사람들이 보일 수 있는 자연스러운 행동을 더 잘 이해할 수 있을 것이다. 여정의 각 지점에서 올바른 정서적 위생 단계에 대한 권장사항을 살펴보라.

희망 활성화

때때로 불확실성은 아무런 목적이 없어 보이는 문제와 고통을 불러일으킨다. 이러한 상황에서 우리는 좌절이나 슬픔에 빠질 수 있지만, 슬픔 너머에 있는 작은 가능성의 실마리를 찾으면 전환점으로 나아가는 불꽃이 될 수 있다. 희망은 가능성을 향한 일종의 다리가 될 수 있으므로 찾아야 할 좋은 실마리다. 저널리스트이자 생각의 리더인 크리스타 티펫^{Krista Tippett}은 이렇게 설명한다, "저에게 희망은 이상주의나 낙관주의와는 구별됩니다. 희망은 막연한 기대와는 아무런 관련이 없습니다. 희망은 우리가 바라는 대로가 아니라 있는 그대로의 세상에서 눈을 뜨고 온 마음을 다해 살아가는 근육이자 실천이며 선택입니다." 다시 말해서 희망은 어려운 상황을 피하기 위한 것이 아니라 어려움에도 불구하고 끈기, 성장, 친절함을 유지하는 것이다.

조스 스키츠^{Jos Skeates}가 앨리슨^{Alison}을 만났을 때 그는 "머리를 제멋대로 기른 가난한 미술 전공 학생"이었고, 그녀는 "포르쉐를 몰고 런던을 질주하는 아프리카 왕자"와 데이트를 하고 있었다. 조스는 웃으며 당시를 회상한다. "매일 그녀에게 편지를 썼어요. 왕자에게는 더 이상 기회가 없었죠." 조스와 앨리슨은 몇 년 동안 교제했다. 왕실의 공인을 받은 런던 금세공사 소속의 장인이었던 조스는 센트럴 세인트 마틴스 예술 학교에서 교육을 마쳤고 앨리슨은 컴팩에서 떠오르는 경영자로 일하고 있었다. 결혼하고 가정을 꾸린 후 두 사람은 창업에 도전하기로 결심하고 런던의 클러켄웰 번화가에 보석 매장을 열기로 뜻을 모았다. 그들은 정교한 보석 디자인으로 전 세계의 고객들을 빠르게 끌어모았고, 창의적인 신진 예술가들에게 기회를 열어주는 새로운 유형의 보석 비즈니스를 구상하기 시작했다. 두 사람은 함께 투자를 받아 노팅힐과 치스윅에도 매장을 열었다.

하지만 얼마 후 연이은 재난이 닥쳤다. 1년에 걸친 도로 공사로 인해 흙먼지가 자욱해지면서 노팅힐 매장의 중요한 유동 인구가 감소했다. 그다음에는 2008년 금융 위기로 인해 고객들의 보석 구매 예산이 고갈되었다. 조스는 이렇게 회상한다. "6개월 동안 저희는 길을 잃었습니다. 어느 새해 첫날 아침에 일어났더니 은행에 잔고가 없어서 30만 달러의 빚을 졌고 대출 만기일이 다가왔습니다."

앨리슨은 자주 아팠지만 가족들은 단순히 스트레스 때문이라고 생각했다. 하지만 친구가 방문했을 때 앨리슨을 보더니 "상태가 심각한 것 같아. 빨리 병원에 가봐."라고 말했다. 가정의학과 의사는 백혈병이 의심된다며 앨리슨을 서둘러 응급실로 이송했다. 친구는 조스에게 전화를 걸어 "빨리 병원으로 오세요."라고 말했다. 상황을 잘 이해하지 못한 조스는 "귀걸이 세공을 마무리해야 되어요."라고 대답했다. 조스는 크리스마스를 앞두고 보석 사업을 유지하기 위해 필사적으로 노력하고 있었다. 하지만 친구는 소리쳤다. "아니, 귀걸이 내려놓으세요. 지금 당장 오셔야 해요." 검사 결과 심각한 질병이 확인되었다. 충격을 받은 조스는 런던 거리로 나가 어둠 속을 방황하며 아내를 돌보지 못한 자신을 비난했다.

역경과 불확실성 속에서도 한 가지 분명한 점이 있었다. 심각한 질병에 걸린 환자는 남은 시간을 다른 사람과 함께 보내고 싶다는 생각에 연인과 헤어지기도 한다. 하지만 앨리슨은 병상에 누워 조스의 눈을 바라보며 이렇게 말했다. "당신이 바로 그 사람이야."

　그다음은 어떻게 되었을까? 엄청난 고통과 불확실성 속에서도 앨리슨은 조스에게 "사망선고를 받은 건 아니니까 우리는 희망을 가져야 해."라고 말했다. 부부는 딸들에게도 "희망은 우리의 단어"라고 이야기했다. 하지만 희망은 그저 수동적으로 기다리며 지켜보는 것이 아니라 앨리슨의 말처럼 능동적으로 참여하는 것이다. 우리는 삶에 대해 이러한 관점을 취해야 한다. 앨리슨은 희망을 잃지 않기 위해 수많은 노력이 필요했고 "나는 살아야 할 모든 이유가 있어."라고 스스로에게 반복해서 상기시켰다.

　희망을 잃지 않기 위해 그들은 일부러 밝은 표정을 지었다. 조스는 어린 두 딸을 병원에 데리고 갈 때 숨어 있는 상어 피하기 놀이를 하며 재미있게 해주려고 노력했다. 그리고 병실에 도착하기 직전에 앨리슨에게 문자를 보내서 산소마스크를 벗고 따뜻한 미소로 가족을 맞이할 수 있도록 했다. 조스는 긴장을 완화하기 위해 약간의 교수대 유머(12장에서 설명한 방법 중 하나)를 사용하기도 했다. 딸들에게 "엄마가 죽으면 아빠는 테일러 스위프트와 결혼할 테니 걱정하지 마."라고 농담을 던지자 가족들은 어이없는 표정으로 모두 함께 웃음을 터트렸다(당시 스위프트는 소녀들의 우상이었다).

　다행히도 앨리슨은 몇 달간의 치료 후에 건강을 회복했다. 하지만 사업은 실패로 돌아갔다. 부부는 앨리슨의 회복이 가장 중

요하다는 사실을 알았고, 앨리슨의 회복에 우선순위를 둔 것에
대해 기쁘게 생각한다. 하지만 사업 실패는 여전히 쓰라린 기억
으로 남아있다. 얼마 후 조스는 모든 공급업체에 대금을 지불하
고 그해 런던 최고의 보석상으로 선정되었지만 이렇게 고백했다.
"회사를 소홀히 한 것에 대해 아직도 부끄러움을 느낍니다."

적극적으로 희망을 실현하겠다는 결심은 두 사람이 함께 사업
을 재구상하는 데 당연히 도움이 되었다. 조스와 앨리슨은 명품
보석 비즈니스를 재창조하는 데 필요한 모든 재능을 갖추고 있었
지만, 규모를 키우는 것만으로는 원하는 영향력을 발휘할 수 없
다는 사실을 깨달았다. 보석 산업은 많은 낭비가 발생하고 노동
력을 착취하는 지역에서 비윤리적으로 자원을 채취할 위험이 높
다. 조스와 앨리슨은 지속 가능한 장인 정신을 창출하는 데 앞장
서기로 결심했고 런던 최초의 주얼리 부문 비 코르프^{B Corp}를 설립
하여 지속 가능한 보석 사업의 대변인이 되었다. 조스는 자신의
매장인 이씨 원^{EC One}에서 새로운 보석 장인들을 초대하여 산업계
전반에 걸쳐 지속 가능한 관행에 참여하고 확산하는 방법을 가
르치고 있다.

무엇보다 그들의 가장 큰 공헌은 가족이 함께 나누는 따뜻한
웃음을 통해 불확실성에 직면한 모든 사람에게 희망을 갖는 것이
의도적이고 지속적인 선택이라는 사실을 일깨워준 것이다. 비록
쉬운 일은 아니지만 희망은 미지의 상황에 대한 두려움을 극복하

기 위해 우리가 만들고 발전시킬 수 있는 근육이다. 다음은 희망이라는 근육을 만드는 질문들이다. 스스로 질문을 던지고 한 번 깊게 생각해보자.

첫 번째 질문, 과거에 여러분이 고통을 겪었던 경험을 생각해보라. 그 상황을 어떻게 극복했는가? 위에서 설명한 희망이 회복탄력성에 영향을 미쳤는가? 다음에 장애물에 직면할 경우에 여러분이 배운 것을 어떻게 활용할 수 있을까?

두 번째 질문, 희망은 조스와 앨리슨 스키츠의 경우처럼 주변 사람들과 함께 논의할 수 있다. 희망이 자신에게 어떤 의미인지, 그리고 어떻게 실천할 것인지에 대해 논의하는 걸 고려해 보라.

연결과 공동체

우리는 같은 생각과 목표를 가진 커뮤니티를 발견했을 때 기쁨과 안도감을 느끼게 된다. 뭔가에 대해 혼자 고민하다가 다른 사람들과 팀을 이룬다는 것은 일종의 귀향과도 같다. 우리는 종종 강력한 희망을 구축하는 데 있어서 그 반대편, 즉 자신의 능력, 아이디어의 타당성 또는 추구하는 방식에 대한 두려움과 의구심을 존중하고 수용할 공간을 확보하는 것이 중요하다는 사실을 잊곤 한다. 이는 가까운 사람들과의 대화를 통해 강화되는 정서적 위생에 의지할 수 있을 때 더 쉬워진다. 당연하게 들리지만, 위협을 받거나 불안할 때 대부분의 사람들은 자신의 감정이 자신의 능력이나 성격의 결함을 드러낼까 봐 두려워서 내면으로 향하는 경향이 있다. 그렇지 않다. 여러분은 그저 한 명의 인간일 뿐이다. 따라서 스스로 조산사가 되기 위해서는 자신을 지지해주는 커뮤니티를 찾아 경험을 공유하도록 스스로를 이끄는 것뿐만 아니라 친절하게 자신과 대화하는 것이 중요하다.

다른 사람들과 대화를 통해 자신을 강화하는 것은 올바른 사람들과 경험을 공유할 때 가능해진다. 여러분은 조직의 리더 또는 부모로서 자신이 이끄는 사람들과 한 가지 종류의 대화를 나눌 수 있고, 개인적 또는 직업적으로 여러분을 이끌거나 상황을 공유하는 사람들과는 다른 종류의 대화를 나눌 수 있다. 같은 커뮤니티나 상황에 처한 사람들과 대화하는 것은 불확실성과 가능성을 향한 여정에서 여러분이 느끼는 좌절감과 의심을 완화하는 데 도움이 된다.

배우는 100번의 오디션에 응시해야 한 개의 배역을 따낼 수 있고, 사진작가는 10,000장의 사진을 찍어야 한 장의 사진을 보도할 수 있다는 교훈을 기억하라. 배우 댈러스 로버츠는 "그건 마치 카지노에 들어가서 100번을 져야 한 번 이기는 것과 비슷하다"고 말한다. 그는 이 교훈을 알려주면서 12장에서 언급한 동료 배우 커뮤니티의 안정적 영향력을 강조했다. "제 이메일의 70퍼센트는 서로를 돕고 있는 17명의 다른 배우들이 보내는 것입니다."

커뮤니티는 불확실성에 저항하는 것이 아니라 불확실성으로부터 자신을 유지하고 배울 수 있도록 도와준다. 파격적인 비즈니스 스쿨 카오스파일럿의 1기 학생들은 덴마크 최대 문화 축제의 마케팅과 제작을 담당한다. 그들은 갑자기 영화 촬영 계획, 화장실 설치, 음식 주문, 티켓 판매 최적화 등 여러 가지 복잡한 과제를 떠맡게 된다. 어떨 때는 늦게 도착한 관람석을 망치로 조립하고, 그다음에는 아티스트 중 한 명과 계약 협상을 진행해야 할 수도 있다. 교장 크리스터 윈델로-리제이우스^{Christer Windelo-Lidzéius}는 이렇게 설명한다. "우리는 학생들에게 커리큘럼의 모든 내용을 다 배울 거라고 보장하지 않습니다. 우리의 목표는 80퍼센트만 가르치는 것입니다. 하지만 실제로는 110퍼센트를 배울 수 있습니다. 처음에는 학생들이 매우 혼란스러워합니다. 결국 모든 것은 대화와 이야기로 귀결됩니다. 대화하는 것은 학습에 큰 도움이 됩니다."

다른 사람과 대화할 수 없는 상황에서는 자기 자신과 대화하는 게 도움이 될 수 있다. 마음 챙김 전문가 대런 라손^{Daron Larson}은 회사, 병원, 심지어 교도소에서 사람들이 개인적, 직업적 어려움을 헤쳐 나갈 수 있도록 돕고 있다. 그는 이렇게 강조한다. "미지의 영역에 발을 들여놓을 때 우리는 원치 않는 감정을 또 다른 적으로 간주하기 쉽습니다. 인간은 본능적으로 좌절감, 두려움, 취약함으로부터 자신을 방어하려고 합니다. 하지만 이런 감정에 저항할수록 오히려 그 감정은 더 강력해집니다." 그는 감정을 떨쳐내려고 애쓰는 대신에 "무섭고, 짜증나고, 지루하고, 화가 나는 감정은 이런 거야"라고 스스로에게 이야기하라고 조언한다. "예를 들어, 회의에서 프레젠테이션을 앞두고 긴장감을 느낀다면 '내가 관심 있는 아이디어를 발표할 때 긴장감이 바로 이런 거야'라고 스스로에게 말해보세요. 또는 명확성 부족으로 인해 수렁에 빠진 자신을 발견하면 여유 있게 해결책을 찾으려고 노력하면서 '지금 당장 답이 없는 기분이 이런 거야'라고 스스로에게 말해보세요. 이런 식으로 혼잣말을 하면 감정과 싸우는 대신에 감정을 파악하여 공감적인 반응을 이끌어내고 결국에는 감정의 나쁜 영향을 줄일 수 있습니다."

우리는 흔히 상황에 따라 커뮤니티가 형성되도록 내버려 두고, 우연히 마주치는 모든 사람을 친구로 사귀게 된다. 하지만 여러분이 존중하는 가치관을 가진 사람이나 비슷한 경험을 가진 사람들을 저녁 식사나 커피에 초대하는 등 의도적으로 커뮤니티를 만들면, 불확실성을 함께 헤쳐나갈 든든한 동료들을 얻게 된다. 다음 방법을 통해 당신의 지원군을 만들어라.

첫째, 가치관을 중심으로 커뮤니티를 만들어라. 프랑스에서 서로를 지지하는 커뮤니티를 찾는 것은 어려운 일이었다. 우리는 해외 거주자와 학교 공동체를 포용하는 한편, 보람 있는 일을 즐겁게 하는 사람들을 찾기 위해 진지한 프로젝트를 시작했다. 우리는 예술가, 제작자, 기업가 등을 인터뷰했다. 이 여정에 참여한 많은 사람들과 친구들은 성장하는 글로벌 커뮤니티의 일원이 되었다.

둘째, 비슷한 경험을 공유하는 커뮤니티를 만들어라. 함께 이야기하고 작업하기에 가장 좋은 사람들은 종종 나와 같은 일을 겪고 있는 사람들이다. 작가들은 작품을 공유하는 것 못지않게 자신의 감정을 공유하기 위해 글쓰기 그룹에 가입한다. 여러분은 불확실성을 주제로 한 그룹을 찾을 수 있는가? 아니면 직접 만들어 보면 어떨까? 친구들과 함께 '불확실성의 단점'에 대해 대화를 나눌 수도 있다.

셋째, 팀 또는 조직 내에 커뮤니티를 만들어라. 만약 여러분이 팀이나 조직의 리더라면 정서적 위생의 필요성을 인식하고 서로를 지지해 주는 것이 조직을 강화하는 데 어떤 도움이 될 수 있는지 생각해 보라. 네덜란드 왕세자인 콘스탄틴 판 오란제Constantijn van Oranje는 혁신을 장려하는 역할을 수행하며 다른 리더들과 정기적으로 협력하고 있다. 그는 이렇게 강조한다. "CEO들은 불확실성에 익숙하지 않기 때문에 불확실성을 받아들이고 이를 강점으로 삼기보다는 숨으려고 하는 경우가 많아요. 하지만 불확실성에 대한 두려움을 뒤집어 보면 불확실성이 오히려 강점이 될 수 있습니다. 불확실성 속으로 뛰어들면 새로운 일을 하고 있다는 자부심이 생깁니다. 여러분은 자신감이 넘치더라도 다른 사람의 불안에 공감하고 탈출구가 있다는 것을 보여줘야 합니다."

편안함

스스로의 조산사가 된다는 건 여러분을 지지해 주는 편안함을 곁에 두는 것을 의미한다. 불확실성 균형추가 지속적인 생존을 제공하는 도구인 것처럼, 편안함은 흔들리는 배를 안정시키기 위해 즉각적으로 사용할 수 있는 비밀 무기와 같다. 필요할 때 위안을 얻을 수 있는 방법은 많다. 그중 가장 중요한 것 중 하나는 우리가 편안함과 안정감을 얻을 수 있는 장소, 특히 집이다. 철학자 가스통 바슐라르^{Gaston Bachelard}는 『공간의 시학^{The Poetics of Space}』에서 집은 창의력과 꿈이 만들어지는 대장간과 같다고 말한다. "집은 꿈꾸는 자를 보호한다. 집은 우리가 평화롭게 꿈을 꿀 수 있도록 해주는 중요한 공간이다."

하지만 이상적인 공간에서 편안함을 느끼거나 창의력을 발휘하겠다는 계획을 세우기 전에, 그 공간을 만드는 데 실제로 필요한 것이 무엇인지 생각해 보라. 고대 아일랜드 유목민인 트래블러족에게 집은 오래된 오두막집이나 추억과 자부심으로 가득한 빈 들판일 수 있다. 한때 전 세계에 500개의 매장을 운영했던 디자이너 로라 애슐리^{Laura Ashley}의 아들이자 사업파트너인 닉 애슐리^{Nick Ashley}는 스타일리스트에게 본보기가 되기 위해 매년 집을 새롭게 꾸몄던 기억을 떠올린다. 그의 어머니가 돌아가셨을 때 회사 구성원들은 마음과 영혼을 잃었다. 닉은 오래된 집을 잃었지만 자신이 다른 걸 원한다는 사실을 깨달았다. "제가 생각하는 천국은 화로 옆에 앉아 직접 음식을 요리해서 먹고, 멋진 매트리스에 누워 잠드는 곳입니다. 이견이 있을 수 없죠."

거실에 수영장이 있는 집을 지은 유명 디자이너 켄조 타카다^{Kenzō Takada}도 분위기가 정말 중요하다고 말한다. "다른 사람의 집에 갈 때 제가 가장 먼저 살펴보는 것은 바로 분위기입니다. 작은 아파트라도 세심하게 신경을 쓰면 어디에서나 멋진 분위기를 연출할 수 있지요."

좋은 조산사는 무엇을, 어떻게, 어디서 먹을지 생각하게 해준다. 맛, 향기, 질감, 기억 등 우리가 음식을 경험하는 무수한 방식은 너무 쉽게 당연한 것으로 여겨질 수도 있다. 메리 프랜시스 케네디 피셔^{Mary Frances Kennedy Fisher}는 잘 먹는 것을 삶의 예술 중 하나로 묘사한 뛰어난 음식 작가이다. 그녀의 에세이는 기억에 남는 음식에 대한 흥미로운 묘사와 함께 음식이 우리를 어떻게 더 높은 차원으로 이끄는지에 대하여 이야기를 펼쳐낸다.『미식가인 나^{The Gastronomical Me}』에서 그녀는 이렇게 말한다.

사람들은 나에게 묻는다. "왜 먹고 마시는 것에 대한 글을 쓰나요? 다른 사람들처럼 권력과 안보를 위한 투쟁이나 사랑에 대해 글을 써보는 건 어때요?" 가장 쉬운 대답은 대부분의 다른 사람들처럼 나도 배가 고프기 때문이라고 말하는 것이다. 하지만 사실은 그것보다 더 많은 이유가 있다. 음식, 안전, 사랑에 대한 인간의 세 가지 기본적 욕구는 매우 밀접하게 연관되어 있어서 다른 것 없이 하나에 대해서만 생각할 수 없다. 그래서 나는 식욕에 대해 글을 쓸 때면 사랑과 욕망에 대해 이야기하게 된다.

감각적 편안함은 우리를 안전, 건강, 즐거움으로 인도하거나 그 반대의 위험으로부터 경고하기 위해 진화해 왔다. 우리를 유지해주는 편안함에 주목하라. 이러한 편안함은 일상에서 치유의 원천이 되어 불확실성을 헤쳐나가는 여정에 활력을 불어넣을 수 있다.

뭔가를 소유하거나 성취하기 전까지는 꿈을 꾸거나 상상할 수 없다고 스스로에게 말할 때, 우리는 이미 누릴 수 있는 평화와 상상력을 포기하게 된다. 타카다의 말처럼 집의 분위기(공기 또는 느낌으로 정의됨)에 집중하여 더 많은 행복을 증진하는 방법은 무엇일까? 우리는 생활공간을 깨끗하고 정돈된 상태로 유지하고(최소한 침대는 정리하라!), 멋진 그림이나 예술 작품(잡지에서 오려낸 사진이나 저렴한 인쇄물도 상관없다)을 벽에 걸고, 양초를 켜거나 향을 활용하여 쾌적한 환경을 조성할 수 있다. 휘게^{hygge}(안락하고 편안함을 의미하는 덴마크어) 열풍은 노력과 비용을 많이 들이지 않아도 편안함과 만족감을 얻을 수 있다는 걸 보여주었다. 힘들고 지칠 때 우리는 일상에서 편안함을 느낄 수 있도록 이러한 방법을 실천할 수 있고, 실천해야 한다.

1. 천국에 대한 여러분의 생각은 무엇인가? 진지하게 생각해 보라. 우리는 행복에 대한 상업적 이미지에 너무 많이 노출되어 있기 때문에 진정으로 우리에게 위안을 주는 것이 무엇인지 혼란스러울 수 있다. 네이선은 프랑스 리비에라에 가면 행복해질 거라고 생각하는 함정에 종종 빠지곤 한다. 하지만 무엇이 진정한 위안을 주는지 스스로에게 물어보았을 때, 소파에 누워 책을 읽

는 것이 혼잡하고 값비싼 휴양지만큼이나 혹은 그보다 더 멋진 천국일 수 있다는 사실을 알게 되었다.

2. 명확성을 잃거나 사랑하는 대상을 빠르게 상기시켜야 할 때를 대비해 여러분이 사랑하는 대상의 목록을 작성하라. 서랍이나 책표지에 자신이 사랑받고 있음을 상기시켜주는 의미 있는 글귀를 붙여 놓을 수도 있다. 네이선은 컴퓨터 모니터 옆에 부엉이가 조각된 도자기를 놓아두었다. 그 안에는 로마에서 발견한 모자이크 타일 조각과 수재너가 보낸 사랑의 편지가 들어있다. 지혜로운 부엉이를 보고 그 안에 들어 있는 대상을 떠올리면 힘들 때 위안을 얻을 수 있다.

3. 임상 심리학자이자 매사추세츠 의과대학 교수인 크리스틴 러니언[Christine Runyan]은 경험적 연구를 통해 불확실성이 스트레스를 유발한다는 사실을 입증했다. 러니언은 스트레스에 대한 해독제로 마음 챙김을 선호하며, 피곤한 뇌를 우회하고 신경계를 진정시켜 "안정과 즐거움"을 가져다주는 가장 좋은 방법 중 하나로 감각적 경험을 추천한다.

러니언은 규칙적으로 감각적 경험을 음미하면 더 깊은 치유력을 느낄 수 있으며, 평범한 것에서 '경이로움'을 찾으면 일상 속의 만족감이 증가한다고 강조한다. 그녀는 두 가지 간단한 명상을 통해 이것이 얼마나 효과적인지 설명한다. (1) 접지 자세: 의자에 앉아 발을 바닥에 평평하게 대고 발뒤꿈치를 약간 아래로 누르면 현재의 순간에 집중할 수 있다. (2) 이미지화된 감각적 경험: 눈을 감고 레몬 조각을 자른 다음 코에 대고 혀에 대는 과정을 상상하라. 이 문장을 읽을 때 여러분에게 어떤 일이 일어났는가? 상상하는 행위는 매우 강력하기 때문에 우리의 뇌는 침을 흘리는 방식으로 반응한다. 우리는 매 순간 강력한 감각적 반응을 음미함으로써 지치고 스트레스를 받는 뇌를 안정시킬 수 있다.

현실 점검

"자연은 오직 긴 실로만 자신의 무늬를 만든다.
그렇기 때문에 자연의 작은 조각들을 보면 그 전체를 알 수 있다."

— 리처드 파인만

우리의 감정 상태에 대한 인식과 관심은 균형 있는 시각으로 현실을 바라볼 때 더욱 지속될 수 있다. 현실 점검은 이성적인 마음을 사용하여 부정적이거나 순진한 이야기의 어둠을 뚫고 가치관을 향한 변화와 성장을 가능하게 하는 것이다. 현실 수용은 마음 챙김의 관점에서 나온 것이지만, 지속적인 현실 점검 도구는 희망적이고 도움이 되고 동기를 부여하는 현실을 찾기 위한 실행 가능한 방법의 집합이다.

에이미 블랭크슨^{Amy Blankson}은 『행복의 미래』에서 이렇게 말했다. "인간의 뇌는 매초 1,100만 비트의 정보를 받아들이지만 한 번에 50비트만 처리할 수 있다. 우리의 뇌가 환경의 스트레스, 짜증, 불평에 노출되면 중요하고 정확하고 잠재적으로 더 유용한 정보를 찾을 수 있는 능력이 감소한다." 반면에 한 연구 결과에 따르면, 주변 환경에서 긍정적인 정보를 보고 그것에 집중할 경우, "창의력은 3배, 생산성은 31퍼센트 증가하고, 스트레스는 23퍼센트 감소"하는 것으로 나타났다. 현실 점검 도구는 우리의 명확한 판단과 용기를 가로막는 불확실성의 눈보라를 걷어내는 데 큰 도움이 된다.

정서적 위생을 실천하기 위해서는 공감 능력이 뛰어난 조산사의 관점이 필요하듯이, 비관적인 믿음에 이의를 제기하고 명확한 눈으로 현실을 바라보기 위해서는 현명한 상담가의 역할이 필요하다.

네이선은 인문학 석사 과정을 마치던 중 새롭게 눈을 뜨게 된 획기적 경험을 기억한다. 진로를 바꿔야 한다는 사실을 깨달은 그는 대학 진로 상담사를 찾아갔다. 백발이 성성하고 노련해 보이는 상담사는 의자에 기대어 무심히 펜을 돌리면서 네이선이 속마음을 털어놓는 걸 지켜보았다. "곧 아기가 태어날 예정이고 취업할 준비는 안 되어 있고 학부생들에 비해 나이가 많은데 어떻게 제가 진로를 바꿀 수 있을까요?" 네이선의 불안감이 극에 달하자 상담사가 갑자기 표정을 바꿨다. 친절하지만 지친 목소리로 그는 간단히 말했다. "오해하지 말고 들으세요. 내 서랍에는 당신보다 오래된 양말이 있어요."

네이선은 깜짝 놀라 얼어붙었다. 상담사는 재빨리 설명했다. "내가 말해주고 싶은 것은 인생은 길고, 기회로 가득하며, 지금은 그렇게 느끼지 않더라도 언젠가는 그걸 깨닫게 될 거라는 점입니다. 당신에게는 시간이 있어요." 그의 마지막 한 마디가 네이선의 마음에 와 닿았던 이유는 자신에게 시간이 없다고 생각했기 때문이다. 그리고 어찌된 일인지 양말에 대한 이야기도 사실처럼 느껴졌다. 상담사는 책상 앞으로 몸을 숙이고 종이와 펜을 꺼내들고 네이선이 선택할 수 있는 여러 가지 진로에 대해 이야기하기 시작했다. 그 후 네이선은 세상을 완전히 다르게 바라보게 되었다.

현명한 상담사는 다양한 선택지를 상기시키고 흔한 함정이나 비효율적인 대응 방식에 대해 경고함으로써 여러분에게 더 넓은 시야를 제공한다. 객관적 입장에서 기꺼이 문제를 함께 고민해주는 그들의 의지는 해결책이 모습을 드러낼 거라는 희망과 침착함을 가져다준다. 그들의 지혜와 능력은 여러분이 진정한 자아를 발견하도록 도와준다. 불확실성에 직면했을 때 현명한 상담사로부터 조언을 듣고 그들의 의견을 수용할 수 있다면 어떨까? 새롭고 다른 방식으로 상황을 바라보면서 낙관적이고 이성적이고 차분해질 수 있을 것이다. 적어도 그 인식의 자리에서 더 많은 시간을 갖고 현재 상황을 악화시키지 않으려 노력할 것이다.

인간다움을 포용하라

인간은 불확실성에서 불안을 느끼는 본능을 갖고 있다. 이는 수많은 신경과학 연구를 통해 확인된 사실이다. 불안을 피하거나 억누르려고 애쓰기보다는 정상적인 과정으로 받아들여라. 현실 점검의 첫 번째 단계는 자신이 인간이라는 사실과 불확실성이 인간을 불안하고 우울하고 낙담하게 만든다는 사실을 받아들이는 것이다. 이런 기분이 든다면 당신이 살아 있다는 증거이므로 오히려 반가운 일이다. 연쇄 창업가인 데이비드 하이네마이어 한슨은 이렇게 말한다. "그건 인간의 본능일 뿐입니다. 우리의 목표는 불안하고 두려운 순간에 집착하거나 오래 머물지 않는 것입니다." 유용한 현실 점검은 우리의 업무나 활동에서 반복적으로 직면하는 이런 본능적인 반응을 정상화하도록 도와준다.

또한 현실 점검은 불안에 대응하는 여러 가지 단계도 제공한다. 인간 신체의 우세한 미주 신경을 기반으로 한 다발성 이론에 따르면, 우리는 자연적인 투쟁 또는 도피 반응을 극복하기 위한 조치를 취할 수 있다. 불안은 속도를 늦추고 관심을 갖고 질문을 던지라는 신호다. 이를 통해 우리는 투쟁 또는 도피라는 생물학적 반응을 관찰하고 더 현명한 선택을 할 수 있는 시간을 가질 수 있다. 회피 대 능동적 대처의 관점으로 설명하는 또 다른 프레임 워크에 따르면 걱정은 우리가 뭔가를 하고 있는 것처럼 느껴지므로 불안에 대한 자연스러운 반응이다. 그러나 걱정은 스트레스 요인을 실제로 다루지 않기 때문에 불안을 악화시킬 뿐이다. 더 적극적이고 생산적인 대응 방식인 불안을 바라보는 관점을 재구성하고 직접 해결하기 위한 계획을 세우는 것이다. 예를 들어, 프레젠테이션을 제시간에 끝낼 수 있을지 걱정하기보다는 해야 할 일의 성격과 성공할 수 있는 방법을 시각화하여 즉시 실행할 수 있는 관리 가능한 단계로 세분화하라.

최근 고등학생들과의 대화에서 소설가 재디 스미스[Zadie Smith]는 불확실한 창작 활동에 내재된 불안에 대해 이야기했다. "글을 쓰는 동안에는 내가 왜 이 일을 하고 있는지 막연한 생각이 들 때가 많아요. 매일 스스로에게 일종의 격려를 해줘야 합니다." 우리의 글쓰기 프로젝트를 잘 아는 딸이 스미스에게 불확실성에 대처하는 방법이 있느냐고 묻자 스미스는 이렇게 대답했다,

그건 바로 편안함의 문제라고 생각해요. 저는 불확실성을 억제하거나 없애거나 회피하려 하지 않아요. 알지 못하는 것, 극도로 불확실한 것, 매우 두려운 것 등에 대해 제가 세상에서 진정으로 느끼는 감정을 항상 유지하려고 노력해요. 많은

사람들은 대부분의 경우에 그런 감정을 두려워하고 위장하려고 애쓰지요. 할머니가 말씀하셨던 간단한 사실들, 어른들이 평생 동안 계속 어린아이처럼 느낀다는 사실마저도 자녀들에게 솔직하게 말하지 않아요. 하지만 제가 알고 있는 이런 감정들은 실존적으로 사실이기 때문에 누군가는 기억할 가치가 있어요. 그리고 거기에 관심을 기울이는 것이 제가 생각하는 글쓰기의 작은 목표입니다.

아무리 현명하고 재능 있는 사람이라도 혼란스럽고 길을 잃고 불확실성을 느낄 때가 있다. 인간으로서 경험하는 감정에 솔직할 때 우리는 위대한 일에 도전하고 성취하는 다른 모든 사람들과 함께 있다는 사실을 깨닫게 된다. 다음은 불안을 관리하기 위해 생각해야 할 단계들이다.

불안에 대응하는 첫 번째 단계는 불안을 유발하는 요인을 인식하여 불안을 예상하거나 발생 시기를 파악함으로써 그 충격을 줄이는 것이다. 예를 들어, 네이선은 해야 할 일이 많아서 쉽게 압도당하는 반면, 수재너는 사랑하는 사람들의 안전에 대해 두려워한다. 일반적인 유발 요인을 파악하면 불안이 우리를 압도하기 전에 불안을 정상화하고 상황이 어떻게 해결되었는지에 대한 과거의 경험에 의지하여 불안을 줄일 수 있다. 네이선은 종종 마감일을 맞출 수 있을지 불안감을 느낄 때 "이건 내가 늘 하는 일이

잖아, 기억나지?"라고 스스로에게 말하면서 마음을 진정시킨다.

두 번째는 불안의 주기를 파악하는 것이다. 불안이 언제 여러분을 찾아오는 경향이 있는가? 밤이나 아침? 창작 활동의 특정 시점? 밤늦은 시간 등 일정한 시간에 불안이 찾아온다면 실제라기보다는 생물학적 현상일 수 있다. 이런 시간에는 판단을 미뤄야 할 수도 있다. 예를 들어, 네이선은 책을 출판하기 전에 자신이 쓴 글이 초라할지도 모른다는 불안감이 밀려온다는 사실을 알게 되었다. 이를 인식한 그는 뒤로 미루기보다는 오히려 과감하게 출판사에 제출한다. 수재너는 일이 정말 잘 풀리거나 흥미로운 변화가 다가올 때마다 뭔가가 무너질 것 같은 불안한 예감을 느낀다. 브레네 브라운^{Brené Brown}은 이런 감정을 '불길한 기쁨'이라고 부르며, 기쁨은 취약성을 요구하는 감정이라고 설명한다. 왜냐하면 기쁨은 순간적이고(28장의 마법 도구 메멘토 모리에서 설명할 것이다) 영원히 붙잡을 수는 없으며 그다음에는 고통이 뒤따르기 때문이다. 그녀의 조언은 무엇일까? 감사하는 마음으로 즐거운 순간을 만끽하고, 일어나지 않은 일에 대한 두려움으로 그 순간을 방해하지 말라는 것이다.

세 번째는 냉철한 판단을 내리는 것이다. 때때로 우리는 감정의 최고점이나 최저점에서 결정을 내린다. 하지만 오래 지속되는 결정은 기분이 좋거나 나쁠 때 내리는 게 아니라 냉철한 판단으로 내리는 것이다. 중요한 결정일수록 차분하게 내려라.

학습된 낙관주의

우리는 스스로를 낙관주의자 또는 비관주의자라고 생각하는 경향이 있다. 그러나 긍정 심리학의 선도적 연구자인 마틴 셀리그먼^{Martin Seligman}은 낙관주의와 비관주의가 성격의 고정된 부분이 아니라 시간이 지남에 따라 발달하고 학습되는 영역이라고 주장한다. 또한 셀리그먼은 다양한 실증적 연구를 통해, 낙관적이고 외향적인 성향을 발달시킨 사람들이 자신이 무기력하다고 믿기 때문에 더 이상 불리한 상황을 바꾸려고 노력하지 않는 학습된 무력감^{learned helplessness}에 저항하고 상황을 더 좋게 바꿀 수 있는 방법을 찾는다는 사실을 확인했다. 이러한 이유로 셀리그먼은 낙관주의는 학습될 수 있으며 불확실성에 대응하는 데 도움이 될 수 있다고 주장한다.

셀리그먼의 통찰력은 학습된 무력감을 연구한 초기 실험에서 비롯되었다. 예를 들어, 밀폐된 방에서 개에게 전기 충격을 가한 후, 작은 장애물을 뛰어넘으면 전기 충격을 피할 수 있는 기회를 주었을 때 대부분의 개는 시도조차 하지 않았다. 실제로 실험자들은 개가 스스로를 장애물을 뛰어넘을 수 있다는 사실을 배울 때까지 여러 번 개를 장애물 너머로 데려가야 했다.

셀리그먼이 사람들의 학습된 무력감을 조사하기 시작했을 때에도 비슷한 패턴을 발견했지만 한 가지 흥미로운 예외가 있었다. 낙관적인 사람들은 학습된 무력감에 저항하고 자신의 상황을 바꿀 방법을 찾았다. 흥미를 느낀 셀리그먼은 더 자세히 조사하기로 결정했고, 놀랍게도 그의 연구팀은 낙관주의자들이 원래 타고난 성격이 아니라 도전을 극복하는 데 도움이 되기 때문에 세상을 낙관적으로 바라보는 방법을 배웠다는 사실을 발견했다. 특히 낙관주의자들은 문제를 일시적인 것, 특정 상황에 국한된 것, 여러 가지 원인을 가진 것이라고 보는 경향이 있었기 때문에 자신을 탓하고 자책하는 걸 피할 수 있었다. 그 결과, 낙관주의자들은 상황을 파악하여 자신이 통제할 수 있는 범위 내에서 대응할 수 있는 구체적인 단계를 찾아내고, 더 나은 변화를 모색하는 '활력'을 경험할 수 있었다. 반면에 비관주의자들은 문제를 삶의 모든 측면에 영향을 미치는 영구적인 것으로 간주하는 경향이 있었기 때문에 문제가 발생한 것에 대해 오로지 자신을 탓했다. 그 결과, 비관주의자들은 낙담과 좌절, 수동적이고 부정적인 자기 비난에 빠져드는 경향이 나타났다. 우리는 낙관주의자들의 대응 방법을 활용하여 직면한 문제가 일시적이고 한정적이며 전적으로 자신의 책임은 아닌 것으로 재구성함으로써 상황을 호전시킬 수 있다.

26장의 '희망 활성화'는 감정에 관한 것이지만, 학습된 낙관주의를 실천하는 것은 인식의 변화, 즉 자신에 대한 부정적인 생각을 분석하고 극복하는 일에 관한 것이다. 우리는 낙관주의 또는 비관주의 중에서 한 가지 성향을 선호하는 본능을 타고났을 수도 있지만, 셀리그먼의 연구에 따르면 자신의 신념을 인식하고 이에 이의를 제기하는 방법을 배우는 것만으로도 더 낙관적인 접근 방식을 개발할 수 있다. 학습된 낙관주의의 효과에 대한 연구에 따르면 학생들의 불안감이 50퍼센트 감소했고, 영업사원의 업무 효율이 35퍼센트 증가했다. 또한 뇌 손상을 겪고 있는 아이들의 지적 능력이 향상된 것으로 나타났는데, 이는 아이들이 학습된 낙관주의를 실행했기 때문이 아니라 보호자가 그랬기 때문이다.

셀리그먼에 따르면 학습된 낙관주의를 개발하는 열쇠는 부정적인 일이 발생했을 때 부정적인 믿음에 의문을 제기하는 것이다. 의문을 제기하지 않으면 "나는 나쁜 엄마다", "나는 결코 건강해질 수 없다", "나는 좋은 학생이 아니다"와 같은 부정적인 생각을 사실이라고 잘못 해석할 수 있다. 이런 부정적인 생각은 그런 믿음을 만들어내는 장애물을 극복하려는 우리의 노력을 방해한다. 예를 들어, 여러분이 어떤 아이디어를 제시했는데 아무도 반응을 보이지 않는다면 비관주의적인 내면의 목소리는 "아, 그건 멍청한 생각이고 나는 바보야."라고 말할지도 모른다. 하지만 셀리그먼은 부정적인 믿음을 반박하라고 강조한다. 아마도 사람들이 잘못 이해했거나 머릿속에 개념이 떠오르지 않았을 수도 있다. 그들은 감동을 받았지만 그 아이디어를 공유하는 방법을 몰랐을 수도 있다. 혹은 멍청한 아이디어일 수도 있지만 신경 쓸 필요는 없다. 위대한 사상가들도 훌륭한 아이디어와 함께 쓸모없는 아이디어를 많이 가지고 있었다. 셀리그먼은 잘못된 믿음에 이의를 제기할수록 변화를 일으킬 수 있는 우리의 에너지가 증가한다고 말한다.

핵심은 좌절, 실망, 불안을 영구적이고 절대적이고 변화할 수 없는 것으로 보는 시각에서 일시적이고 상대적이고 변화할 수 있는 것으로 보는 시각으로 바뀔 때까지 논쟁하는 것이다. 신뢰할 수 있는 친구나 조언자와 토론하면 신념에 이의를 제기하는 데 큰 도움이 될 수 있다. 자신이 사실로 받아들이고 있는 통념을 객관화하여 다른 관점을 얻을 수 있기 때문이다. 불확실성 속에서 자신을 강화하려면 통념에 도전하고 우리에게 일어나는 상황을 학습된 낙관주의의 관점으로 바라봐야 한다. 다음은 낙관주의 관점을 가지기 위한 방법이다.

첫째, 먼저 질문을 던지고 공유하라. 어떤 상황이나 여러분 자신에 대한 부정적인 믿음은 무엇인가? 이를 메모하거나 친구와 공유하여 외부화하라. 이런 부정적인 믿음이 전혀 사실이 아닌지, 부분적으로 사실인지, 상황에 따라 달라지는지, 아니면 자신의 장점 중 하나를 가리키는 것일 수도 있는지 질문하여 이의를 제기할 수 있는가?

둘째, 부정적인 믿음이 사실이라고 느껴진다면, 그 상황을 영구적이고 절대적이고 변화할 수 없는 것에서 일시적이고 상대적이고 변화할 수 있는 것으로 재구성하라. 예를 들어, 네이선은 논문에서 몇 가지 좌절을 경험했을 때 처음에는 자신을 (영구적이고 절대적이고 변화할 수 없는) 실패자로 여겼다. 하지만 그런 믿음에 도전하여 상황을 일시적이고 상대적이고 변화할 수 있는 것으로 바라보는 방법을 배웠다. 이를 위해 그는 논문을 마무리하는 동안 강사 경력을 시작했고, 엄청난 좌절감을 불러일으킨 논문을 제쳐두고 출판 기술을 배우는 데 시간을 할애했다. 결국 네이선은 자신의 논문을 직접 출판했고, 여러 차례 최우수 논문상을 수상했으며 한때 실패라고 생각했던 논문에서 많은 후속 연구를 발표하게 되었다.

좌절 관리

벤 페링가는 "불확실성에 굴복하면 실패할 수밖에 없다"고 강조한다. 하지만 이 말을 한 직후, 그는 2016년 노벨상을 수상한 분자 기계를 개발하는 과정에서 얼마나 많은 좌절을 겪었는지 밝히면서 불확실성과 함께 찾아오는 좌절에 대처하는 회복탄력성을 길러야 한다고 웃으며 덧붙였다. 이를 위한 그만의 방식은 며칠 동안 좌절감을 느끼도록 내버려둔 후 스스로에게 물어보는 것이다, "이런 실패로부터 무엇을 배울 수 있을까? 내가 할 수 있는 다음 단계는 무엇일까?" 그가 깨달았든 깨닫지 못했든, 실패에도 불구하고 배운 내용에 집중하는 것은 일이 계획대로 진행되지 않을 때 적용할 수 있는 좌절 관리 프레임 중 하나이다. 재구성 도구와 유사한 이 프레임은 좌절감을 주는 일에 대해 다른 관점을 얻고 실패한 시도에서 의미를 도출할 수 있도록 도와주는 렌즈이다. 각 프레임이 어떤 기능을 하는지 살펴보자.

학습 프레임. "페링가처럼 무엇을 배울 수 있을까?"라고 질문하라. 이것은 기업가들이 실패에 대한 질문을 받을 때 가장 흔히 하는 대답이다. 앞으로는 하지 말아야 할 실패에서도 항상 배워야 할 것이 있다. 향후에 긍정적인 행동을 취하는 데 도움이 되는 사전 예방적 교훈에 집중하고, 부정적이고 자기 비난적인 교훈은 피하도록 노력하라. 개선과 혁신은 시행착오를 통해 이루어진다. 한 번의 시행착오에서 얻은 교훈은 다음의 성공을 위한 발판이 될 수 있다. 류 시른^{Lew Cirne}은 윌리 테크놀로지^{Wily Technology}를 창업했을 때 뛰어난 기술자이자 초기 단계의 회사 설립자였지만, 회사가 성장하면서 어려움을 겪었다. 그의 주요 투자자였던 피터 펜턴^{Peter Fenton}은 경험이 풍부한 CEO를 영입해 노하우를 배우라고 권유했다. 시른은 경영권을 넘겼고 회사는 성공했지만 경영권을 포기한 것을 후회했다. 하지만 윌리의 성장을 지켜보면서 배운 것을 바탕으로 두 번째 회사인 뉴렐릭^{New Relic}을 창업하여 직접 경영을 이끌었고 윌리의 12배에 달하는 수익을 거뒀다.

　게임 프레임. 실패는 인생이라는 게임의 일부라고 생각하라. 좌절과 패배는 승리와 마찬가지로 게임의 일부이므로 너무 심각하게 받아들이지 말라. 때로는 일이 잘 풀릴 때도 있고 그렇지 않을 때도 있다. 테슬라의 CEO 일론 머스크는 자신의 스타트업을 말 그대로 게임이라고 설명한다. 작은 규모에서 시작하여 중간 규모를 거치고 시간이 지남에 따라 높은 판돈의 테이블에 도달하는 점진적인 포커 게임과 같다. 머스크는 게임 프레임과 학습 프레임을 결합하여 각각의 사업에서 배운 것을 강조함으로써 한 가지 영역에서 실패하더라도 다른 영역에서 여전히 우위를 점할 수 있도록 한다. 패배는 뼈아프지만 적극적으로 플레이해야만 이길 수 있다.

　감사 프레임. 여러분이 아직 가지고 있는 것에 집중하라. 야구계의 전설 루 게릭Lou Gehrig은 선수 생활의 절정에서 근위축성 측색 경화증에 걸렸을 때, 감사 프레임을 잘 보여주는 교훈적인 고별 연설을 했다. "팬 여러분, 지난 2주 동안 여러분은 저에 관한 슬픈 소식을 들으셨을 겁니다. 하지만 오늘 저는 스스로를 세계에서 가장 운이 좋은 사람이라고 생각합니다. 저는 심각한 질병에 걸렸지만 아직 살아야 할 날이 많이 남았습니다." 게릭의 연설은 많은 사람들이 삶이라는 놀라운 선물에 감사하고 집중하도록 이끌었다. 이 프레임은 고대 스토아학파가 행복을 깨닫는 방법으로 채택한 관점이기도 했다. 우리가 가진 모든 것은 운명으로부터 빌린 것이다. 그러니 우리가 이만큼이나 가진 것은 얼마나 큰 행운인가.

가치 프레임. 19장에서 설명한 것처럼 자신의 가치관에 충실하면 결과에 상관없이 성공할 수 있다. 애플이 과도한 수수료를 요구하며 새로운 소프트웨어 사업인 헤이닷컴[Hey.com]을 무너뜨리겠다고 위협했을 때 하이네마이어 한슨은 불안감을 느꼈다. 하지만 훌륭한 소프트웨어를 만들고, 직원들을 잘 대우하고, 윤리적인 비즈니스 모델을 도입하는 등의 가치를 실현하기 위해 회사를 설립했기 때문에 그는 침착함을 유지했다. 애플이 사업을 방해해서 수백만 달러의 투자금을 잃더라도 하이네마이어 한슨은 자신의 핵심 가치를 달성했다는 만족감을 느낄 수 있었다. 세계에서 가장 거대한 기업의 공격을 받은 것에 대해 그는 이렇게 말했다. "우리가 받은 카드가 그런 것이었고 패배하더라도 상관없었습니다. 하지만 가치관에 따라 일하는 것은 우리에게 모든 걸 할 수 있는 자유를 주었습니다." 그들은 애플의 괴롭힘 행위에 대해 널리 알리기 시작했다. 예상치 못한 언론의 관심은 약자를 위한 응원의 외침이 되었고, 헤이닷컴의 어려운 상황을 "우리가 상상할 수 있었던 가장 위대한 출시 캠페인"으로 바꾸어 놓았다.

타이밍 프레임. 좀 더 관대한 타이밍 감각을 받아들여라. 흔히 우리는 프로젝트가 오늘 성공하지 못했기 때문에 앞으로도 성공하지 못할 거라고 생각한다. 타이밍은 까다롭고 복잡하다. 어떤 일에 얼마나 많은 시간이 걸릴지 과소평가했을 수도 있고, 적절한 시점이 아닐 수도 있다. 수재너는 미술사 연구에서 영감을 받아 두 번째 비즈니스인 프롱크^{Pronk} 의류 사업을 시작했다. 하지만 얼마 후 네 명의 어린 자녀에게 집중하기 위해 사업을 중단하기로 결정했고, 그 결정을 후회하지 않았다. 때로는 여러분의 목표가 청중이나 고객보다 너무 앞서 나갈 수도 있다. 디자이너이자 아티스트인 비르기타 드 보스$^{Birgitta\ de\ Vos}$가 1990년대에 중고 데님을 지속 가능한 선택으로 홍보하기 시작했을 때 사람들은 코웃음을 쳤다. 하지만 오늘날에는 중고 데님이 많은 사랑을 받고 있다. 이케아의 지속가능성 혁신 책임자인 하난 노르드크비스트의 지혜를 떠올려보라. "뭔가에 영혼을 담는다는 건 어려운 일입니다. 때로는 서랍에 넣어두었다가 그것이 옳은 일이라면 다시 꺼내야 할 때도 있습니다. 우리는 자신의 아이디어와 무관한 외부 환경에서 살고 있습니다. 그 아이디어는 오늘 실현되지 않더라도 내일은 언제든 실현될 수 있습니다."

진화 프레임. 프로젝트의 진화를 고려하고 최종 판단을 보류하라. 좌절이나 실패는 한 상태에서 다른 상태로 넘어가는 어색하고 불편한 단계의 일부일 뿐이다. 조직은 종종 변화 직후의 성과 저하를 부정적인 신호로 해석하는 실수를 저지르는데, 이는 실제로는 새로운 상황에 적응하는 과정의 일부일 뿐이다. 사람도 마찬가지다. 십대 자녀를 키우는 부모는 미숙한 청소년이 언젠가는 훌륭한 성인이 될 거라는 믿음을 유지해야 한다. 마찬가지로, 새로운 프로젝트를 시작하거나 학업을 다시 시작하거나 직업을 바꿀 때, 실제로는 더 나은 상태로 진화하고 있음에도 불구하고 초기의 성과를 이미 그 역할에서 발전한 사람들과 비교하여 수준 이하라고 판단하는 오류에 빠질 수도 있다. "아직은 아니다"라는 성장 마인드의 핵심 격언은 우리가 결코 뭔가를 할 수 없다는 뜻이 아니라, 우리가 여전히 그것을 위해 노력하고 있다는 뜻이다.

영웅 프레임. 영웅은 포기하지 않기 때문에 탄생한다. 몇 년 전, 호주 영화 제작자이자 구급대원인 벤자민 길모어[Benjamin Gilmour]는 카이버 고개를 여행하던 중 파키스탄 경찰에게 오토바이를 압수당했다. 어려움에도 불구하고 길모어는 계속 걸어서 이동했다. 그러다가 파슈툰 족 소년을 만났다. 소년은 무기 제조업자의 아들이었지만 총을 만드는 것보다 시인이 되고 싶어 했다. 소년의 이야기에서 영감을 받은 길모어는 <사자의 아들[Son of a Lion]>을 제작했고 칸 영화제에서 상영되어 호평을 받았다. 몇 년 후 또 다른 영화를 만들기 위해 파키스탄으로 돌아갔을 때, 마지막 순간에 자금이 끊기고 출연진과 제작진 대부분이 떠났다. 남은 제작진은 주연 배우인 샘 스미스[Sam Smith]와 함께 대본을 다시 쓰고, <지르가>를 촬영했다. 잘못을 바로잡기 위해 아프가니스탄으로 돌아가는 군인의 이야기를 담은 이 영화는 2019년 호주 오스카상 출품작이 되었다. 수많은 장애물에도 불구하고 영화를 계속 촬영할 수 있었던 원동력이 무엇인지 묻자, 길모어는 환하게 웃으며 이렇게 대답했다. "대부분의 사람들은 장애물을 보면 멈추라는 신호로 해석합니다. 하지만 저는 장애물을 올바른 방향으로 나아가고 있다는 신호로 바라보는 방법을 배웠습니다. 루크 스카이워커부터 해리포터까지 우리가 사랑하는 모든 영화는 장애물을 극복하는 영웅에 관한 이야기입니다. 누구나 영웅을 좋아하죠. 하지만 장애물은 영웅을 만드는 요소입니다. 영웅이 되는 유일한 방법은 장애물을 통과하는 것입니다!"

페링가가 강조했듯이 실망감을 느끼는 것은 정상적인 과정이다. 좌절감을 느끼는 것은 정서적 위생의 중요한 부분이지만, 낙관적인 프레임으로 좌절감을 빠르게 재구성할 수 있다면 다시 전진할 수 있는 에너지를 더 많이 얻을 수 있다. 재구성이 의심스럽고 더 가혹한 이야기에 집착하고 싶은 마음이 들더라도 "어떤 세계관이 내가 앞으로 나아가는 데 도움이 될까?"라고 자문해 보라. 좌절 관리 프레임을 보다 더 적극적으로 활용하는 방법을 더 살펴보자.

첫째, 좌절 관리 프레임을 되돌아보고 직관적으로 사용하거나 시도해보고 싶은 프레임이 있는지 살펴보라. 좌절감이나 실패의 감정이 다시 찾아왔을 때 떠올릴 수 있는 몇 가지 요점을 빠르게 적어보라. 청소년의 부모로서 우리는 정기적으로 진화 프레임을 사용하여 자녀를 성인이 되도록 양육하는 과정에 어색한 단계가 있음을 스스로에게 상기시킨다. 완벽한 성인이 되기를 기대하는 건 불공평하다! 진화 프레임은 다른 주택 리모델링 프로젝트와 마찬가지로 튼튼한 기둥과 반짝이는 조리대가 있는 멋진 주방에 도달하기 전에 벽을 허물고 물이 새는 파이프를 고치고 새로운 구조를 만들어야 한다는 점을 상기시켜 준다. 피곤하거나 압도된 상태에서는 이런 투박하고 취약한 프로젝트를 진행하는 목적을 의심할 수도 있다. 진화에는 낯설고 어색함이 내재되어 있지만, 이를 견뎌낼 수 있다면 영광스러운 변화를 볼 수 있을 것이다!

둘째, 감사 프레임을 활용하라. 우리가 누리는 아주 작은 혜택에 대해서도 진지하게 감사함의 목록을 만들려고 노력한다면 절망을 극복하는 강력한 힘을 얻을 수 있다. 감사할 일이 보이지 않을 때야말로 감사함이 가장 필요한 때이다! 감사 일기를 쓰다 보면 오프라 윈프리가 왜 감사 일기를 "지금까지 해온 일 중 가장 중요한 일"이라고 말하는지 알게 될 것이다.

아는 것과 모르는 것의 구분

불확실성의 또 다른 고약한 특성은 우리 삶의 완벽하게 기능하는 측면을 기름 유출과 같이 쉽게 오염시킬 수 있다는 것이다. 우리가 모든 곳과 모든 것에서 불확실성을 보기 시작하면 실제로 무슨 일이 일어나고 있는지 파악하기가 어려워진다. 이러한 경향에 대처하기 위한 한 가지 전략은 차분히 앉아서 아는 것과 모르는 것을 구분하는 것이다. 인지적 유연성은 어떤 문제를 해결할 수 있는 정답, 정보, 방법이 없을 수도 있다는 점을 고려하면서 아는 것에서 위안을 얻고 유추나 전문가를 통해 부족한 부분을 메우는 것이다. 또한 아는 것과 모르는 것을 구분은 때로는 아무도 모르는 미지의 영역이 있다는 사실을 상기시켜 준다! 장애물을 이 세 가지 범주로 분류하면 우리가 할 수 있는 부분과 할 수 없는 부분을 인식하는 데 도움이 된다.

아는 것과 모르는 것을 구분하는 능력은 기업가에게 중요한 기술이며 투자자들이 선호하는 기술이기도 하다. 벤처 캐피털 투자자 데이비드 호닉은 투자할 기업가를 선정할 때 이 능력을 명시적으로 찾는다. "저는 그들이 '모르겠다'고 말할 때까지 계속 질문을 던지는데, 그 이유는 두 가지를 파악하기 위해서입니다. 첫째는 그들이 모른다는 걸 인정할 수 있는지 여부이고, 둘째는 그들이 모르는 것에 어떻게 반응하는지를 제가 알게 된다는 점입니다. 위대한 기업가는 '모르겠다'고 말하면서 항상 '하지만'을 붙입니다. 그런 다음에 자신이 알고 있는 정보와 그 정보가 미지의 상황에서 어떻게 해석될 수 있는지를 이야기합니다. 예를 들어, 자신의 비즈니스를 위협하는 대기업에 대한 질문에 드롭박스가 구글 드라이브의 위협에 어떻게 대응했는지 이야기하는 식으로 답변할 수 있습니다. 그렇게 할 수 있는 기업가는 문제를 해결하고 불확실성에 대처할 수 있는 사람입니다."

불안한 상황에서는 아는 것과 모르는 것을 구분하는 것이 더 어렵다. 하지만 차분히 앉아서 아는 것을 적어두는 것만으로도 불확실성의 균형을 잡아주는 역할을 하며 모든 것이 불확실하지는 않다는 위안을 얻을 수 있다. 여러분은 알고 있는 것에 의지할 수 있다. 그리고 모르는 것에 대해서는 불안을 줄일 수 있는 통찰력을 얻기 위해 사용할 수 있는 기술이 있다. 이러한 도구 중 하나는 공학에서는 사각지대 매트릭스, 심리학에서는 조하리 창Johari window이라고 부르는 2x2 행렬이다(그림 27-1 참조). 가로축은 내가 아는 것과 모르는 것을 표시하고, 세로축은 다른 사람이 아는 것과 모르는 것을 표시한다. 나는 알 수 없지만 다른 사람들은 알 수 있는 변수(왼쪽 위 사분면)의 경우, 해당 정보를 가진 전문가를 검색하라. 내가 알고 있지만 결과를 예측할 수 없는 변수(오른쪽 아래 사분면)의 경우, 좋은 비유를 통해 상황을 이해할 수 있다. 마지막으로, 실험을 통해서만 발견할 수 있는 모든 사람의 레이

더망에서 벗어난 변수(오른쪽 위 사분면)가 있을 수 있다는 점에 유의하라.

사각지대 매트릭스

	다른 사람이 아는 것	다른 사람이 모르는 것
내가 모르는 것	**안다는 걸 모르는 것** • 알려진 지식이지만 여러분이 가지고 있지 않거나 알지 못하는 경우. • 가능한 한 많은 사람, 특히 전문가와 대화하라.	**모른다는 걸 모르는 것** • 본인이나 다른 사람 모두 이러한 변수에 대해 알지 못한다. • 모르는 것이 있을 수 있다는 사실을 인지하라. 실험은 미지의 것을 발견하는 데 도움이 될 수 있다.
내가 아는 것	**안다는 걸 아는 것** • 합리적인 확률 분포를 가진 알려진 위험이다. • 정보에 입각한 위험을 감수하거나 여러 번의 "주사위 굴리기"에 대비하라.	**모른다는 걸 아는 것** • 관련된 변수를 이해하지만 결과가 어떻게 나올지 아무도 모르는 경우(확률 분포를 알 수 없음). • 좋은 비유를 통해 이해하는 데 도움이 될 수 있다.

예를 들어, 마침내 아파트를 구입하려고 결심한 직후에 코로나19 대유행으로 인해 수입의 대부분이 사라졌을 때, 네이선은 파산과 실패에 대한 상상을 하며 겁에 질리기 시작했다. 수재너는 그에게 사각지대 매트릭스를 우리의 미래에 적용해보자고 제안했다(더 정확하게는 "이 도구를 스스로에게 적용하지 못한다면 이 책을 쓸 자격이 없어!"라고 말했다). 돈이 가장 큰 걱정거리였기 때문에 그는 스프레드시트를 꺼내서 다양한 시나리오에 따라 우리의 활주

로를 계산하기 시작했다. 페이지에 숫자를 적는 것만으로도 불안감이 관리가 가능한 수준으로 바뀌었다. 또한 그는 모르는 것을 이해하기 위해 비유를 사용해야 했다. 누군가 코로나19에 따른 실직 사태를 대공황에 비유한 적이 있었는데, 그 말에 네이선은 혼란을 느꼈다. 그러나 그는 곰곰이 생각하면서 그 비유(정부가 잘못 관리한 근본적인 경제 충격 대 경기 부양책으로 인한 건전한 충격)의 결함을 깨닫고 더 나은 비유(휴일 동안의 업무 중단)를 찾아내어 다른 결과를 예측하는 데 도움이 되었다. 그런 다음 그는 전문가들에게 상황이 어떻게 전개될지에 대한 견해를 물었다. 시간을 내어 자신이 알고 있는 것을 파악한 결과, 계획에 없던 거대한 불확실성에 대한 불안감이 크게 완화되었다. 네이선은 계속되는 경제적, 직업적 불확실성에 대한 불안감이 엄습할 때마다 이 도구를 계속 사용하고 있다.

지금 직면하고 있는 불확실성에 대하여 이미 알고 있는 사실에서 확실한 근거를 찾으려고 노력하라. 도움이 된다면 사각지대 매트릭스를 사용하여 의지할 수 있는 더 많은 정보를 얻어라. 구체적으로 말하면, 여러분이 많이 알고 있는 영역(안다는 걸 아는 것), 여러분이 더 많이 배울 수 있는 모든 영역(모른다는 걸 아는 것), 그리고 여러분과 다른 모든 사람들이 알 수 있는 방법이 없는 영역(모른다는 걸 모르는 것)에 대해 파악함으로써 상황에 대한 현실 점검을 할 수 있다. 재구성 도구와 위험도 측정기를 다시 살펴보고 이러한 위험이 내게 어떤 영향을 미치는지, 즉 혐오 또는 호감의 영역을 유발하는지 여부를 더 잘 파악할 수 있다. 상황을 차분하게 바라보는 것만으로도 마음의 안정을 찾을 수 있다. 심호흡을 하라. 여러분은 정보를 갖고 있다!

대안과 확률

불확실성에 직면했을 때 우리는 때때로 현재 상황에 너무 과도하게 집중하여 더 큰 그림을 놓치고 '실패 아니면 성공', '어리석음 아니면 현명함', '재앙 아니면 구원'과 같은 이분법적 사고에 빠지기 쉽다. 이는 인간의 일반적인 경향이고 위협 경직성, 현상 유지 편향, 작은 연못 효과, 상대적 박탈감 등 다양한 이름으로 불린다. 이러한 효과의 예를 들어보자.

작가 말콤 글래드웰은 헤이워드 대학에서 학업 성적이 상위권인 학생 중 절반이 어려운 STEM 학위를 선택한 반면, 학업 성적이 하위권인 학생들은 자신이 상위권만큼 똑똑하지 않다고 판단하여 쉬운 전공을 선택했다는 사실을 관찰했다. 그리고 하버드 대학교에서도 정확히 동일한 분포를 발견했다. 하버드에서 SAT 점수가 하위 3분의 1에 속하는 학생들은 헤이워드의 상위권 학생들보다 SAT 점수가 더 높지만, 이들은 자신을 넓은 범위에서 비교하지 않고 좁은 범위에서 동료들과 비교하는 경향이 있으며, 결국 자신이 STEM 학위를 취득할 만큼 똑똑하지 않다고 결론을 내렸다.

우리는 불확실성에 직면할 때 이와 같은 넓은 범위 대 좁은 범위의 실수를 저지르며, 현재 우리가 가지고 있고(횡적 옵션) 미래에 갖게 될(종적 옵션) 많은 대안적 가능성에 대해 눈을 감는다. 예를 들어, 코로나19 대유행이 시작되었을 때 네이선은 정신없이 향후의 비용과 손실만 바라보게 되었다. 하지만 함께 앉아 브레인스토밍을 해보니 횡적 옵션이 많다는 사실을 깨달았다. 예를 들어, 시골의 더 저렴한 곳에서 아파트를 빌려서 살 수도 있고, 고등학생 아이들을 사립학교에 보내는 대신 홈스쿨링을 할 수도 있고, 대학에 다니는 아이들에게 휴학을 요청할 수도 있다. 또한 단기적(퇴직금 조기 인출)이고 장기적(아파트를 잃을 경우 새로운 거주지를 찾는 것)인 종적 옵션도 있었다.

선택지와 대안을 확장하는 것 외에도 두 번째로 유용한 기법은 이분법적 생각 대신 확률적으로 생각하는 것이다. 사물을 이분법으로 구분하는 것은 오랜 역사를 통해 우리의 사고방식에 스며들어 왔다. 이러한 흑백논리적인 접근법은 주장을 펼치는 데는 도움이 될 수 있지만, 우리가 살고 있는 세상을 제대로 설명하지는 못한다. 20세기 후반의 주요 지성적 흐름 중 하나는 이분법적 사고를 해체하고 세상을 다양한 회색 영역으로 인식하는 것이었다. 입자가 절대적인 것이 아니라 확률로 존재한다는 양자 이론의 등장으로 물질의 이분법적 특성에도 의문이 제기되었다.

안타깝게도 불확실성의 패닉 상태에서 인간의 뇌는 본능적으로 이분법적인 판단을 내린다. 전직 기술 기업가인 브라이언 블룸은 "우리 자신과 주변 세계를 둘 중 하나로 판단하는 것은 사실과 다를 뿐만 아니라 심리적으로도 도움이 되지 않는다"고 말한다. 우리는 프로젝트가 완전히 실패하거나 엄청난 성공을 거둘 거라고 상상한다. 우리는 새로운 연인에게 아무런 결점이 없다고 생각하다가 결점이 있는 평범한 인간으로 밝혀지면 크게 실망한다. 온라인에서 질병의 증상에 대한 글을 읽으면 자신이 죽어가고 있다고 생각하지만 실제로는 약간 아픈 것일 뿐이다.

혁신가들이 미지의 큰 문제를 해결하는 데 도움이 되는 것 중 하나는 이분법보다는 확률의 관점에서 생각하는 것이다. 그리고 어떤 결과가 다른 결과보다 더 가능성이 높은지를 다양한 관점에서 생각하는 것이다. 예를 들어, 일론 머스크는 시간이 지남에 따라 점점 더 큰 위험을 감수했던 자신의 벤처 사업에 대해 확률의 관점에서 이야기한다. 스페이스X와 테슬라의 경우에 위험 수준은 실패할 가능성이 높은 큰 불확실성을 의미했다. 머스크는 이렇게 말한다. "사실 처음에는 두 회사 모두 실패할 거라고 생각했습니다. 나중에야 성공할 확률이 꽤 있다고 느꼈습니다." 그때 그는 투자자를 모집했다. 모든 단계에서 확률적 사고방식을 적용하는 프레임워크는 스트레스를 줄이고 불확실한 상황에서도 앞으로 나아갈 수 있는 능력을 키우는 데 도움이 된다.

가장 중요한 것은 확률의 관점에서 생각하면 자신감과 용기를 얻을 수 있다는 사실이다. 소설, 작곡, 창업, 모험 등 여러분이 이뤄낸 결과물을 성공 또는 실패로 생각하기보다는 다양한 확률을 가진 전체 범위의 결과로 바라볼 필요가 있다. 저명한 생물학자이자 의사인 루이스 토마스Lewis Thomas는 이렇게 말했다.

> 인간은 사회적 곤충과는 다릅니다. 사회적 곤충은 오직 한 가지 실행 방법만 가지고 있으며, 그 방법대로 코딩되어 영원히 그렇게 살아갈 것입니다. 우리는 다른 방식으로 코딩되어 있습니다. '실행'과 '중단'이라는 이분법적 선택이 아니라 분위기가 어떻게 느껴지는지에 따라 한 번에 '진행, 포기, 보류, 그리고 과감한 시도'라는 네 가지 방법으로 실행할 수 있습니다. 우리가 계속 도전하고 살아남는다면 놀라운 일들이 연이어 일어날 것입니다. 우리는 예전에 보지 못했던 사회적 구조, 예전에 떠올리지 못했던 생각, 예전에 듣지 못했던 음악을 만들 수 있습니다.

여러분이 찾고 있던 가능성이 위험하다고 느끼거나 실패한 것 같다면 3장(미개척지), 4장(인접한 가능성), 5장(무한 게임), 10장(위험도 파악), 11장(개인적 실제 옵션), 16장(맞춤형 삶)의 적용 사례를 다시 살펴보라. 하지만 이번에는 이분법적인 시각에서 벗어나고 현실의 복잡성을 고려하라. 다양한 결과를 분석하고 확률을 할당하면 여러 결과가 혼합된 상황이 가장 가능성이 높다는 사실을 깨달을 수 있다. 블룸은 이렇게 말한다. "우리는 자신의 내면에 뜨겁고 차가운 감정, 행복하고 우울한 감정을 모두 구현할 수 있고, 또 구현해야 합니다. 때때로 슬프거나 우울한 감정을 느끼는 건 아무 문제가 없습니다. 제가 생각할 때 만성 암에 걸렸다는 것은 고통스럽지만 죽지는 않는다는 의미이며, 이는 이분법적 사고가 아닙니다."

대안과 선택사항을 생각할 때는 크고 대담하게 생각하라. 상상하고, 꿈꾸고, 현실로 구현함으로써 가능성을 확장하는 여러 가지 방법이 있다. 트렌드 예측가들은 고객(그리고 고객의 고객, 즉 우리 모두)의 다양한 심리적 욕구와 사회적, 정치적 상황을 파악한 다음에 이를 앞으로 사람들이 원하게 될 색상, 질감, 새로운 종류의 제품, 레이아웃, 작업 스타일로 변환한다. 흥미로운 점은 그들이 우리가 받아들일 수 있는 한계를 뛰어넘기 위해 노력한다는 점이다. 예를 들어 로라 구이도-클라크^{Laura Guido-Clark}는 플로어^{Flor} 카펫 타일 제품을 디자인할 때 밝은 오렌지색과 같은 야생적인 색상을 종종 사용한다. 그녀는 오렌지색이 거의 팔리지 않을 거라는 사실을 알고 있지만 다른 선택사항과 함께 주황색을 포함하여 고객이 기존의 방식에서 벗어나 조금 더 과감하게 도전하도록 유도한다. 여러분의 사고방식에 오렌지색을 포함하면 더욱 과감하게 새로운 옵션을 바라보고 선택할 수 있게 될 것이다.

여러분은 어떤 영역에서 이분법적인 생각에 갇혀 있는가? 신뢰할 수 있는 사람에게 브레인스토밍을 요청하여 미처 고려하지 못한 다른 가능성과 확률을 찾아보라.

창조적 경쟁

경쟁은 많은 불안과 불확실성을 야기할 수 있다. 19장에서 설명한 경쟁에 대처하는 건강한 방법 중 하나는 자신의 가치관을 추구하는 것에 집중함으로써 승패에 집착하지 않고 어떻게든 이겨야 한다는 강박관념에서 벗어나는 것이다. 또 다른 방법은 성공이나 승리가 항상 최선의 결과를 가져오는 건 아니라는 사실을 깨닫는 것이다. 때로는 원했던 직업을 얻지 못하는 것이 더 나을 수도 있으며, 두 번째 혹은 일곱 번째 선택사항이 첫 번째 선택사항보다 더 많은 변화와 성장의 기회를 제공할 수도 있다. 또 다른 접근방식은 경쟁을 자신의 잠재력을 발휘할 수 있는 기회로 받아들이는 것이며, 이는 우리를 더 창의적으로 이끌 것이다.

투르 드 프랑스^{Tour de France}에서 펼쳐진 유명한 레이스는 창의적인 경쟁의 힘을 잘 보여준다. 「인디펜던트」의 기자는 이렇게 보도했다. "두 명의 프랑스 선수는 이전에도 이후에도 볼 수 없었던 방식으로 산비탈을 올라갔다. 그들은 말 그대로 어깨를 나란히 하고 질주하면서 서로에게 몸을 부딪치며 양보하지 않은 채 제51회 투르 드 프랑스의 챔피언이 되기 위한 격렬한 싸움을 벌였다." 기자들은 투르 드 프랑스에서 4번의 우승 경험이 있는 레이스 베테랑인 자크 앙케틸^{Jacques Anquetil}을 냉정하고 치밀한 사이클링 기계라고 묘사했다. 그의 도전자인 '열정적인 흙의 아들' 레이몽 폴리도르^{Raymond Poulidor}는 '뒤집힌 톱'을 닮은 험난한 코스인 푸이드돔 구간에서 50초나 뒤처져 있었다.

예상치 못한 순간, 폴리도르가 갑자기 에너지를 폭발시키며 앙케틸을 따라잡았다. 하지만 앙케틸은 평소처럼 힘을 비축하기 위해 선두를 내주는 대신 폴리도르와 나란히 달리며 자신의 존재감을 드러냈다. 두 선수는 어깨를 나란히 하고 험준한 언덕을 올라갔다. 50만 명의 관중이 푸이드돔 정상으로 이어지는 길에 줄지어 섰지만 그 누구도 이런 장면을 본 적이 없었다. 가파른 10킬로미터 구간에서 두 남자가 사생결단의 대결을 펼쳤다. 마지막 900미터를 남겨두고서 폴리도르는 마침내 경쟁자를 떼어냈다. 그때까지만 해도 붉은색이었던 앙케틸의 얼굴이 창백해졌고, 땀방울이 뚝뚝 흘러내렸다. 폴리도르는 훨씬 더 앞서 나가며 레이스 중간 구간을 1위로 통과했고, 앙케틸과의 기록 격차를 단 14초로 줄였다. 수십 년 후 앙케틸은 암으로 사망하면서 오랜 라이벌이었던 폴리도르에게 "마치 푸이드돔을 올라가는 것처럼 고통스럽다"고 털어놓았다.

앙케틸이 그해 전체 레이스에서 우승했지만 아이러니하게도 사람들은 푸이드돔 구간에서 폴리도르의 짜릿한 승리를 기억한다. 사실 폴리도르는 투르 드 프랑스에 14번이나 출전했지만 단 한 번도 우승하지 못했다. 챔피언에게 주어지는 금빛 재킷을 단 한 번도 입어보지 못했지만, 그는 사랑받는 영원한 2인자가 되었다. 다른 라이더가 "레이몬드, 당신은 항상 백일몽에 빠져 있어요!"라고 비난했을 때 폴리도르는 이렇게 대답했다. "그건 맞는 말이에요. 제가 해낸 일은 이미 충분히 놀라운 경험이라고 생각해요. 저의 목표는 우승이 아니었어요. 아침에 일어나서 우승을 생각을 한 적이 단 한 번도 없었습니다!" 폴리도르는 라이딩 그 자체를 사랑했다. 오늘날 전 세계 어디에서든 자전거 숍이나 스포츠 바에 들어가면 앙케틸과 어깨를 나란히 한 채 푸이드돔을 오르는 폴리도르의 흑백 사진을 볼 수 있을 것이다.

폴리도르의 태도가 우리에게 주는 교훈은 뭔가를 시도할 때 본질에 집중하면 불안감을 떨쳐버릴 수 있다는 것이다. 1등을 넘어서는 독특한 방법, 아이디어, 사고방식, 가치관을 추구할 수 있는 여지가 항상 존재한다. 경쟁을 위협으로 여기기보다는 최선을 다할 수 있는 기회로 바라보면 게임의 본질을 재창조할 수 있다.

폴리도르는 경주에서 우승한 적은 없지만 14번이나 출전할 정도로 사이클링 그 자체를 사랑했다! 그리고 사람들은 스포츠에 대한 열정으로 경주에 임한 그를 존경했다. 우리는 경쟁에 어떻게 대응할지 선택할 수 있다. 경쟁은 우리를 불안에 떨게 할 수도 있고 최선을 다하는 원동력이 될 수도 있다.

우리는 종종 경쟁을 두려워하지만, 경쟁이 없다는 것은 모두가 의심할 때 앞서 나가야 한다는 걸 의미한다고 생각해보라. 나카무라 슈지Nakamura Shuji는 반도체 분야에서 일한 경험을 바탕으로 비효율적인 백열전구를 대체할 수 있는 LED 조명을 만들 수 있는 방법이 있다고 확신했다. 하지만 아무도 그의 말을 믿지 않았다. 대규모 학회에 참가한 그는 텅 빈 방에서 발표를 했고, 동료들이 수백만 달러의 연구비를 지원받는 동안 그는 장비를 직접 제작하기 위해 발품을 팔아야 했다. 그는 이런 비판을 들었다. "당신은 미쳤어요. 모든 대기업과 대학이 LED 조명을 만들지 못했는데 왜 작은 회사에서 할 수 있다고 생각합니까?" 한때 실험을 용인했던 상사가 실험을 중단하라고 명령했지만 나카무라는 "어느 겨울날, 마침내 구름이 걷힐 때까지" 실험을 계속했다. 낡고 초라한 연구실에서 나카무라는 이전보다 1000배 더 밝은 LED 조명을 만들 수 있는 돌파구를 발견하여 LED 조명 혁명을 일으켰고, 2014년 노벨상을 수상했다. 과연 여러분 앞에 놓인 경쟁을 어떻게 활용하고 있는가. 다음은 경쟁을 긍정적으로 활용하는 방법들이다.

첫째, 여러분이 직면한 경쟁에 대해 스스로에게 하는 이야기를 점검해 보라. 직장 동료들과의 경쟁이 나타나고 있는가? 친구와의 경쟁? 적과의 경쟁? 헬스장이나 다른 취미 활동에서의 경쟁? 파트너? 자녀? 부모님? 같은 업계에 종사하는 다른 사람들? 인스타그램 계정? 낯선 사람?

둘째, 경쟁을 유리하게 활용하는 것에 관심을 기울여라. 스트레스, 수치심, 질투 등 경쟁에 수반되는 부정적인 감정을 고려할 때 이를 창의적인 원동력으로 바꾸는 것은 쉽지 않을 수 있다. 하지만 경쟁을 학습과 재창조의 기회로 재구성하면 더 생산적인 에너지로 전환할 수 있다. 모든 대화에는 다양한 의견이 존재한다는 사실을 깨닫는 것이 도움이 될 수 있으며, 여러분의 의견을 흥미롭게 만드는 것은 최초라는 사실이 아니라 독특한 참여 방식이다.

셋째, 우리는 경쟁을 학습과 영감의 원천으로 재구성하도록 돕고자 노력했지만, 항상 그렇지는 않을 수도 있다. 경쟁이 파괴적인 경우(예를 들면 친밀한 관계에서 멀어지는 경우)가 있다면, 그 사실을 인정하고 자신에게 가장 중요한 것이 무엇인지 스스로에게 물어봐야 할 때일 수도 있다. 그럴 때는 경쟁에 대한 걱정을 멈춰야 한다.

넷째, 자신과의 경쟁은 두 가지 방향으로 진행될 수 있다는 점을 명심하라. 때때로 사람들은 자신과의 경쟁에서 최고가 되려고 노력하기 때문에 생산적이고 도움이 된다고 말한다. 하지만 자신과의 경쟁이 자신을 비하하고 부정적인 자기 대화로 가득하다면 더 생산적이고 창의적인 경쟁으로 바꿀 수 있는 방법을 생각해 보라. 학습된 낙관주의 도구를 다시 참조하여 부정적인 믿음에 효과적으로 이의를 제기할 수 있다.

다섯째, 협력하라! 창의적인 경쟁은 동기를 부여할 수 있지만 협업은 더 창의적이고 강력할 수 있다. 하니프 압두라킵[Hanif Abdurraqib]은 시인이자 수필가, 문화 평론가이며 협업의 잠재력을 찬미하는 사람이다. 그는 오클레어 뮤직 페스티벌에서의 경험을 이야기하면서 공연자들이 서로 협력할 수 있도록 자발적인 분위기를 조성한 페스티벌에 참여한 것이 얼마나 활력을 불어넣어 주었는지 강조한다. "'함께 어울리며 예술을 이해하자'는 아이디어는 저에게 매우 새롭고 자유로웠습니다. 혼자 글을 쓰거나 음악을 만들면 항상 부족할 수 있는 일종의 부드러움과 명확함, 엄격함을 제시해 주었습니다." 압두라킵이 참여한 음악 페스티벌의 공동 창립자 아론 드레스너[Aaron Dressner]는 협업을 "가장 쉽게 성장할 수 있는 방법"이라고 말한다.

최악의 시나리오

　지금까지 살펴본 현실 점검 도구는 사실 확인, 감각적 판단, 가능성 확장에 중점을 두고 있으며, 불확실성에 수반되는 불안의 매듭을 푸는 데 도움이 된다. 그러나 우리가 가장 불안해하고 두려워하는 것은 최악의 상황이 발생하는 시나리오다. 심리학 연구를 통해 검증된 한 가지 대응 방법은 최악의 상황을 직접 살펴보고, 그 상황이 실제로 의미하는 바를 파악한 후 최종적인 결과에 도달하는 과정을 밟아보는 것이다. 그러면 우리는 최악의 상황이 생각했던 것만큼 두렵지 않을 수도 있다는 사실을 종종 깨닫게 된다.

　앞서 설명했듯이 코로나19 대유행으로 인한 경제적 불확실성은 네이선에게 큰 불안감을 안겨주었고, 그의 마음 한구석에는 항상 우리가 파산하거나 대학이 문을 닫을지도 모른다는 걱정이 자리 잡고 있었다. 마침내 그는 최악의 시나리오에 대해 진로 상담사와 이야기를 나누었다. "대학이 실패하고 제가 파산하면 어떻게 될까요? 앞으로도 강의와 교육에 대한 수요가 계속 있을까요? 우리 가족은 연구, 글쓰기, 대화에 더 많은 시간을 할애할 수 있는 시골이나 작은 해안 도시 등 비용이 덜 드는 곳으로 이주할 수 있을까요? 그리고 저의 능력에 대한 수요가 완전히 사라진다면 어떤 다른 일을 즐길 수 있을까요? 정원 가꾸기는 어떨까요?"

그러자 갑자기 최악의 시나리오가 끔찍한 일에서 관리하기 쉬운 일로, 심지어 꽤 흥미로운 일로 바뀌었다.

이 기법을 논의할 때 특권의 역할과 특권의 부재가 많은 사람들에게 어떻게 여러 가지 종류의 최악의 시나리오를 만들어내는지 이해하는 것이 중요하다. 마찬가지로 질병, 사고, 자연재해, 잔인한 행위는 비극을 초래하며 또 다른 종류의 최악의 시나리오다. 이 도구는 이러한 상황을 다루기 위한 것은 아니지만, 이러한 비극을 극복하는 인간 정신의 힘을 보여주는 회복력, 용서, 변화에 대한 이야기는 우리에게 큰 감동을 준다. 2015년 11월 파리 테러가 발생한 지 이틀 만에 앙투안 레이리스^{Antoine Leiris}는 바타클랑에서 아내를 살해한 범인들에게 보내는 공개편지를 페이스북에 올렸다. "금요일 밤, 당신은 내 인생의 동반자이자 내 아들의 엄마인 특별한 존재의 생명을 빼앗았지만, 나는 당신을 증오하지 않을 것이다. 나는 당신이 누구인지 모르고 알고 싶지도 않다."

최악의 시나리오는 우리 마음을 괴롭히고 과도한 불안을 유발하여 우리가 하고 싶은 일을 못하게 하거나 우리가 원하는 방식으로 일을 하지 못하게 만드는 유령 같은 두려움이다. 최악의 시나리오를 냉철하게 바라보면 불안감을 줄이고 한 걸음 더 나아갈 수 있는 힘을 얻을 수 있다.

2020년 「뉴욕타임스」가 선정한 세계 최고의 여배우 이자벨 위페르^{Isabelle Huppert}는 이 도구를 사용하여 연기가 잘 안 될 때의 불안감을 극복하는 방법을 이야기한다. "실패할 가능성과 위험이 여전히 존재하더라도 저는 스스로를 안심시키기 위해 '만약 뭔가 잘못되면 최악의 결과는 무엇일까'라고 자문해요." 다행히도 최악의 시나리오가 발생할 확률은 일반적으로 상당히 낮다. 계몽주의 철학자 미셸 드 몽테뉴는 1595년 『수상록』에서 "내 인생은 끔찍한 걱정으로 가득했지만 대부분은 일어나지 않았다"고 고백한 바 있다.

　두려움의 근원에 있는 현실을 제대로 바라봄으로써 최악의 시나리오를 극복하라. 혼자서 할 수 없다고 생각되면 치료사의 도움을 받아라. 최악의 시나리오에서 가능한 결론을 도출하기 위해 스스로에게 다음과 같이 질문해 보라. "만약 그런 일이 발생한다면, 최악의 시나리오가 정말 나를 파멸시킬까?" 현실 점검 도구를 사용해 모든 영향을 조사하라. 앞에서 설명한 프레임(게임, 영웅, 진화, 타이밍)을 적용하여 역경에 직면하고도 여전히 많은 가능성을 실현할 수 있는 방법을 상상해 보라. 예를 들어, 네이선은 파산할 거라고 말하는 것만으로는 충분하지 않았다. 파산 이후의 삶이 나아질 수 있는 여러 가지 방법을 찾기 위해 파산에 대한 자신의 대응을 살펴볼 필요가 있었다.

　그렇다면 어떤 광범위한 대안이나 옵션이 흥미로울 수 있을까? 최악의 시나리오에는 종종 흥미롭고 심지어 가치 있는 것처럼 보이는 측면이 있다. 이분법을 벗어난 사고방식으로 최악의 시나리오를 살펴보고 긍정적인 결과를 모색하라. 실현 가능성이 상당히 낮은 이분법적 시나리오에 막대한 에너지를 소비하는 경우가 많다는 사실을 기억하라.

때로는 지금 시도하지 않는다면 나중에 후회할 거라고 생각함으로써 최악의 시나리오가 주는 충격을 줄일 수 있다. 실리콘밸리에서 기회를 발견한 후 중서부 지역으로 돌아가지 않았던 엔지니어 스티브 블랭크를 기억하는가? 그는 지금 시도하지 않는다면 나중에 후회할 거라는 생각으로 최악의 시나리오(실직)를 기꺼이 감수했다. 후회는 최악의 시나리오보다 훨씬 더 나쁜 경우가 많다. 최악의 시나리오는 대부분 일시적이고 언제든 극복할 수 있기 때문이다.

최적화된 성공 신화

미지의 세계를 탐험하는 일이 '최악의 상황' 또는 '실패'로 향하고 있는 것처럼 느껴질 때, 우리는 예상했던 이야기에 집착하고 실제로는 덜 불행한 결말을 더 불행한 결말로 간주하기 쉽다. 이 것은 빠지기 쉬운 함정이다. 왜냐하면 우리 삶의 많은 부분이 최적화되고, 최선을 다하고, 최고가 되고, 첫 번째 시도에서 성공하려는 노력에 의해 결정된다고 믿기 때문이다. 하지만 불확실성의 세계에서 '최선'이 존재하지 않는다면 어떨까? 실제로 비교할 수 없는 서로 다른 길만 존재한다면 어떨까?

실리콘밸리의 기업가이자 벤처 캐피털리스트인 랜디 코미사르$^{Randy\ Komisar}$는 이렇게 말한다. "우리는 위험과 실패로 가득 찬 세계에 살고 있으며, 진짜 문제는 그 실패에 어떻게 대응하느냐 입니다. 실리콘밸리를 돋보이게 하는 것은 성공이 아니라 실패에 대처하는 방식입니다." 그는 실리콘밸리 출신의 베테랑 기업가 중 한 명으로 픽사, 애플, 루카스아츠, 클라이너 퍼킨스 같은 회사에서 일하고 협력해왔다.

더 넓은 안목으로 세상을 바라보면서 그는 이렇게 강조한다. "우리에게 일반적으로 부족한 것은 건설적인 실패의 문화입니다. 실패를 포용하고, 그 경험을 자산으로 삼아 다시 도전하고 경력을 이어나가야 합니다."

코미사르가 CFO로 재직하던 고 코퍼레이션$^{GO\ Corporation}$은 1980년대에 7,500만 달러의 적자를 기록하며 10년 동안 엄청난 실패를 겪었지만, 회사의 경영진은 인터넷의 선구자가 되었다. 실패의 베테랑들은 이후 넷스케이프^{Netscape}, 베리사인^{Verisign}, 오토데스크^{Autodesk}를 창업하고 인튜이트^{Intuit}, 루카스아츠^{LucasArts}와 같은 회사를 이끌었으며, 스티브 잡스의 지휘 아래 애플의 혁신과 구글의 성장에 중요한 역할을 담당했다. 그들의 실패는 거대한 성공과 새로운 산업을 창출할 수 있는 씨앗이 되었다.

이와는 대조적으로 코미사르는 크리스탈 다이내믹스^{Crystal} Dynamics를 매우 긍정적인 재무적 성과로 이끌었지만, 그 경험을 실패로 보고 있다. 왜냐하면 회사를 혁신하고 방향을 전환하는 데 필요한 일을 인내심을 갖고 수행할 열정이 없었기 때문이다. 위대한 혁신가들 사이에서 오랜 경력을 쌓아온 코미사르는 건설적인 실패를 통해서 성공과 실패의 본질에 대해 매우 다른 관점을 갖게 되었다.

네이선은 대기업과 함께 일하면서 몇 년 전의 큰 실패에 대한 이야기를 들었을 때, 현재 그들의 성공적인 혁신 프로젝트가 과거의 실패에 뿌리를 두고 있다는 사실을 알게 되었다. 개인적인 차원에서도 실패는 더 흥미로운 삶으로 이어지는 길이 될 수 있다. 조스와 앨리슨 스키츠가 거의 모든 것을 잃은 상황에서 더 의미 있고 영향력 있는 길을 찾아내어 지속 가능한 보석 산업을 선도하고 업계의 표준을 정립한 것을 떠올려 보라.

데이비드와 클레어 히어트는 하위즈를 매각하여 경제적으로 성공을 거두었지만, 인수자가 그 회사의 창업 가치관을 무너뜨렸을 때 엄청난 실패의 감정을 느꼈고 큰 충격을 받았다. 하지만 데이비드는 이렇게 회상한다. "모든 일이 성공하면 우리는 항상 해왔던 일만 하게 됩니다. 불확실성은 미래를 위한 새로운 공식을 개발하는 것이고 실패는 배움의 기회이기 때문에 저는 실패를 두려워하지 않습니다." 데이비드와 클레어는 그 기회를 통해 새로운 공식을 개발했다. 하위즈에서 했던 것처럼 사업 규모를 확장하리는 권유를 받았을 때, 데이비드는 단순히 규모를 키우는 것 외에도 다른 성장 방법이 있다는 걸 배웠다고 분명히 밝혔다. "우리는 매출 확대 외에도 다양한 방식으로 성장할 수 있습니다. 우리는 긍정적인 영향력과 효과를 바탕으로 성장하고 싶습니다."

불확실성을 헤쳐나가는 여정에서 우리는 지나치게 단순화된 최적화 신화를 극복해야 한다. 사람, 관계, 시스템, 심지어 자연도 우리가 상상하는 '최적의 경우'보다 훨씬 더 크고 넓은 범위에서 변화하고 진화해 왔다. 이제 최적화의 신화를 내려놓고 지금 여러분이 가지고 있는 것을 최대한 활용하라.

1. 최적화에 대한 생각이 여전히 의심스럽다면 30초만 시간을 내어 인터넷에서 '실패 사례'를 검색하거나 포브스의 실패에 관한 30가지 주요 사례 목록을 확인해 보라. 모든 새로운 아이디어에는 실패가 수반되며, 이를 피하고 싶은 충동은 미지의 상황에 대한 인간의 본능적인 두려움 때문에 생겨난 최적화 신화의 일부라는 사실을 확인하게 될 것이다.

2. 최적화의 함정에 공감할 수 있다면 여러분에게 무슨 일이 일어나고 있는지 현실 점검을 해보라. 이러한 왜곡된 사고방식이 다른 모든 가치 있고 중요한 지표에 어떤 영향을 미치는지 생각해 보라. 최적화 신화에 사로잡히지 않으려면 몇 가지 질문을 통해 다른 '최적화'가 사실인지 확인해 보라.

• 여러분의 프로젝트에 만족할 수 있는 여러 가지 결과(예: 학습, 네트워킹, 관점)가 있는가? 아니면 한 가지 최적의 결과에 좁게 초점을 맞추고 거기에 도달하지 못하면 실패라고 생각하는가?

• 여러분의 가치관은 무엇인가? 성공을 평가하는 기준이 그 가치관을 반영하고 있는가, 아니면 다른 사람으로부터 습득한 기준인가?

• 여러분은 어떤 것의 가치를 돈, 명성, 속도, 최초, 최고 등 성공에 대한 20

세기의 낡은 관점에 따라 판단하는 경향이 있는가?

여러분의 답변과 최적화 신화가 불확실성 속에서 자신을 유지할 수 있는 능력을 약화시키고 있는지 생각해 보라. 돈과 같은 외부적인 성공 지표는 성공에 필요한 규칙이 끊임없이 바뀌는 러닝머신과 같으므로 주의해야 한다. 재구성 도구를 사용하여 불확실성을 가능성으로 바라보고, 준비 도구와 실행 도구를 통합하여 불확실성에 대비하고 탐색하는 방식을 바꾸면 이러한 통념을 타파하는 데 도움이 될 수 있다. 길을 잃었을 때 자신을 유지하려면 인내와 끈기가 필요하지만, 최적화 신화를 깨트리고 자신에게 정말 중요한 것을 발견할 수 있는 현실을 마주하는 것은 충분히 가치가 있다. 반드시 일어나야 한다고 생각하는 일에 대한 두려움을 버릴 때, 우리가 꿈꾸지 못했던 새로운 가능성이 펼쳐진다.

28장

마법의 힘

"행운은 바람과 같아서 우리가 통제할 수 없지만
우리는 바람을 붙잡을 수 있는 돛을 만들 수 있지요."

– 티나 실리그

세상은 무한한 가능성이 나타나고, 맴돌고, 증발하고, 다시 형성되기를 반복하는 곳이다. 이러한 현실에서 일어나는 일의 많은 부분은 여러분이 통제할 수 없다는 사실을 인정하기 전까지는 현기증처럼 아찔하게 느껴질 수도 있다. 여기에 가능성을 향한 노력이 더해지면 우리는 마법의 영역으로 들어간다. 여기서 '마법'이란 갑작스러운 통찰력의 도약, 우연한 만남, 행운의 사건, 현실이라고 하기에는 너무 좋아 보이는 절묘한 순간을 의미한다. 스탠퍼드 대학교의 티나 실리그$^{Tina Seelig}$ 교수는 이러한 순간을 운

(좋은 것이든 나쁜 것이든)이라고 설명하며, 우연에 의한 성공 또는 실패로 정의한다. 그녀는 이렇게 강조한다. "그런 상황이 우연처럼 보이는 이유는 모든 수단이 작용하는 것을 우리가 거의 볼 수 없기 때문이에요. 행운은 바람과 같아서 우리가 통제할 수 없지만 우리는 바람을 붙잡을 수 있는 돛을 만들 수 있지요." 작가이자 뉴욕대학교 교수인 크리스천 부쉬$^{Christian Busch}$는 행운이 마법처럼 느껴질 수도 있지만 "학습하고 활용할 수 있다"고 믿으며,『세렌디피티 마인드셋: 행운을 만드는 예술과 과학』에서 그 방법을 자세히 설명한다. 그는 '우연한 발견'을 우리가 관여할 수 없고 이해할 수 없는 무작위적인 사건이 아니라 우리가 실행하는 행동의 자취라고 표현한다.

독일의 물리학자 베르너 하이젠베르크$^{Werner Heisenberg}$가 양자역학의 토대를 마련한 획기적 통찰력을 얻었던 순간을 생각해 보라. 그는 물질을 구성하는 작은 에너지 덩어리인 양자가 파동과 입자로 동시에 존재하면서도 존재하지 않는 것처럼 보이는 현대 과학으로는 이해할 수 없는 수수께끼를 풀기 위해 씨름하고 있었다. 물리학자 카를로 로벨리$^{Carlo Rovelli}$는 스물다섯 살의 하이젠베르크가 사색에 잠긴 채 코펜하겐 대학교 이론물리연구소 뒤편 공원을 산책하던 이야기를 들려준다. "유난히 어두운 밤이었고, 자갈길을 따라 간간이 켜진 램프에서 나오는 불빛만이 희미한 조명의 섬을 드리우고 있었다. 그런데 갑자기 하이젠베르크는 한 사람이 지나가는 걸 보았다. 사실, 하이젠베르크는 그 사람이 지나가는 걸 보지 못했다. 그 사람이 램프 아래에 나타났다가 어둠 속으로 사라졌다가 다른 램프 아래에 다시 나타나고 다시 어둠 속으로 사라지는 걸 본 것이다. 그 사람은 빛의 웅덩이에서 빛의 웅덩이로 계속 이동하고 있었다. 하이젠베르크는 생각하면서 소리를 듣고 있었기 때문에 자신만의 마법 같은 방식으로 해답을 얻었다. 그의 머릿속에 불빛이 번쩍였다. 질량이 매우 큰 '실체적이고 거대하고 무거운' 물체가 빛의 섬과 상호작용할 때까지 사라지는 것처럼 보였다면, 질량이 매우 작은 양자 입자도 뭔가와 상호작용할 때까지 실질적으로 사라질 수 있다는 아이디어가 떠올랐다."

안개가 자욱해서 잘 보이지 않던 먼 국경이 망원경에 갑자기 모습을 드러내듯 우리도 순식간에 모든 것이 바뀌고 무너져 버린 경험이 있다. 프랑스로 이주하고 2년이 지난 후, 우리는 아이들의 학교 상황을 바꾸거나 아니면 미국으로 돌아가야 한다는 양자택일의 최후통첩에 직면한 것처럼 느껴졌다. 걱정이 되어 파리에서 다른 선택지를 알아봤지만 너무 비싸고 멀었다(우리는 남쪽의 소도시에서 살고 있었다). 프랑스 학교가 첫째 아들의 학력 인정을 거부한 후 우리는 겨우 그 아이를 파리의 미국인 학교 4학년에 편입시킬 수 있을 만큼의 돈을 모았다. 아들은 새 학교가 마음에 들었지만 통학 시간이 2시간이나 걸렸고, 입석 열차, 지하철,

버스를 차례로 갈아타야하는 복잡한 통학 경로는 더 큰 문제였다. 2월 말이 되자 아들은 이대로 계속 학교를 못 다니겠다고 말했다. 우리는 운전기사(비용이 많이 든다), 기숙사(존재하지 않는다), 심지어 우리 부부 중 한 명이 아들과 함께 지낼 임대 아파트까지 알아봤지만 할 수 있는 게 아무것도 없었다. 그러는 동안, 현지의 국제학교에 다니는 다른 세 아이는 교사와 또래 친구들로부터 괴롭힘을 당하고 있었다. 우리는 충격을 받았지만 아이들은 놀라울 정도로 괴롭힘에 익숙해져 있었다. 아이들의 '할 수 있다'는 마음가짐과 창의적인 잠재력은 날이 갈수록 부정적인 현실에 대한 좁은 시각으로 축소되고 있었다. 우리는 아이들을 이듬해 가을에 미국인 학교에 입학시키기로 결정했지만 너무 멀게만 느껴졌다.

몇 주 동안 우울한 고민을 한 후 어느 토요일, 마트 통조림 코너에서 쇼핑을 하고 있을 때 모르는 번호에서 걸려온 전화벨이 울렸다. 어쨌든 네이선은 전화를 받았고, 그 번호는 파리의 미국인 학교 관리자의 번호였다. 그는 출퇴근과 통학이 힘든 우리의 사정을 고려하고 있었고 다른 아이들도 미국인 학교에 입학시킬 수 있는지 물었다. 그렇게 하면 우리 가족 모두가 파리로 이사할 수 있을 것 같았다. "언제요?" 네이선이 물었다. "2주 후에 어떠세요?" 관리자가 제안했다. 네이선은 하마터면 전화를 떨어뜨릴 뻔했지만 어려운 경제 상황을 설명했다. "해결할 수 있는 방법을 알아보고 다시 연락드릴게요." 관리자가 말했다.

일주일 동안 우리는 초조하게 기다렸다. 해결할 수 있는 방법은 거의 없어 보였다. 우리는 파리 퐁텐블로에서 임대차 계약을 해야 했다. 그곳은 임대료가 비싸고 까다롭기로 악명 높은 지역이었고, 아들 조지의 학비도 저렴하지 않았다. 월요일에 관리자가 전화를 걸어 학비의 일부로 네이선이 대신 봉사할 수 있는 방법을 알려줬다. 5일 후, 우리 가족은 작은 바퀴가 달린 여행 가방을 끌고 자갈밭을 덜컹거리며 파리행 기차를 타기 위해 집을 나섰다. 기차의 출발이 임박했다는 안내방송이 나오고 여섯 명이 모두 안전하게 탑승한 후 문이 닫히자 우리 가족은 안도의 눈물을 흘렸다.

솔직하게 말하자면, 힘든 상황이 이런 식으로 해결되는 경우는 별로 없다. 우리는 불운, 비극, 실패의 순간을 겪으며 신이 우리에게 가혹한 형벌을 내리는 것처럼 느낀 적이 있다. 그러나 삶에서 경험하는 마법의 순간들은, 현실로 다시 돌아간 그곳에서 직면하게 될 불확실성에 대한 선택의 결과로 나타난다.

파리로 이사하면서 네이선은 학비와 생활비를 벌기 위해 더 열심히 일하고 더 많이 출장을 가야 하는 등 극심한 스트레스를 받았고, 우리의 선택에 서운함을 느낀 좋은 친구들을 떠나보냈다. 하지만 우리 가족에게는 전적으로 옳은 선택이었으며, 기적처럼 모든 것이 잘 맞아떨어졌다. 우리는 어려운 상황에서도 일어날 수 있는 놀랍고 경이로운 가능성을 설명하기 위해 중요한 지속성 도구에 마법의 힘을 포함시킨다.

우리가 여러분에게 제안하는 예술가(시인, 화가, 영화감독, 요리사)의 역할은 평범한 삶의 재료에 관심을 기울이고, 그 재료를 변형시키는 방법을 배우고, 이를 통해 아름다움, 의미, 심지어 감동과 영감을 주는 작품을 창조하는 것이다. 극작가인 에덴 필포츠 Eden Phillpotts는 이렇게 말했다. "우주는 마법 같은 일들로 가득 차 있으며, 우리의 지혜가 더 예리해지기를 참을성 있게 기다리고 있다. 돋보기처럼 단순한 도구로도 우리는 레이스보다 더 얇은 꽃잎의 절묘한 질서를 발견할 수 있다."

세상은 표면적으로는 한쪽 방향으로만 흘러가는 것처럼 보이지만, 지금 우리가 보거나 이해할 수 있는 것보다 더 많은 가능성이 존재한다. 마법의 힘(우연, 행운)을 발견하기 위해서는 평소에도 예리한 감각으로 생각의 폭을 넓히고, 열린 마음으로 마법이 나타날 수 있는 대화와 상황에 자주 놓여야 한다.

피카레스크 소설

마법은 우리가 원했던 형태로 나타나기도 하지만, 종종 예상과는 다르게 우리를 망칠 수 있다고 생각했던 상황에서 나타나기도 한다. 마법이 어떻게 나타나는지에 대해 열린 마음으로 관심을 기울이는 것이 중요하다.

휴경지가 길게 펼쳐져 있고 구름이 회색과 흰색 양털 조각처럼 뭉쳐 하늘을 떠다니는 어느 겨울날, 우리는 오래된 숲 가장자리의 석조 농가에 살고 있는 창의적인 부부 패트릭 디데즈^{Patrick} ^{Deedes}와 이사벨 타운센드$^{Isabelle\ Townsend}$와 이야기를 나누었다. 디데즈는 이 지역에서 가장 아름다운 성 중 하나를 관리하는 부동산 매니저이고, 타운센드는 단막극을 상연하고 어린이 연극을 제작하는 배우이다(그녀는 엘리자베스 2세 여왕의 여동생 마가렛 공주와 비극적인 사랑을 나눈 영국의 전쟁 영웅 피터 타운센드의 딸이기도 하다).

우리가 불확실성에 대해 묻자 디데즈는 머리에 팔을 얹고 뒤로 물러나 앉아 숨을 내쉬었다. "당신이 선택한 일인가요?" 그는 고개를 한쪽으로 기울이며 큰 소리로 물었다. "제가 어떻게 책을 쓰기 시작했는지 생각 중입니다. 출판사에서 수년간 일하고 있을 때 한 여성이 전화를 걸어 파리의 사진 역사에 관한 책을 잘 쓸 수 있는 사람을 아느냐고 물었습니다. 저는 망설이다가 용기를 내어 '내가 할 수 있다'고 말했고, 그녀는 바로 동의했습니다. 제가 제안하지 않았다면 어땠을까요?" 이 첫 번째 책을 시작으로 그는 런던, 뉴욕, 베를린, 베니스에서 사진의 역사에 관한 책을 연달아 출간했다. "때때로 저는 우리의 선택이 어디까지이고 우리가 만들어낸 것이 어디까지인지 궁금해집니다. 그때 떠오르는 단어가 바로 피카레스크^{picaresque}입니다."

볼테르가 200년 전에 세상을 떠난 파리의 퐁 로열 근처 부두의 커다란 회색 석조 건물이 떠올랐다. 볼테르는 사상의 자유와 종교적 관용을 주장하며 권위주의와 편협함에 맞서 싸웠다. 오늘날 파리를 빛의 도시라고 부르는 이유는 계몽주의 때문이며, 볼테르는 대표적인 계몽주의 철학자 중 한 명으로 여겨진다. 1791년, 그의 유해가 파리가 내려다보이는 언덕 높은 곳의 팡텐으로 옮겨졌을 때 백만 명의 사람들이 그 행렬을 따랐다.

그의 위대한 작품 『캉디드^{Candide}』는 그 시대의 많은 사람들처럼 모든 것이 가능한 최고의 세상에 살고 있다고 믿는 한 청년의 험난한 모험을 묘사한다(최적화 신화처럼 들린다!). 부유한 남작의 딸과 결혼하려는 희망을 품은 그 청년은 해외로 추방되어 외국 군대에 징집되고, 탈영하려다가 채찍질을 당하고, 포르투갈에서 난파된 후 남미로 도망치다가 뜻밖의 행운을 만나고, 도둑들에게 많은 재산을 잃고, 마침내 유럽으로 돌아와 콘스탄티노플 외곽의 농장에서 사랑하는 연인과 재회하게 된다. 엄청난 인기를 얻은 이 소설은 변덕스러운 세상에서 주인공이 재치와 의지로 최선을 다해 살아가야 하는 피카레스크 소설이라는 문학 장르를 대표하게 되었다.

디데즈는 이렇게 설명했다. "피카레스크는 우리가 뭔가를 만드는 게 아니라 뭔가가 우리에게 벌어진다는 의미입니다. 저는 가끔 스스로에게 '내가 정말 상황을 만드는 것일까, 아니면 상황이 나를 변화시키는 것일까'라고 묻습니다. 최악의 상황에 처했을 때 거의 모든 걸 포기한 상태에서 전화 한 통을 받으면 모든 것이 종종 바뀝니다. 이런 일이 저에게 몇 번이고 반복해서 일어났어요."

그 전화 한 통은 랄프 로렌$^{Ralph\ Lauren}$과 이사벨 타운센드와의 우연한 만남으로 이어졌다. 당시 디데즈는 신진 사진작가를 위한 패션 에이전시인 LAMP$^{Lighthouse\ Artist\ Management\ \&\ Production}$를 운영하면서 소규모 패션 촬영을 부업으로 하고 있었다. 그러던 어느 날, 갑자기 영국 「보그」의 편집자로부터 랄프 로렌의 촬영을 맡을 수 있는지 묻는 전화를 받았다. "그 촬영에서 이사벨을 만났어요! 그 촬영을 계기로 런던, 파리, 뉴욕에서 제 사업이 시작되었죠. 저는 뭔가를 추구한다는 개념에 의문을 품게 되었어요. 그건 품위 있게 등장해서 최선을 다하는 모습에 더 가까워졌죠." 볼테르의 『캉디드』에서 마지막에 주인공이 "예측할 수 없는 세상에서 최선의 행동은 정원을 가꾸는 것"이라고 결론짓는 내용을 떠올리며 디데즈는 이렇게 강조했다. "우리가 할 수 있는 최선의 선택은 다가오는 상황을 받아들이는 것이지만, 한 가지 해야 할 일은 계속 나아가는 것입니다. 우리는 정원을 가꾸어야 해요. 단순히 어떤 일이 일어나기를 기다리는 게 아니라 준비하고 대비해야 합니다!"

디데즈와 타운센드의 이야기는 불확실성과 가능성에 대해 흥미로운 질문을 던진다. 우리는 영광스러운 모험을 추구하는 기사가 되고 싶지만, 삶이 우리에게 제시하는 현실적인 모험은 우리가 상상했던 것과 다를 수 있다는 점에 유의해야 한다. 유명한 예술가 칼 라르손^{Carl Larsson}은 파리에서 몇 년 동안 유화를 그렸지만 살롱 전시회에서 번번이 거절당했고, 낙담한 채 허름한 다락방에서 살고 있는 그를 친구가 발견했다. 친구는 그를 파리 남쪽에 있는 바르비종에 있는 예술가 집단 거주지로 데려갔고, 그곳에서 그는 수채화를 배우고 아내인 카린 베르고^{Karin Bergoo}를 만났다. 1992년 자서전에서 라르손은 이렇게 회상했다. "내 인생에서 가장 의미 있고 영원한 작품이 된 것은 카린과 함께 그린 수채화였다. 왜냐하면 이 그림은 내 성격과 가장 깊은 감정, 아내와 아이들에 대한 무한한 사랑을 솔직하게 표현한 것이기 때문이다."

조스와 앨리슨 스키츠의 목표는 세계적인 보석 네트워크를 구축하는 것이 아니라 지속 가능한 생산에 앞장서는 것이었다. 파레이그 오투아마의 꿈은 성직자가 되는 것이 아니라 북아일랜드의 코리밀라 공동체에서 갈등 해결을 위해 일하며 시를 통해 많은 사람들이 실망과 슬픔, 갈등을 극복하도록 돕는 것이었다. 맥스 레프친이나 피터 틸과 같은 순수 합리주의자들의 목표는 한때 상상했던 것처럼 암호화 소프트웨어 라이브러리를 만드는 것이 아니라 모바일 결제를 시작하는 것이었다. 불확실성에 직면하여 가능성을 추구할 때, 여러분은 호기심을 가지고 장애물과 역경에 맞서면서 순식간에 상황을 바꿀 수 있는 피카레스크 마법의 힘을 찾아내고 믿어야 한다.

알랭 드 보통의 <인생 학교>에서는 "정원을 가꾸라"는 볼테르의 조언이 21세기를 살아가는 사람들에게 어떤 의미가 있는지에 대하여 흥미로운 논의를 진행한다. 일부를 발췌해 여기에 소개하겠다.

> 볼테르가 정원 가꾸기에 대해 조언한 것은 무엇을 의미할까? 우리의 마음은 불안과 절망에 사로잡혀 있기 때문에 우리는 스스로를 바쁘게 만들어야 한다. 우리에게는 목표가 필요하다. 그 목표는 너무 크거나 많은 사람에게 의존해서는 안 된다. 매일 밤 피곤하지만 만족스러운 마음으로 잠들 수 있는 목표여야 한다. 아이를 키우거나, 책을 쓰거나, 집을 관리하거나, 작은 가게를 운영하거나, 작은 사업을 경영하는 것도 목표가 될 수 있다.

이 책을 읽으면서 여러분이 만들어온 견고한 틀, 미개척지, 무한한 역할, 개인적 실제 옵션, 가치, 불확실성 균형추 등을 다시 한번 살펴보라. 이 모든 것이 여러분의 정원을 가꾸는 데 도움이 된다. 이 프레임워크를 실행에 옮기기 시작할 때, 불확실성을 가능성의 관문으로 재구성한 결과로서 여러분이 구상했거나 시작했거나 완료한 목표를 되새기는 것을 잊지 말라.

마치 그런 것처럼

　사회 비평가 크리스토퍼 히친스^{Christopher Hitchens}는 그의 저서 『젊은 회의주의자에게 보내는 편지』에서 20세기 인권 옹호자들이 아무것도 변하지 않을 것 같았던 지루하고 정체된 시기를 버틸 수 있었던 정치 철학에 대해 설명한다. 간단히 말해서 이 전략은 우리가 원하는 변화가 이미 일어난 것처럼 살아가는 것이다. 히친스는 이러한 "가볍게 들리지만 실제로는 매우 파격적이고 아이러니한 결정"을 내렸던 역사학자 E. P. 톰슨^{E. P. Thompson}과 바츨라프 하벨^{Vaclav Havel} 같은 몇몇 주요 사상가들을 소개한다. 1968년 바르샤바 조약기구가 체코슬로바키아를 침공한 후 하벨은 원래의 반란적이고 전투적인 의미에서의 저항이 불가능하다는 사실을 깨달았고, 그 대신 '마치 자유 사회의 시민인 것처럼' 살아갈 것을 제안했다. 하벨은 『힘없는 자의 힘』에서 이러한 접근 방식에 대해 서술했고, 시간이 지나면서 많은 사람들과 함께 암울한 현실을 이겨내고 전체주의 권력을 무너뜨리는 데 성공했으며, 이후 새로운 체코의 초대 대통령이 되었다.

　히친스는 이러한 사고방식의 다른 예도 제시한다. 아일랜드 작가 오스카 와일드가 도덕과 관련하여 사회가 위선적이지 않은 것처럼 행동하기로 결심한 방법, 1955년 미국의 사회 운동가 로자 파크스가 '열심히 일하는 흑인이 하루 노동을 마치고 버스에 앉을 수 있는 것처럼' 행동하기로 결심한 방법, 1970년대 러시아 소설가 알렉산드르 솔제니친이 학자가 자국의 역사를 조사할 수 있는 것처럼 행동하기로 결심한 방법, 필리핀 국민들이 자유 민주주의를 누리는 것처럼 행동하고 1985년의 선거에서 결정적인 반대표를 던짐으로써 독재자 페르디난드 마르코스를 퇴진시킨 방법 등등. 히친스는 '마치 그런 것처럼' 살아가는 것이 쉽지 않고 직관적이지 않다는 사실을 인정하면서도 이렇게 강조한다. "승리의 전망이 거의 불가능해 보였던 길고 암울한 세월을 기억하는 것이 중요합니다. 그 시절에 우리는 누적 효과를 느낄 수 있을 때까지 '마치 그런 것처럼'이라는 삶의 자세를 날마다 유지해야 했습니다."

정치적 변화를 이끌어내기 위한 히친스의 제안은 더 깊은 뿌리를 가지고 있다. 1887년 독일의 철학자 한스 바이힝거^{Hans Vaihinger}는 『마치 그런 것처럼의 철학』이라는 제목의 논문에서 이렇게 주장했다. "삶을 이해하는 데 있어서 중요한 부분은 우리가 생각하고 행동하는 데 도움이 되는 유용한 허구를 구성하는 것이다. 예를 들어, 원자를 실제로 본 사람은 아무도 없지만 원자가 어떻게 생겼는지에 대해 과학자들이 만들어낸 허구는 원자를 이해하는 데 큰 도움이 된다. 우리가 믿는 것이 비록 허구일지라도 근본적인 현실만큼이나 중요하기 때문에 유용할 수 있다."

바이힝거의 사상은 추상적으로 보일 수 있지만, 지그문트 프로이트와 알프레드 아들러 같은 심리학의 주요 인물들에게 영향을 미쳤으며, 현대의 연구에서도 그 진가가 드러나고 있다. 하버드의 심리학자 엘렌 랭어$^{Ellen\ Langer}$는 마치 사실인 것처럼 살아가는 것이 신체에 미치는 영향에 대한 일련의 연구를 수행했다. 한 연구에서는 시계가 절반 또는 두 배의 속도로 움직이도록 조작한 후에 당뇨병을 앓고 있는 사람들에게 어떤 과제를 정해진 시간 내에 완수하도록 요청했다. 그 후 연구자들이 실험 참가자들의 혈당 수치를 측정한 결과, 실제 시간이 아니라 조작된 시계에 표시된 시간에 따라 상승했다. 호텔 청소부를 대상으로 한 연구에서는 그들의 업무가 격렬한 운동에 해당한다고 설명하는 것만으로도 대조군에 비해 체중, 체지방, 허리둘레, 혈압이 감소하는 것으로 나타났다. 마지막으로 가장 특이한 연구에서는 70대 남성 8명을 휴양 센터로 데려가 일주일 동안 마치 20년 전처럼 생활하게 했다. 남성들은 20년 전 최신 유행의 옷을 입고 20년 전의 '최신 개봉작'을 시청했다. 일주일 후, 랭어는 남성들이 눈에 띄게 젊어 보이고, 시력, 청력, 근력, 인지 능력이 상당히 향상되었다는 사실을 발견했다. 지팡이를 짚고 센터에 왔던 70대 남성들은 집으로 데려다 줄 버스를 기다리는 동안 주차장에서 럭비 게임을 시작했다.

마치 그런 것처럼 살아가는 것은 새로운 산업을 창조하는 혁신가들에게도 중요한 도구가 된다. 스탠퍼드 대학교 연구진은 앱

스토어가 등장하기 전의 초기 모바일 게임 산업에 대한 연구에서 게임을 개발하는 소규모 스타트업이 AT&T와 같은 거대 기업의 관심을 끌어야 하는 딜레마를 발견했다. 성공적인 스타트업 리더들은 자신이 중심이 된 미래 산업을 상상한 다음, 삼성과 같은 대기업의 관심을 끌기 위해 AT&T와 게임의 미래를 위해 협력한다고 발표했다. 그런 다음 삼성과 협상을 진행하던 중 버라이즌^{Verizon}에 들러 삼성과 함께 게임의 미래를 연구하고 있다고 자신을 소개했다. 전술적 차원에서 이 리더들은 순차적인 협상이 아니라 병행적인 협상에 참여했지만, 연구진의 설명에 따르면 더 중요한 과제는 미래 산업을 구상한 뒤 이를 실현할 기업가처럼 행동하는 것이었다. 반면에 성공적이지 못한 기업가들은 자신이 알고 있는 분야에만 집착하는 경향이 있었으며, 게임을 만들고 나서 협력자를 구하는 데 어려움을 겪었다.

이 연구를 "될 때까지 그런 척하면 정말로 그렇게 된다^{Fake it till you make it}"라는 오래된 격언에 불과한 것으로 치부할 수도 있다. 하지만 이 이야기에는 그 이상의 의미가 있다. 가짜에 관한 이야기가 아니라 뭔가를 간절히 믿고 그 뭔가가 이미 현실로 이루어진 것처럼 의도적으로 행동하는 것에 관한 이야기이다.

다섯 살 때 쿠바에서 미국으로 이민 온 넬리 갈란^{Nely Galan}은 가장 성공적인 라틴계 여성 텔레비전 프로듀서 중 한 명이 되었다. 그녀는 자신의 성공을 스스로에 대한 믿음 덕분이라고 말한다.

"저는 유일한 라틴계 여성이라는 이유로 많은 주목을 받았어요. 하지만 사람들은 저를 유일한 존재라고 생각하지는 않아요. 제가 어떻게 행동하고 어떻게 표현하느냐에 따라 사람들이 저를 바라보는 시선이 달라지기 때문이에요. 저는 스스로를 이 방에 있는 아무도 모르는 분야의 전문가라고 생각해요." 그녀는 "솔직히 말하자면 회의실에서 주눅이 들었던 순간도 있었어요."라고 인정한다. 그럴 때는 어떻게 대응할까? 오히려 자신감이 충만한 사람처럼 행동한다. 이를 위해 그녀는 매우 자신감 넘치고 당당했던 첫 상사에 대한 기억을 떠올린다. "저는 말 그대로 그 상사와 동질화되었어요. 내가 무슨 말을 하는지 당연히 알고 있다는 식으로 행동하면 실제로 그런 일이 이루어지거든요."

마치 그런 것처럼 살아가는 것은 쉽지 않다. 히친스는 이렇게 충고한다. "그런 삶의 방식을 유지하기가 매우 어려운 날들이 분명히 있었을 겁니다. 그러므로 우리는 여러 가지 좋은 사례를 학습하는 것 외에도 평소에 이런 태도를 함양하도록 노력해야 합니다."

볼테르가 『캉디드』에서 그랬던 것처럼 히친스는 '함양하다'라는 동사를 사용하여, 이 동사가 연상시키는 모든 반복적인 노력을 표현한다. 우리의 견해에 아직 동의하지 않는 세상에서 마치 그런 것처럼 살아가는 것이 매우 어렵다는 점을 감안할 때, 급진적인 변화를 가능하게 했다는 사실은 그 마법의 힘을 잘 보여준다. 아마도 또 다른 마법적인 측면은 행동주의 및 기타 정치적 노력, 아이디어나 작업에 대한 지지 획득, 심지어 어떤 종류의 (신체적, 사회적, 경제적, 성격적) 개인적인 진화 등 다양한 필요에 의해 그런 삶의 태도가 작동하는 방식일 것이다. 생활 속에서 '마치 그런 것처럼'이라는 생각을 장려하는 몇 가지 방법은 다음과 같다.

첫째, 까다로운 관계에서 '마치 그런 것처럼'을 실험으로 적용할 수 있는 경우를 생각해 보라. 혈기왕성한 자녀, 고집 센 친척, 무례한 동료가 있어서 곁에 있는 것만으로도 에너지를 빼앗기는 경우가 있는가? 마치 그런 것처럼 산다는 것은 어떤 모습일까?

둘째, 자신의 행복을 우선시하는 방향으로 일정표를 변경하는 데 어려움을 겪고 있는가? 만약 여러분이 이미 그런 변화를 이룬 것처럼 살아간다면, 지금 바로 시작해서 혼자만의 창조적 시간, 운동 수업, 밤에 영화 보기 등을 위해 일정표에 양보할 수 없는 공간을 마련할 수 있을 것이다. 그리고 자신과의 약속을 지킬 수 있다면 실제로 그런 삶을 살아갈 수 있을 것이다.

셋째, "당신이 세상에서 보고 싶은 변화가 되어라"는 말은 간디의 명언으로 알려져 있지만, 실제로는 교육자 앨린 로랜스[Arleen Lorrance]의 말에서 유래했다. 브루클린의 한 고등학교에서 교육자로 일하던 로랜스는 학교가 망가지는 것을 절망 속에서 지켜보았다. 그녀는 이렇게 말한다. "7년 동안 근무하면서 저는 제도를 바꾸려고 노력했어요. 불평하고, 소리치고, 무기력한 교직원들을 비난하고, 다른 사람들과 시스템을 바꾸기 위해 모든 에너지를 쏟았어요. 그러던 어느 날, 저를 가두거나 풀어줄 수 있는 사람은 오직 저뿐이며, 변화를 위해 무엇이든 할 수 있는 사람도 오직 저뿐이라는 사실이 분명하게 다가왔어요. 그래서 저는 분노와 부정적인 생각을 떨쳐내고 항상 다정하고 개방적이고 유연한 사람이 되기로 결심했어요."

로랜스는 자신의 행복이 자신에게 달려 있는 것처럼 살아갔고, 실제로 그렇게 되었다. 그녀는 거친 환경에서 자라나는 학생들에게 안전하고 편안한 교육 시스템을 제공하는 데 초점을 맞춘 '러브 프로젝트Love Project'를 설립했다. 간디가 했던 정확한 말은 이것이었다. "우리 자신을 바꿀 수 있다면 세상의 경향도 바뀔 것이다. 사람이 자신의 성향을 바꾸면 그들을 대하는 세상의 태도도 바뀐다. 우리는 다른 이들이 뭔가를 실천하기를 기다릴 필요가 없다."

다른 사람을 돕는다는 것

우리 각자의 본성을 바꾸면 우리가 생각하는 것보다 훨씬 더 강력하게 세상을 바꿀 수 있는 힘이 생긴다. 이러한 힘이 발휘되는 한 가지 분명한 방법은 다른 사람들과 교류하는 방식이다. 다른 사람을 돕는 일에는 마법적이 힘이 있으며, 그 마법은 경험적으로 검증할 수 있는 근거를 가지고 있다. 사회학자 안나 리 색서니언^{Anna Lee Saxenian}은 1970년대 보스턴과 실리콘밸리라는 비슷한 두 기술 허브가 왜 그렇게 다르게 진화했는지에 대한 획기적인 연구를 수행했다. 그리고 실리콘밸리를 차별화시킨 것은 교육, 돈, 정부와의 계약이 아니라 서로 공유하고 돕는 협업 정신이라는 결론을 내렸다.

보스턴의 엔지니어들은 비밀주의 기업 문화 속에서 생활했지만 실리콘밸리 엔지니어들은 퇴근 후에 함께 만나서 기술 문제에 대해 터놓고 이야기하고 서로를 도우며 문제를 해결하려고 노력했다. 반면 보스턴의 보수적인 기업들은 큰 계약을 따내는 데 집중하고 협업은 거의 하지 않았으며, 회사를 그만두고 창업했다가 실패하면 경력에 오점을 남기는 것으로 여겨졌다. 실리콘밸리에서는 소규모 회사들이 서로 활발하게 협력하는 생태계가 형성되어 있었고, 종종 세부적인 계약서를 작성하여 여러 참여자가 개발 비용을 분담하기도 했다. 또한, 회사를 떠나 스타트업에 도전했다가 실패하더라도 낙오자가 아니라 용기를 발휘한 영웅으로 여기는 정신이 오늘날 실리콘밸리에 널리 퍼져 있다.

사회학자들은 이러한 결과를 네트워크, 상호주의, 재조합이라는 용어로 설명하지만, 이 단어들은 사람들이 서로를 도울 때 나타나는 마법의 힘을 제대로 포착하지 못한다. 실리콘밸리의 기업가이자 항상 다른 사람을 돕는 것을 좌우명으로 삼았던 제리 샌더스[Jerry Sanders]는 주말에 지인인 아서 슈뮬레비츠[Ascher Shmulewitz]와 함께 사업 계획을 세웠다. 몇 달 후, 의사이자 발명가인 슈뮬레비츠는 심장의 혈류를 측정하는 새로운 장치의 프로토타입을 샌더스에게 보여줬고, 그를 스타트업의 CEO로 초빙했다. 10개월 후 두 사람은 회사를 원래 투자금의 200배가 넘는 금액으로 매각했다. 그들이 서로를 도와준 결과였다.

다른 사람을 돕는 것은 스스로를 의심하는 태도를 리더십으로 바꾸어 불안감을 해소할 수도 있다. 리카르도 도스 산토스[Ricardo dos Santos]는 같은 생각을 가진 다른 10대 소녀들에게 멘토링을 제공한다는 목표로 사이언텔라[Scientella]를 설립했다. 사이언텔라는 STEM(과학[Science], 기술[Technology], 공학[Engineering], 수학[Mathmatics] 각 단어의 첫 글자를 따 STEM이라고도 불린다) 분야를 공부하는 10대 소녀들이 운영하는 비영리 단체이다. 이 단체의 장점은 어른이 아이를 지원해야 한다는 통념에서 벗어나는 것 외에도, 소녀들이 다른 소녀들에게 멘토가 되어주면서 자의식과 자기 몰입, 미래에 대한 불안감을 줄일 수 있다는 점이다. 다른 사람을 돕는 일에 에너지를 집중함으로써 스스로를 강화할 수 있게 된 것이다.

또한 다른 사람을 도우면 자신에게 필요한 것을 얻을 수도 있다. 대형 에이전시에서 브랜드 전략 업무를 담당하던 헤더 르페브르[Heather Le Fevre]는 연봉 인상을 위한 회사와의 협상 여부를 고민했다. 그녀는 어떻게 해야 할지 전혀 몰랐지만 좋은 협상은 데이터에서 시작된다는 책을 읽은 후, 지인들에게 연봉에 관한 설문조사를 시작하고 익명으로 결과를 공유하겠다고 제안했다. 유용한 정보에 감사한다는 많은 쪽지를 받은 그녀는 12,000달러의 연봉 인상과 승진까지 했다! "10년 동안 이 일을 해왔는데, 경력에서 좋은 일이 생긴 것은 모두 제 시간을 아낌없이 투자하는 이런 관대한 행동 덕분이었어요. 정말 멋진 사람들을 많이 만났고, 이제 해외 지사에서 더 중요한 일을 할 수 있게 되었죠."

불확실성이 커질수록 타인을 돕는 일은 더욱 중요해진다. 2011년부터 시리아를 휩쓴 파괴적인 내전 기간 동안 우리는 그곳에서 일했던 의사들을 인터뷰할 기회가 있었다. 그들은 평범한 교외 생활이 순식간에 먼지와 잔해로 뒤덮인 악몽으로 변해버린 과정을 가슴 아프게 이야기했다. 동료 시리아인들을 돕기 위해 쉬지 않고 일하고 있는 한 여성 의사는 이렇게 말했다. "그런 불확실성에 직면하면 자신을 걱정하는 범위는 좁아지고 돕는 대상에 대한 시야는 넓어져요." 그녀는 감정을 억누르기 위해 잠시 입술을 다물었다. "그리고 다른 사람을 도울 때 우리는 단순히 대가를 받는 것 이상의 보람을 느끼게 돼요."

우리가 여러 번 언급했던 구급대원이자 영화 제작자인 벤자민 길모어는 최근 이메일로 공유한 기적 같은 이야기를 통해 이를 잘 설명해 주었다. 그의 말을 들어보자.

셰르 알람은 제가 만든 영화 <사자의 아들>에서 아버지를 연기하고 <지르가>에서 택시 운전사를 연기한 사람입니다. 그는 아프가니스탄 국경에서 아주 가까운 파키스탄 코하트 외곽의 작은 진흙집에서 12명의 아이들과 함께 살고 있습니다. 물질적으로는 매우 가난하지만, 그의 눈빛에는 우리나라 남성들에게서는 거의 찾아볼 수 없는 진지함이 있습니다. 어느 날 그의 아들이 한 여성과 사랑에 빠졌고 결혼하고 싶다고 털어놓았습니다. 이 지역에서 대부분의 청년은 부모가 선택한 중매결혼을 하기 때문에 이런 경우는 드뭅니다. 하지만 아들의 선택을 존중하는 셰르 알람은 열린 마음을 갖고 결혼을 허락했습니다. 그런데 당황스럽게도 그 여성의 가족은 감당할 수 없을 정도로 매우 높은 결혼 지참금을 요구했습니다. 셰르 알람은 아들에게 사랑하는 여성과 결혼할 수 없다는 소식을 전해야만 했습니다. 아들에게 이 소식을 전하던 날, 셰르 알람의 낡은 휴대폰이 울렸습니다. 제 부탁으로 결혼 지참금 500달러를 그에게 송금했다는 제 친구의 전화였습니다. 그의 아들은 마침내 사랑하는 여성과 결혼할 수 있었습니다.

다른 사람을 돕는 것은 분명히 타인에게 가능성을 열어주지만, 우리 자신에게도 도움이 된다. 이것이 바로 길모어의 영화가 다른 사람들의 삶을 상상하고 우리가 서로 어떻게 연결되어 있는지 알려주는 공감의 실험인 이유이다. 불확실한 상황에 직면하면 스스로를 보호하기 위해 뒤로 물러나고 싶은 유혹을 느낄 수 있다. 허리케인 카트리나가 몰아쳤을 때 범죄가 발생한 사건 보다 사람들이 서로 돕는 사례가 훨씬 더 많았다는 스탠퍼드 심리학자 자밀 자키^{Jamil Zaki}의 연구 결과나, 코로나19 대유행으로 인해 많은 노인과 취약 계층이 고립되었을 때 놀라운 도움의 손길이 쏟아져 나왔다는 작가이자 「애틀랜틱」의 부편집장이었던 시갈 사무엘^{Sigal Samuel}의 보도는 협력과 도움에 대해 다시 생각하게 한다. 인간은 선천적으로 이기적 유전자를 갖고 있다는 심리학, 행동경제학, 진화생물학의 오랜 주장에도 불구하고, 우리에게는 타인을 도와주려는 본능이 존재하며 그 안에는 정량화할 수 없는 마법의 힘이 숨겨져 있다.

우리가 힘들 때 다른 사람에게 손을 내미는 것은 직관적이지 않을 수 있다. 다른 사람을 돕는 것이 왜 나에게 위로가 될까? 하지만 봉사 활동은 우리 자신의 고통을 되돌아볼 수 있는 건강한 휴식을 제공한다. UC 버클리의 그레이터 굿 과학 센터^{Greater Good Science Center, GGSC}는 "행복하고 자비로운 개인, 강한 사회적 유대감, 이타적인 행위의 뿌리를 탐구하는 새로운 과학적 활동"을 장려하고 있으며, 이타심, 연민, 공감, 관대함의 중요성을 밝히는 수많은 연구를 수행했다. 코로나19 대유행 기간 동안 자원봉사에 참여하거나 다른 사람을 도운 개인은 더 큰 행복과 보람을 느끼는 것으로 나타났다. 한 연구에 따르면 코로나19 대유행 기간 동안 신뢰와 관대함이 중요한 대처 도구였다. 천 명의 참가자를 대상으로 한 또 다른 연구에서는 "실험 참가자들이 다른 사람을 도와준 날에는 다른 사람을 돕지 않은 날에 비해 긍정적인 감정을 더 많이 느꼈고 인간관계에 더 행복해했다"고 밝혀졌다. 도움의 목록에는 공식적인 자원봉사 활동뿐만 아니라 이웃에게 식료품을 배달하는 것과 같은 비공식적이고 소소한 봉사 행위도 포함되었다. 그리고 다른 사람에게 정서적 지원(문제를 해결하려고 하기보다는 경청하는 것)을 제공한 날에는 그렇지 않은 날에 비해 스스로 부정적인 감정을 덜 느낀다고 말했다.

비벡 머시^{Vivek Murthy} 박사는 미국의 공중 위생국장으로 재임하는 동안 인간 상호작용의 이타적 측면을 중요한 과제로 설정했다. "제가 계속해서 던지는 질문은 우리가 살아가면서 내리는 결정과 선택이 세상의 무게중심을 두려움에서 사랑으로 바꾸기 위해 무엇을 할 수 있는가 하는 것입니다. 우리가 다른 사람들을 대하는 방식, 우리가 이야기하는 것, 우리가 광장에서 토론하는 문제, 우리가 선택하는 직업, 우리가 이루고자 하는 목표를 통해 어떻게 세상을 바꿀 수 있을까요?"

그리스 스토아 철학자 에픽테토스는 "관대한 충동을 절대로 억누르지 말라"고 강조했다. 다른 사람을 돕는 첫 번째 단계는 그들에게 필요한 것을 찾아내는 것이다. 여러분이 찾아낸 친절한 아이디어가 있다면 그 아이디어를 실행에 옮겨라.

메멘토 모리

메멘토 모리[Memento Mori]는 라틴어로 "기억하라, 그대가 언젠가는 죽는다는 사실을"이라는 뜻이다. 고통스럽게 들릴 수도 있지만, 이 격언은 불확실한 상황을 견뎌낼 수 있는 놀라운 마법의 힘을 갖고 있다. 스토아학파는 신중한 생활을 장려하기 위해서가 아니라 도덕적으로 대담하고 즉각적으로 행동하도록 스스로를 격려하기 위해 메멘토 모리의 철학을 실천했다! 마르쿠스 아우렐리우스는 이렇게 강조했다. "그대는 지금 당장 삶을 마감할 수도 있다. 그것이 그대의 생각과 언행을 결정하게 하라." 마찬가지로 많은 불교도들은 마라나사티[maranasati] 명상을 통해 삶의 무상함을 깨닫는다. 이 책에서 메멘토 모리를 지속성 도구에 포함시킨 이유는 인터뷰에 참여한 많은 사람들에게 메멘토 모리가 좌절을 극복하고 새로운 일을 할 수 있는 용기를 불러일으켰기 때문이다.

몇 년 전, 스타트업 투자자이자 기업가인 조나단 허슨[Jonathan Herson]은 여행 중에 다리가 붓기 시작했다. 응급실 의사는 허슨의 병을 다음날 죽을 수도 있는 폐색전증[pulmonary embolism]이라고 진단했다. 추가적인 검사에서 그는 불필요한 혈전을 만드는 항카디올리핀 증후군을 앓고 있다는 사실이 밝혀졌다. 몇 년 동안 혈액 희석제를 꾸준히 했음에도 그의 한쪽 다리는 완전히 마비되었다. 의사들은 그의 몸 전체에 혈전이 퍼져서 심장 기능이 20퍼센트밖에 작동하지 않는다는 사실을 발견했고 사망률이 50퍼센트에 달하는 치명적인 항인지질 항체 증후군이라는 진단을 내렸다. 3개월 동안 허슨은 심장을 인공적으로 뛰게 하는 조끼를 착용해야 했다. 갑자기 움직이면 조끼가 자동으로 카운트다운을 시작하여 심장에 충격을 주었고, 그는 서둘러 조끼를 벗어야 했다. 허슨은 "이 조끼를 입고 돌아다니는 것은 마치 '언제 심장이 멈출지 모른다'는 사실을 계속 상기시켜주는 것 같았다"고 회상한다. 그 이후로도 허슨은 관련 질환으로 여러 차례 병원에 입원하여 조끼를 착용해야 했다. 하지만 그는 자신의 병에 대해 매우 감사하는 마음을 갖고 있다.

> 이 실존적 위기는 저에게 일어날 수 있는 가장 충격적인 일이었습니다. 왜냐하면 제가 언제든 죽을 수 있다는 사실을 알려줬기 때문이죠. 죽음을 항상 머릿속에 떠올리고 자신이 아주 짧은 시간 동안만 이 세상에 존재한다는 사실을 기억한다면 상황이 잘못되어 스스로 통제할 수 없더라도 다시 일어나서 걸어갈 수 있습니다. 그렇지 않으면 후회할 테니까요.

허슨은 이렇게 덧붙였다. "제 몸 상태가 훨씬 더 위험을 감수하면서 잘되지 않을 수도 있는 일을 실행하는 데 오히려 도움이 되었습니다. 저는 계산된 위험을 감수합니다. 바보가 되라는 뜻은 아닙니다. 하지만 인생은 한 번뿐이고 이것이 마지막 기회라는 생각으로 살아가야 해요. 문제는 대부분의 사람들이 병에 걸리거나 늙어버릴 때까지 너무 오랫동안 기다린다는 것입니다. 그들은 영원히 살 것처럼 머뭇거립니다. 밖으로 나가서 불확실성에 도전하지 않습니다. 성공한 많은 기업가들을 살펴보면 그들이 한 일은 바로 그 기회를 잡는 것이었습니다."

시도와 실패는 여정의 일부

시도와 실패도 삶의 여정의 일부이다. 허슨은 뭔가를 시도했다가 실패하더라도 결과에 연연하지 않는다. 한 번 실패하거나 한 번 성공한다고 해서 그것이 우리를 규정하는 건 아니다. 다른 사람들에게 메멘토 모리를 실천하는 방법을 가르칠 때 허슨은 이렇게 설명한다. "우리는 감사하는 마음으로 메멘토 모리를 받아들이도록 노력해야 합니다. 저는 사람들에게 공동묘지를 방문해보라고 권유합니다. 그곳에 가면 살아있다는 것이 얼마나 좋은 일인지 깨닫게 되고 감사하는 마음을 갖게 되니까요. 실제로는 누구나 삶에서 보람을 찾을 수 있지만 그걸 알지 못합니다. 그리고 나쁜 일이 발생하더라도 여전히 희망은 존재합니다. 다만 그걸 바라보는 관점이 다를 뿐입니다."

이 도구(메멘토 모리)를 사용하면 거의 모든 평범한 일상에 마법을 불러일으킬 수 있으며, 평소에는 신경 쓰지 못했지만 언젠가는 후회할 수도 있는 아주 작고 단순한 일에도 집중할 수 있다. 임종을 앞둔 말기 환자와 그 가족을 지원하는 알루아 아서[Alua Arthur]는 이렇게 설명한다.

> 방금 세상을 떠난 시신을 바라보면, 그 사람이 더 이상 어떤 말도 하지 않을 거라는 인식과 함께 놀라운 고요함이 느껴집니다. 그들은 이제 가족을 보거나 가족의 웃음소리를 듣지 못할 것입니다. 오렌지 하나도 먹지 못하겠죠. 제가 살아가면서 이런 일들을 마주할 때, 훨씬 더 큰 존재감과 감사함을 느낍니다. 삶의 의미를 확인하게 되니까요. 그건 또한 우리에게 주어진 시간이 그리 길지 않다는 사실을 상기시켜주기도 합니다. 그래서 미뤄둔 일을 실천할 용기를 얻게 되지요. "나는 지금 여기에 있어. 이제 해보자."

삶에 필요한 기술

기술은 21세기의 시민으로서 우리 삶의 거의 모든 측면에서 중요한 역할을 한다. 백신, 청정에너지 등 많은 기술이 필수적이라는 데는 동의하지만, 기술이 중독, 고립, 잘못된 정보를 낳는다는 것은 걱정스러운 현실이다. 미국인이 매일 평균 5.4시간 동안 휴대전화를 사용한다는 사실을 생각해보라. 한 과목을 마스터하는 데 10,000시간이 걸린다면, 하루에 5.4시간을 투자할 경우 미국인은 일반적으로 바이올린, 데이터 분석 등을 단 5년 만에 배울 수 있다. 작가 애니 딜라드[Annie Dillard]는 "하루를 어떻게 보내느냐에 따라 우리의 삶이 달라진다."라고 말했다.

기술이 우리 삶에서 점점 더 큰 역할을 하고 있기 때문에, 잠시 멈춰 서서 내가 어떤 기술을 선택하고 있는지, 그리고 그 기술이 나에게 어떤 영향을 미치고 있는지 생각해보는 것이 중요하다. 기술 학자 브라이언 아서[Brian Arthur]는 기술을 "사용되는 모든 현상"으로 정의한다. 이 정의에 따르면 기술에는 휴대폰뿐만 아니라 커피(카페인을 활용하여 에너지를 제공하는 장치)와 예술(경험을 불러일으키는 감성적 장치)도 포함될 수 있다. 그리고 이러한 기술은 작동 방식에 따라서 로우테크[low tech]와 하이테크[high tech]로 구분할 수 있다. 여기서 로우테크와 하이테크란 기초적 기술과 최첨단 기술을 의미하는 게 아니라 입력과 출력 관계의 명확성을 의미한다. 커피와 같은 로우테크는 매우 명확하고 반복 가능한 입출력 관계를 가지고 있다(커피를 마시면 에너지를 얻는다). 반면, 예술이나 철학과 같은 하이테크는 입력과 출력 관계가 불투명하기 때문에 10편의 시를 읽어도 아무것도 느끼지 못하다가 11번째 시를 읽고 감동을 받아 세계관이 바뀔 수도 있다!

문제는 로우테크를 너무 쉽게 사용할 수 있기 때문에 마치 침입종처럼 우리 삶에 스며들어 자신도 모르게 커피, 이메일, 인스타그램, 넷플릭스에 빠져든다는 점이다. 이러한 것들은 단기적으로는 자극을 줄 수 있지만 궁극적으로는 만족스럽지 못할 위험이 있다. 로우테크는 삶에 도움이 될 수 있지만 하이테크는 삶의 의미와 방향을 상기시켜 준다. 예술, 음악, 문학, 철학과 같은 하이테크는 어렵게 느껴질 수 있지만, 우리가 누구이며 무엇을 할 수 있는지에 대한 영감과 안목을 넓혀주는 힘을 가지고 있다. 틴더는 이성 친구를 찾는 데 도움을 줄 수 있지만, 『안나 카레니나』는 진정한 사랑이 무엇인지 가르쳐 줄 것이다. 그러니 로우테크에 지나치게 몰입하지 말고 자신이 선택한 삶을 살 수 있도록 도와주는 하이테크에 시간을 투자하는 현명한 선택을 하라.

여러분의 삶에 필요한 로우테크와 하이테크의 조합을 떠올려보고 각각의 기술을 어떤 방식으로 사용하고 있는지 생각해 보라. 같은 기술이라도 다양한 방식으로 사용할 수 있지만, 대부분의 경우 우리는 그 기술을 무엇을 위해 어떻게 사용할지 깊이 생각하기보다는 단순히 개인적인 만족감을 추구한다. 예를 들어, 가장 인기 있고 보편적인 기술 중 하나인 돈에 대해 우리가 추구하는 다양한 가치관은 벤처 캐피털리스트인 데이비드 호닉과 그의 파트너와의 오랜 갈등을 통해 확인할 수 있다. 투자에 성공하여 수익을 얻을 때마다 호닉은 자신의 몫의 일부를 자선단체에 기부하거나 공익적 프로젝트에 지원했다. 호닉의 파트너는 현명하지 못한 행위라고 호닉을 비난하며 고개를 저었지만, 어느 날 두 사람은 같은 기술을 다른 방식으로 사용한다는 사실을 깨닫게 되었다. 호닉은 이렇게 설명했다,

> 저의 파트너는 돈을 버는 목적이 자본을 축적하여 더 많은 돈을 버는 거라고 생각했고, 저는 돈을 버는 목적이 의미 있게 쓰기 위한 거라고 생각했습니다. 저는 1달러당 99센트의 손해를 본다는 걸 알면서도 청각 장애인을 위한 브로드웨이 공연에 자금을 지원했습니다. 하지만 공연이 끝날 무렵, 연극을 제대로 경험할 기회가 없었던 장애인 관객들이 수화로 '감사합니다'라고 말하면서 일제히 손을 흔들었을 때 저는 그 공연이 제 인생에서 최고의 투자 중 하나였다는 걸 확신했습니다!

우리가 사용하는 기술을 더 잘 활용하기 위해서는 작은 변화

에서부터 시작할 수 있다. 인스타그램에 부러움을 자아내는 사진을 올리거나 불쾌한 댓글을 남기기보다는 다른 사람들을 격려하는 온라인 활동을 실천해 보라. 인터넷 악플러들이 밴드 프라이튼드 래빗^{Frightened Rabbit}의 보컬인 스콧 허친슨^{Scott Hutchinson}을 공격하며 밴드 멤버들을 '못생기고 뚱뚱하고 재수 없는 털보들'이라고 비난했을 때, 그는 유쾌한 방식으로 대응했다. 친구들과 함께 '2004년부터 못생기고 뚱뚱하고 재수 없는 털보들'이라고 적힌 티셔츠를 제작하여 수익금을 괴롭힘 방지 단체에 기부했다. 안타깝게도 허친슨은 3년 후에 자살로 세상을 떠나면서 트위터에 이런 글을 남겼다. "사랑하는 모든 사람에게 잘해 주세요. 그건 우연한 만남이 아닙니다."

가장 좋은 방식(가장 친절하고, 가장 고상하고, 가장 관대하고, 가장 도움이 되고, 가장 중독성이 적은 방식)으로 하이테크와 로우테크를 모두 사용하면 더 많은 마법의 기회를 만들 수 있다. 하지만 마법을 더 재미있게 즐기고 싶다면 음악, 미술, 시, 철학 등 하이테크를 더 추가하라.

기업가 데이비드 히어트는 CEO가 시를 읽어야 하는 이유는 세상에 대해 다르게 생각하는 데 도움이 되기 때문이라고 주장한다. "시를 읽으면 창의적인 생각과 의사 결정 과정에 장기적으로 긍정적인 영향을 미친다는 사실이 과학적으로 증명되었습니다. 시는 병따개입니다. 시는 우리의 지혜를 일깨우고 새로운 아이디어를 위한 공간을 마련할 수 있는 상태로 만들어 줍니다. 시를 읽는 CEO는 현상유지에 만족하지 않습니다." 그러나 하이테크를 추구해야 하는 또 다른 중요한 이유가 있다. 브루클린 미술관의 앤 파스테르나크^{Anne Pasternak} 관장은 이렇게 설명한다. "미술관은 공감과 도덕적 사고를 확장하는 데 도움을 주기 때문에 영감과 배움의 장소이며 예술은 획기적인 상상력을 불러일으킵니다. 이곳은 어렵고 용기 있는 대화를 나눌 수 있는 장소입니다."

가장 중요한 것은 하이테크가 우리를 가장 바람직한 자신이 될 수 있도록 도와준다는 점이다. 배우 에단 호크^{Ethan Hawke}는 이렇게 말한다. "대부분의 사람들은 시에 대해 생각하는 데 많은 시간을 할애하지 않습니다. 생계를 유지하느라 바빠서 앨런 긴즈버그^{Allen Ginsberg}의 시나 다른 사람의 시에는 별로 관심이 없습니다. 그러다가 아버지가 돌아가시고, 장례식에 가고, 아이를 잃고, 누군가에게 상처를 받고, 더 이상 사랑하지 않게 되면 갑자기 필사적으로 그런 삶에서 벗어나고 싶어져서 질문을 던지게 됩니다. '이런 기분을 느껴본 사람이 있었을까? 그들은 어떻게 이 먹구름에서 빠져나왔을까?' 그럴 때 예술은 사치가 아니라 생존의 수단입니다. 우리에겐 예술이 필요합니다."

어떤 한 가지 하이테크가 여러분을 좌절시켰다면 다른 하이테크를 시도해보라. 우리가 앞에서 언급했던 작가 프리야 파커는 생일이나 디너 파티와 같은 일반적인 모임을 우리의 의지에 따라서 깨달음과 풍요로운 경험을 얻는 의미 있는 모임으로 바꿀 수 있다고 말한다. 기술에 대한 의식적이고 사려 깊은 선택을 통해 우리는 특별한 삶, 마법 같은 삶, 더 나아가 되돌아보고 자랑스러워할 수 있는 삶을 살 수 있다. 에단 호크는 이렇게 충고한다. "우리는 인생의 시간이 너무나 짧다는 걸 알고 있습니다. 그 시간을 우리에게 정말로 중요한 일을 하면서 보내고 있을까요? 대부분은 그렇지 않습니다. 습관을 바꾸기는 매우 어려우니까요. 그래도 읽어야 할 책만 읽지 말고 읽고 싶은 책을 읽어보세요. 익숙한 음악만 듣지 말고 시간을 내어 새로운 음악을 들어보세요. 평소에 대화하지 않던 사람과 대화하는 시간을 가져보세요." 필포츠가 돋보기를 통해 평범한 꽃잎의 마법을 볼 수 있었던 것처럼 평화와 혁신, 치유를 가져올 수 있는 강력한 하이테크에 시간을 투자하라. 그렇게 하면 마법이 우리 모두에게 펼쳐질 것이다.

1. 메멘토 모리를 실천하라. 몸이 아프거나 스트레스를 받거나 우울한 하루를 보내더라도 자리에서 일어나 자신이 살아있다는 사실을 확인하라. 지루하고 너무 익숙해져서 주변에서 무슨 일이 일어나고 있는지조차 느끼지 못하는 출퇴근길에서 오늘이 삶의 마지막 날이라고 상상해 보라. 사소한 부분, 냄새, 소리, 지나가는 사람, 불편한 점(교통체증, 소음, 공사장 등)에 주목하고, 내가 놓치고 있는 것은 없는지 살펴보라. 여러분이 평소에는 미처 깨닫지 못한 의미 있는 요소가 있는가?

2. 메멘토 모리 도구를 활용하라. 죽음을 상기시켜주는 상징물을 활용하는 것이 유용할 수 있다. 옛날 사람들은 해골과 같은 물건을 활용해 왔다. 오늘날에는 일주일마다 한 장씩 뜯어내며 시간을 최대한 활용하도록 독려하는 메멘토 모리 달력과 같은 도구가 있으며, 매일 메시지를 보내 남겨진 삶의 시간을 상기시켜주는 앱도 있다.

3. 감사함을 표현하라. 메멘토 모리가 효과가 없다면 평소에 감사의 마음을 표현해 보라. 연구에 따르면 감사함을 표현할 때 더 나은 인간관계와 신체적,

심리적, 정신적 건강 개선, 수면의 질 향상, 자존감과 공감 능력의 향상, 공격성 감소로 이어진다고 한다. 여러분은 27장에서 설명했던 감사 일기 쓰기를 시작했는가? 아주 쉽게 시작할 수 있다. 휴대폰 메모 앱에 작성할 수도 있고, 갖고 다니는 노트에 낙서하듯 적을 수도 있다. 언제 어디서 어떻게 작성하든 상관없지만, 중요한 건 매일 잠시 시간을 내어 감사한 일 다섯 가지를 적는 것이다. 누군가에게 감사의 마음을 전하라!

4. 여러분의 삶에서 사용하는 기술의 목록으로 작성해 보라. 가장 많은 시간을 보내는 곳은 어디인가? 대부분의 스마트폰에는 지난 한 주 동안의 행동을 분석할 수 있는 기능이 있다. 어떤 앱을 사용했는지 살펴보고 상위 다섯 개 앱에 사용한 시간을 합산하라. 거기에 1년을 곱하면 몇 시간이 될까?

5. 여러분은 생활에서 기술을 어떻게 활용하고 있는가? 더 건강하고 관대하고 친절한 방식으로 사용할 수 있을까?

6. 여러분은 '하이테크'를 사용하고 있는가? 지난 한 달 동안 업무와 무관하게 그냥 읽고 싶어서 읽은 책은 몇 권이나 될까? 최근에 미술관에 가서 영감을 주는 작품을 감상한 적이 언제였을까?

7. 어디서부터 시작해야 할지 막막한가? 도움이 될 만한 자료가 있다. 파레이그 오투아마가 매주 전 세계의 멋진 시를 낭독하는 포에트리 언바운드[Poetry]

Unbound를 구독하라. '인생을 바꿀 책'의 목록을 살펴보고 마음에 드는 책을 몇 권 골라보라. 시간을 내어 새로운 일을 해보라.

8. 많은 곳에 예술성과 하이테크가 존재한다. 여러분은 매일 치즈나 빵 같은 것을 로우테크처럼 소비하지만, 장인이나 제빵사, 창작자가 일하는 모습을 실제로 본 적이 있는가? 빵을 만드는 장인, 치즈를 만드는 장인, 와인을 만드는 장인, 보트를 만드는 장인 등 여러분의 호기심을 자극하는 장인을 찾아가서 마법의 힘을 직접 경험해 보라.

불확실성, 용기, 그리고 삶이라는 마법

> "나는 현실 세계가 넓다는 것 그리고 희망과 두려움,
> 감각과 흥분의 다양한 분야가 그 광활한 세상의 위험 속에서
> 삶에 대한 진정한 지식을 추구하려는 용기를 가진 사람들을
> 기다리고 있다는 것을 기억했다."
>
> — 샬롯 브론테

위의 인용문에서 브론테가 세계를 설명할 때 그리고 지식을 설명할 때 '현실'과 '진정한'이라는 단어를 사용한 것을 주목하라. 브론테는 이 두 가지 모두 인공적인 버전이 존재하며, 우리가 변화에 대한 인위적인 완충 장치로 보호받으면서 자신이 선택한 작은 세계에 숨을 수도 있지만 그렇게 하면 가능성으로 충만한 세상의 진정한 아름다움을 놓칠 수 있다는 사실을 강조했다.

현실은 도전, 불편함, 아픔을 유발하지만 혁신, 해결, 진화가 일어나는 유일한 곳이다. 에세이스트 나심 탈레브는 위험, 변동성, 불확실성의 세계를 탐구하면서, 역도에서 하중을 견디는 것이 궁극적으로 근육을 키우는 것처럼 때로는 이러한 도전이 오히

려 우리를 더 강하고 바람직한 존재로 만든다는 사실을 보여주기 위해 노력했다. 탈레브의 강렬한 아이디어, 즉 우리가 더 '나약해지지 않기 위해' 노력할 수 있다는 생각은 불확실성의 긍정적인 측면에 대한 우리의 믿음을 확고하게 만들었다. 하지만 적자생존, 가장 오래 살아남기, 회복탄력성 중심의 그의 관점은 이 책에서 우리가 말하는 초월성^{transilience}이라는 개념이 주는 경이로운 감동을 주지 못한다.

초월성은 회복력을 넘어서는 것이다. 회복탄력성은 충격을 견디고 회복하는 능력이지만 초월성은 한 상태에서 다른 상태로 변화하고 도약하는 능력이다. 굳은 강철이 녹는 금속으로 변하고, 평범한 돌이 멋진 조각품이 되며, 두려운 불확실성이 통찰력, 지혜, 기회로 바뀌는 순간이 초월성이다. 우리가 여러분과 공유한 프레임워크는 희망과 창의성, 아직 보이지 않을지도 모르는 긍정적인 면에 대한 믿음으로 모든 불확실성에 맞서도록 격려하기 위한 것이다.

불확실성의 장점은 단점만큼이나 현실적이지만, 공정한 기회를 통해 자신의 능력을 보여줄 수 있는 언더독과 같다. 처음에 불확실성의 긍정적인 측면은 어설프고 미약하게 느껴질 수 있다. 가능성? 희망? 변화? 정말로 그게 가능할까? 불확실성의 부정적인 측면은 위험, 부족함, 수치심 등 본능적인 경계심을 유발하기 때문에 더 현실적으로 느껴진다. 벤처 캐피털리스트인 제리 노이만^{Jerry Neumann}이 주장하듯이, 기업가들에게 있어서 불확실성에 대한 다른 모든 사람들의 두려움은 그들이 새로운 것을 창조하는 동안 경쟁으로부터 그들을 보호하는 '방어막'이다. 하지만 불확실성은 단순한 억제력 이상의 의미를 지닌다. 경력이나 상황에 관계없이 우리 모두에게 불확실성은 성장과 변화, 용기 있는 행동으로 이어지는 관문이다. 불확실성은 영감을 불러일으키고, 더 의미 있고 진정한 삶을 살아가기 위한 초대장이다.

그러나 불확실성은 쉽게 사라지지 않는 위험(질병, 빚, 상처, 트라우마)과 완전한 해법을 찾지 못하는 모호한 상실을 가져올 수도 있다는 사실을 기억하라. 불확실성을 헤쳐나가는 과정에서 실수, 후회, 부당함, 불공정함도 있을 것이다. 하지만 불확실성을 회피하거나 너무 일찍 포기하거나 아무것도 하지 않는 게 가장 안전하다고 잘못 판단하면 불확실성의 단점이 결국 우리를 지배하게 된다. 불확실성의 가장 큰 단점은 자신의 잠재력을 펼치지 못하고 위축된 삶을 사는 것이기 때문이다.

그렇다면 어떻게 가능성을 향해 계속 도약할 수 있을까? 우리가 기억해야 할 네 가지 핵심 사항은 다음과 같다.

1. 불확실성을 기회로 향하는 필수적인 관문으로 재구성하라. 상상할 수 있는 모든 가능성을 고려하라. 모든 도전의 여정에서 자기 의심을 일반적인 부분으로 인정하라.

2. 자신이 직면할 불확실성에 대비하라. 자신에 대한 지식과 연구, 균형추, 지지자, 실제 옵션과 잠재적 출구 전략을 수립하라.

3. 가치관, 인지적 유연성, 호기심을 바탕으로 모든 불확실성에 맞서라. 활성화되고 잠금 해제되기를 기다리는 본질을 추구하라. 1만 장의 사진을 찍고, 실험하고, 브리콜라주를 사용하여 생동감을 불어넣어라. 이것은 약점이 아니라 가장 빛나는 가능성이 탄생하는 방법이다.

4. 정서적 위생, 현실 점검, 마법의 힘으로 자신의 목표를 추구하라. 호기심을 유지하고 발밑에서 일어나는 변화에도 불구하고 자신의 개인적인 이야기와 그것을 실현할 수 있는 자신의 능력을 믿어라. 필요하다면 도움을 요청하고, 여러분이 살아 있는 한 빛의 스위치처럼 아래에서 위로 도약하는 순간을 계속 추구하라.

우리는 이러한 신념을 공유하기 위해 인터뷰 자리에 앉아 있을 때뿐만 아니라 긍정적 도구를 실제로 사용하고 적용하면서 항상 '어떻게 하면 불확실성을 가능성으로 바꿀 수 있을까'라는 질문을 던진다. 그게 언제나 쉬운 일은 아니었다. 이 책의 초고를 수정하는 동안 (최대 과제는 '분량을 반으로 줄여라!'였다.) 우리는 심각한 우울증을 앓고 있는 둘째 아이를 어떻게 하면 가장 잘 보살필

수 있을지에 대한 불확실성에 놓여 있었다. 이른 봄, 둘째 아이는 코로나로 인한 불안감으로 마음이 더 쇠약해진 상태였다. 우리 부부는 아이를 위해 의학적 도움을 구하고 휴학을 하도록 조치했다. 그러나 아이는 18개월 동안 만나지 못했던 형을 만나면서 정신적으로 더 큰 혼란을 겪었다.

조울증 상태로 변해 겁에 질린 둘째 아이를 프랑스로 다시 데려오는 고통스러운 여정은 우리를 힘들게 했고 더 나빠진 상황에 대비하지 못하게 만들었다. 우리가 돌아오자마자 둘째 아이의 정신과 의사는 (둘째 아이가 합법적인 성인이기 때문에 우리 모르게) 약을 처방했고, 그 후 둘째 아이는 극심한 무력감과 절망 상태에 빠졌다. 신경 안정제, 항우울제, 항불안제 등을 두 배로 복용하면서 그의 뇌는 혼란스러운 상태로 꺼졌다 켜지기를 반복했다. 그는 마치 사라져가는 안개처럼 매일 점점 더 정신이 희미해졌고, 태아 자세로 웅크린 채 벽만 바라보고 있었다. 처방이 복잡해서 2차 소견을 제시해 줄 지역 정신과 의사를 찾을 수 없었고, 입원 시설에 전화를 걸어도 별다른 해답이 없었다. 응급실에서 하루 종일 기다린 끝에 의사는 수재너에게 1년 대기자 명단을 건네주었다. 암담한 상황이었다.

아들을 돕기 위해 절실했던 둘만의 여름휴가를 취소하고 계획과 다른 여름을 보내기 시작했다. 그건 당연한 일이었다. 하지만 이 책에 설명했던 도구가 없었다면 불확실성을 관리하는 것이 더 어려웠을 것이다. 우리는 상황을 재구성하는 것부터 시작했다. 운이 좋게도 우리 부부는 이 문제에 집중할 수 있는 여력이 있었고, 둘째 아이를 미국으로 데려오면 우리를 도와주겠다는 정신과 의사 친구도 있었다. 그럼에도 불구하고 불확실성은 우리를 두렵게 만들고, 우리의 신경을 초조하게 만들었다. 우리가 감당할 수 있는 것보다 불확실성이 더 크게 느껴졌기에 해외 생활에 의문을 품었다. 코로나19 팬데믹 동안에 수입이 줄어든 탓에 어렵게 마련한 '활주로'의 대부분을 급하게 미국으로 돌아가는 여비로 사용했다.

정신과 의사 친구는 둘째 아이의 상태를 살펴보고 즉시 약을 하나씩 줄여나가기 시작했지만, 독성 칵테일의 후유증으로 인해 아들은 오히려 더 나빠졌다. 우리는 아들을 살리기 위해 끊임없이 경계를 늦추지 않으면서도 우리의 이야기를 기억하고, 불확실성 선언문을 되새기고, 줄어드는 수입에 대한 현실 점검을 해야 했다. 우리가 좋아하는 사례와 인용문을 정리하며 이 책을 다시 쓰는 동안에도 불확실성의 부정적인 측면이 우리를 갉아먹고 있었다. 시차적응에 지쳐 투덜대며 프랑스로 돌아온 것이 너무 아깝게 느껴졌고, 둘째 아이가 어떤 약을 복용하고 있는지 더 일찍 알아채지 못하고 의사에게 정보를 요구하지 않은 것에 대해 스스로에게 화가 났다. 우리는 서로를 탓하고 싶었다.

로맨틱했어야 할 우리 부부만의 여행은 '고래 사랑' 여행이 되었다. '고래 사랑' 여행은 부모 고래가 새끼 고래를 보호하고 안전하다고 느끼게 하기 위해 새끼 고래의 양 옆에서 헤엄치는 모습을 보고 우리가 만든 용어다. 우리가 이 책의 마감일을 맞추기 위해 컴퓨터 자판을 열심히 두드리는 동안 아들은 한여름의 더위에도 완전히 옷을 껴입은 채 우리 옆에 누워 있었다. 우리는 아들이 하루에 한 번이라도 웃을 수 있기를 바라면서 아이스크림과 햄버거, 맛있는 음식을 제공하고 음악을 들려주었다. 하지만 아들은 침묵 속에서 밥을 먹고, 바다에 등을 돌렸고, 예전에 즐겨듣던 음악을 절대 듣지 않았다.

수영을 거부하던 둘째 아이는 어느 날 네이선을 따라 선착장으로 내려가 아무 말 없이 티셔츠를 벗고 물에 뛰어들었다. 그는 천천히 점점 더 깊은 곳으로 헤엄치기 시작했다. 수재너는 불안하게 지켜봤고, 이미 물속에 들어갔던 네이선은 아들이 너무 멀리 헤엄칠까 봐 걱정하며 뒤에서 따라갔다. 하지만 아들은 부표를 만지고는 미소를 지으며 돌아섰다.

다음 날 둘째 아이는 다시 수영을 해서 이번에는 두 번째 부표까지 도달했고, 잡지를 휙휙 넘겨보았다. 셋째 날, 그는 살면서 가장 맛있었던 닭고기 요리와 가지 요리를 먹었다. 마침내 음식을 준비한 프로방스 셰프의 정성을 느낄 수 있었다. 네이선이 찍은 사진에는 행복과 고통으로 물든 눈빛, 상황이 나아질 거라고 확신하는 옅은 미소 등 가족과 함께한 이번 여름의 달콤함과 씁쓸

함이 모두 담겨 있다. 둘째 아이는 살아있었다. 그리고 살고 싶어했다.

이제 우리는 그해 여름을 세기의 재구성이라고 부른다. 우리가 선택하지 않았던 상황에서 정말 지치고 엄청난 비용이 드는 힘겨운 시간을 보내면서 결국 승리의 여름을 맞이했기 때문이다. 승리할 수 있는데 즐거운 여름이 무슨 필요가 있을까? 물론 즐거운 여름이었다면 훨씬 더 쉽고 편안했겠지만 "우리가 해냈다"는 성취감은 느끼지 못했을 것이다. 우리는 여전히 앞으로 나아가고 있다. 삶이 무엇인지 알아가고 있다. 가능성이 현실로 다가오고 있다.

희망과 두려움이 공존하는 위험한 삶 속에서 기어코 더 넓은 세상을 만들며 살아가는 것. 이것이 삶의 도전적인 본질이라면 우리 모두는 불확실성에 대해 더 열망하는 방법을 배울 수 있다. 이제 필요한 것은 긍정적인 면을 찾으려는 노력이다. 그렇게 할 수 있다면 여러분은 새로운 자신의 모습을 발견하게 될 것이다.

옮긴이 한정훈

서강대학교 불문과에서 수학 후, 한양대학교 전기공학과를 졸업했다. 문학과 과학기술에 관심이 많으며, 현재 영어 강사이면서 출판번역 에이전시 베네트랜스에서 전문 번역가로 활동 중이다. 옮긴 도서로는 『마음의 설계자』 『킵 샤프』 『여덟 번째 불빛이 붉게 타오르면』 『지혜롭게 투자한다는 것』 『균형의 문제』 『베조스 레터』 『타이탄』 『21세기 지성』 『넥스트 레볼루션』 『마인드 리더』 『레드 팀을 만들어라』 『사피엔스 DNA 역사』 『두려움의 기술』 『스타트업 성공학』 『이코노미스트 2013 세계경제대전망』 『맥킨지 금융보고서』 『와인 아틀라스』 등이 있다.

발상의 전환을 위한 28가지 생각 도구

리프레임

초판 1쇄 발행 2024년 7월 1일
초판 2쇄 발행 2024년 7월 8일

지은이 네이선 퍼, 수재너 하몬 퍼
옮긴이 한정훈
펴낸이 김선준

편집이사 서선행
기획편집 이희산 **편집4팀** 송병규 **디자인** 엄재선
마케팅팀 권두리, 이진규, 신동빈
홍보팀 조아란, 장태수, 이은정, 권희, 유준상, 박미정, 박지훈
경영관리팀 송현주, 권송이

펴낸곳 (주)콘텐츠그룹 포레스트 **출판등록** 2021년 4월 16일 제2021-000079호.
주소 서울시 영등포구 여의대로 108 파크원타워1 28층
전화 02) 332-5855 **팩스** 070) 4170-4865
홈페이지 www.forestbooks.co.kr
종이 (주)월드페이퍼 **인쇄** 더블비 **제본** 책공감

ISBN 979-11-93506-65-3 (03320)